创业团队
动态股权激励机制
理论与实践

陈 冲　赵俊强 等◎著

Dynamic Equity
Incentive Mechanism for
Entrepreneurial Teams

Theory and Practice

人民出版社

目　　录

前　言……………………………………………………………………… 1

第一篇　导入篇

第一章　绪论…………………………………………………………… 3

第一节　创业概述………………………………………………… 3

第二节　中国四次创业浪潮……………………………………… 6

第三节　创业需解决的问题……………………………………… 11

第四节　创业面临的新挑战……………………………………… 13

第二篇　股权篇

第二章　股权激励的基本概念………………………………………… 19

第一节　股权激励的定义………………………………………… 19

第二节　股权激励的起源与发展………………………………… 20

第三节　股权激励的主要方式…………………………………… 23

第四节　股权激励的作用………………………………………… 26

第三章　股权激励的理论发展………………………………………… 28

第一节　股权激励的实施动机…………………………………… 28

第二节　股权激励的理论基础…………………………………… 31

第三节　股权激励的研究假说…………………………………… 36

第四节　股权激励的研究视角…………………………………… 37

第五节　股权激励的影响因素 …………………………………… 41
第六节　股权激励的实证研究 …………………………………… 42

第四章　股权激励方法 ………………………………………… 50
第一节　内部股权激励法 ………………………………………… 50
第二节　外部股权激励法 ………………………………………… 72

第三篇　动态股权篇

第五章　动态股权激励理论 …………………………………… 85
第一节　动态股权制 ……………………………………………… 85
第二节　动态股权激励模型 ……………………………………… 92
第三节　动态股权激励理论的发展 ……………………………… 100

第六章　动态股权激励模式 …………………………………… 106
第一节　动态股权理论框架 ……………………………………… 106
第二节　股权存储体系 …………………………………………… 111
第三节　股权分配体系 …………………………………………… 112
第四节　股东考核体系 …………………………………………… 121
第五节　股权调整体系 …………………………………………… 122
第六节　股东进入退出机制 ……………………………………… 124
第七节　平台费用分摊机制 ……………………………………… 137

第七章　动态股权激励机制实施 ……………………………… 139
第一节　设定目的 ………………………………………………… 139
第二节　设定对象 ………………………………………………… 141
第三节　设定模式 ………………………………………………… 143
第四节　设定来源 ………………………………………………… 151
第五节　设定数量 ………………………………………………… 157
第六节　设定价格 ………………………………………………… 163

第七节　设定时间…………………………………………166

第八节　设定业绩…………………………………………170

第九节　设定条件…………………………………………174

第八章　公司控制权……………………………………………179

第一节　章程控制…………………………………………179

第二节　协议控制…………………………………………180

第三节　股权控制…………………………………………182

第四篇　实践篇

第九章　动态股权抑制创业成员社会惰性…………………189

第一节　研究背景…………………………………………189

第二节　理论基础…………………………………………190

第三节　研究假设与理论模型……………………………195

第四节　研究设计…………………………………………197

第五节　数据分析与假设检验……………………………200

第六节　研究结论…………………………………………208

第十章　动态股权激发创业团队创造力……………………210

第一节　研究背景…………………………………………210

第二节　理论基础…………………………………………212

第三节　研究假设与理论模型……………………………217

第四节　研究设计…………………………………………219

第五节　数据分析与假设检验……………………………223

第六节　研究结论…………………………………………243

第十一章　动态股权激励机制的实践………………………245

　　——以融瑞祥企业为例

第一节　研究背景…………………………………………246

第二节　理论基础⋯⋯⋯⋯⋯⋯⋯⋯⋯⋯⋯⋯⋯⋯⋯　247

第三节　企业简介⋯⋯⋯⋯⋯⋯⋯⋯⋯⋯⋯⋯⋯⋯⋯　250

第四节　研究设计⋯⋯⋯⋯⋯⋯⋯⋯⋯⋯⋯⋯⋯⋯⋯　255

第五节　案例分析⋯⋯⋯⋯⋯⋯⋯⋯⋯⋯⋯⋯⋯⋯⋯　259

第六节　研究结论⋯⋯⋯⋯⋯⋯⋯⋯⋯⋯⋯⋯⋯⋯⋯　271

附录一⋯⋯⋯⋯⋯⋯⋯⋯⋯⋯⋯⋯⋯⋯⋯⋯⋯⋯⋯⋯⋯　274

附录二⋯⋯⋯⋯⋯⋯⋯⋯⋯⋯⋯⋯⋯⋯⋯⋯⋯⋯⋯⋯⋯　282

参考文献⋯⋯⋯⋯⋯⋯⋯⋯⋯⋯⋯⋯⋯⋯⋯⋯⋯⋯⋯⋯　288

前　言

在"双创"与"互联网+"浪潮的双重叠加效应下,市场瞬息万变,机会稍纵即逝。面对外部环境的不确定性,创业企业在发展经营过程中,只有拥有高效稳定的创业团队,才能保持其持续创造力。那么,如何保持创业团队的高效与稳定呢?具体从两个方面来说,一是对内能够不断激励创业成员,减弱其在创业进程出现的社会惰性问题,避免创业团队工作中出现道德风险——"搭便车"行为,促使创业团队拥有持续创造力的内在动力;二是对外能够融合创业所需要的资源,为创业提供持续不断的外来力量,使得创业团队拥有持续创造力的动力源泉。北京大学国家发展研究院陈春花教授指出,未来雇佣社会将会消失,合伙制将会取代雇佣制。联想创始人柳传志一直希望把联想打造成一家"没有家族的家族企业","没有家族"是指没有血缘关系,而是通过机制和文化保障企业传承下去。从理论与实践的双重视角来看,动态股权激励机制将为构建创业团队"合伙人"机制,保持创业团队持续创造力提供了思路和方向。因此,深入研究创业团队动态股权激励机制,对解决自古以来"买卖好做,伙计难搁"的创业难题,以及对于创业研究本身以及大众创业实践活动具有重要的理论价值和实践指导意义。

当今社会,市场环境的复杂多变性、制度本身的刚性问题以及人力资本的日益重要性,是创业者和科研工作者在实践中面临的重要挑战。对企业而言,这是一个"快鱼吃慢鱼"的时代,互联网技术的快速发展加快了社会变革的步伐。在急速变化的环境中,企业优秀员工可能会被猎头公司挖走,资本在互联网的巨浪中快速扩张,企业也会被"门口的野蛮人"盯上,随时可能发生关乎企业生死存亡的危机。在如此动态变化的过程中,创业团队要有能力做出及时的应对,传统的管理方式或制度正面临时代的巨大考验。对于企业而言,动态股权激励机制是一种对外整合资源、对内激励员工、保留人才的管理模式,其"动态性"很好地应对了环境的"变化性"。动态股权激励机制的设立既能"治病"也能"治未病",它是在创业初期通过公司章程颁布或相关协议签署,来实现保护合伙人权益的目的。该机制在执行过程中,依据股东贡献度的变化,对股东所占股权比例或股权数量做出及时调整,保证股东贡献变化与股权调整相一致,使得人力资本收益与企业成长能够更好地绑定,以便对企业股东产生激励和约束作用,从而将企业的经营风险降到可控范围内。

制度本身存在着刚性问题,在制度面前,我们能够营造出人人平等的局面,但是过度的刚性也会降低企业发展的弹性。刚性管理是一种以工作为中心,强调规章制度的管理模式,凭借制度约束、纪律监督、奖惩规则等手段对企业员工进行管理,具体表现为一系列管理制度的逐步完善。在实际管理活动中,一切照章办事,不讲情面,注重效率和实绩,以实现制度面前人人平等。但是,人力资本具有易变性,在企业人力资源管理中,传统激励方法存在着激励边际效用递减的现象,若要避免这种情况出现,企业有必要引进弹性的规则制度,以便能够持续提升员工的创造力和工作效率。因此,面对瞬息万变的市场环境,制度刚性使得企业在发展过程中难以及时做出调整,从而降低了企业应对环境变化、抵御市场风险的能力。动态股权激励机制是一种弹性较大的企业激励制度,其动态性表现在,企业能够依据内外部环境的变化,动态调整企业的发展战略与市场应对措施,不断激发员工的创造力,从而实质提升企业的动态能力。

"致天下之治者在人才。"正如习近平总书记所强调的,我们比历史上任何时期都更接近实现中华民族伟大复兴的宏伟目标,也比历史上任何时期都更加渴求人才,人才是一切问题的关键。同样的道理,一切创业的问题都可以归结为人的问题,如何解决好创业过程中创业成员面临的问题,对创业成功与否至关重要。陈春花认为,在互联网或数字化时代,看一个企业的组织管理好还是不好,主要是看优秀的人或者强个体究竟是跟组织组合在一起,不断地得到提升,组织中不断地有优秀的人加盟,还是优秀的员工或者强个体离开这个组织,甚至留在这个组织中却没有得到任何提升和成长。

　　人力资本在企业发展中扮演着越来越重要的角色,它是体现在劳动者身上的资本。人力资本是由投资形成的,强调以某种代价获得的能力或技能的价值,投资的代价可在提高生产力过程中以更大的收益收回。从生产活动的角度来看,人力资本往往与流量核算相关联,表现为经验的不断积累、技能的不断增进、产出量的不断变化和体能的不断损耗。从投资活动的角度来看,人力资本又与存量核算相联系,主要表现为投入到教育培训、迁移和健康等方面的资本在人身上的凝结。人力资本化是未来人力资源管理的趋势,如何更好地培养、管理和激励员工,将成为企业管理工作的重中之重。动态股权激励机制有助于企业员工能力提升,进而帮助他们成长为股东,做到企业绩效提升与员工贡献变化相绑定,实现个人成长与公司成长相结合的方式,是企业人力资本管理的创新所在。针对传统股权激励在人力资本投资方面存在的不足,动态股权将致力于投资人力资本,把员工的成长尤其是核心员工的成长作为其激励的主要内容。综上所述,如何更好地应对市场环境动态变化、制度刚性以及人力资本带来的挑战?动态股权激励机制应运而生。

　　创业环境的不确定性,使得创业成员的心理与行为时刻处于动态变化过程,传统股权激励模式在应对不确定性方面存在着局限性,为了弥补传统股权激励研究存在的不足,本书构建了创业团队动态股权激励"4+2"模式,对动态股权激励机制作了深入和系统性研究。在对多家创业企业调研的基础上,结合创业团队自身特点,本书拟从四个方面对动态股权内涵进行界定并加以测量,具体内容包括:一是激励对象是否具有股东身份;二是股权分配是否公平;三是股份比例调整的幅度;四是股权比例调整的频率。依据动态股权内涵的界定,结合文献梳理分析和多家案例企业跟踪调研,本书将从以下六个方面详细阐述创业团队动态股权激励"4+2"模式,具体内容包括:(1)股权存储体系;(2)股权分配体系;(3)股东考核体系;(4)股权调整体系;(5)股东进入退出机制;(6)平台费用分摊机制。

　　动态股权激励机制如何抑制创业成员自身的社会惰性?如何促进创业团队创造力的提升?影响的程度又是如何呢?在相关理论研究的基础上,本书构建了创业团队动态股权的理论模型,并提出相关研究假设。同时,以来自河南地区的高科技园区和创业企业孵化园区的103家创业企业团队作为调研对

象,调研企业涉及金融、教育、计算机服务、建筑设计等多个行业。在 2018 年
3 月至 2019 年 11 月期间,通过对调研企业进行现场发放问卷、现场收回的方
式来收集数据,调查问卷由创业团队的大多数成员填写,回收有效问卷共计
553 份。通过运用 SPSS 和 AMOS 等统计工具对问卷数据进行分析,以验证所
提出的研究假设。研究表明,实施动态股权激励机制对创业企业的高效运营
产生明显的积极作用,能够很好地解决创业团队因利益分配产生的各种问题,
大大降低了创业成员的社会惰性,避免团队出现"搭便车"的行为,从而促进
创业团队创造力的提升。

那么,动态股权激励机制影响创业团队创造力提升的过程机理如何呢?
现有文献尚未有成熟的理论成果。针对此问题,本书以河南融瑞祥制药有限
公司作为研究对象,运用案例研究法,构建了动态股权对创业团队创造力影响
的理论模型。研究发现,在企业常规发展阶段,通过实施动态股权激励机制,
股东身份的变化可以增强股东参与企业运营的内在激励,继而促进团队创造
力的提升;在快速成长阶段,由于动态股权激励的具体激励方法和目标导向的
影响,股东胜任感和成就感的内在激励得以增强,从而促进团队创造力的提
升;在优化提升阶段,由于股权激励对象选择与考核机制的进一步优化,以及
大牧创客生态圈发展战略、国际化发展战略的实施,通过强化股东使命感和责
任感的内在动机以促进团队创造力的提升。该理论模型在企业发展实践中得
到了检验。同时,在创业企业动态股权激励机制实施过程中,激励对象选择与
考核的条件、股权比例调整的程度以及股权变动频率与幅度的大小,对创业团
队创造力提升均产生较大的影响。因此,实施动态股权激励机制对创业团队
创造力提升以及促进创业团队持久、稳定成长具有重要的意义。

荀子有云:"登高而招,臂非加长也,而见者远;顺风而呼,声非加疾也,而
闻者彰。"对企业而言,顶层制度设计至关重要,是企业发展战略层面的工作,
好比企业发展的基石,正所谓基础不牢,地动山摇。因此,做好顶层制度设计
能够帮助企业持续快速成长,动态股权设计就是企业顶层制度设计的核心工
作。"千人同心,则得千人力;万人异心,则无一人之用","能用众力,则无敌
于天下矣;能用众智,则无畏于圣人矣",分别出自《淮南子·兵略训》和《三国
志·吴志》,这两句话对动态股权激励机制的功效做了很好的诠释。实施动

态股权激励机制能够帮助企业对内凝聚人心,对外整合资源,使得企业能够借助众人之力推动企业的发展壮大。中国自古就有"生意好做,伙计难搁"的民间谚语,在国家"双创"政策实施背景下,动态股权激励机制的提出恰逢其时,是解决该难题的科学有效方法,为结束"伙计难搁"的历史宿命提供了可能,从而使"让天下没有难合伙的生意"变成现实。

本书在写作过程中,得到了相关研究领域的专家和实践者的支持与帮助,他们是杨自伟、王娜娜、张碧雪、张奕阳、王贝贝、余彩婷等,分别负责本书第六章、第五章、第七章、第三章、第十章、第九章内容的撰写工作,感谢他们对于本书的出版工作给予的辛勤劳作。最后,感谢教育部人文社会科学研究项目(18YJC630006)、河南省高校哲学社会科学应用研究重大项目(2017-YYZD-03)和河南省高校科技创新人才支持计划(人文社科类)(2019-CX-022)的资助,使得本书编写工作才更有保障。

虽然我们投入了大量的时间与精力,在写作的过程中也力求不出纰漏,但由于资料的获得及能力水平的限制,本书在内容方面还存在着诸多不足,希望读者多多批评指正。

第 一 篇

导 入 篇

第一章 绪 论

本章是绪论部分,包括本书的研究背景、创业的基本概念、中国的四次创业浪潮、创业需解决的问题及面临的挑战等。在创业概述中,阐述了创业的概念、为什么创业、如何去创业,以及合伙制的相关理论。通过对中国四次创业浪潮的回顾,结合当前我国"双创"政策的发展背景,互联网技术和商业模式的迭代更新,分析创业过程需要解决的实际问题和面临的新挑战。

第一节 创业概述

在国家"双创"政策和"互联网+"背景下,创新创业蔚然成风,引发了人们对创业的无限遐想。说到创业,人们最直观的理解就是创办一家新企业,开展一个新项目,或者是开始一个新买卖等具体现象。

一、什么是创业

创业是一个宽泛且又丰富的概念,广义的创业是指社会经济生活中一切有计划、有组织地向社会提供新产品或新服务的经济活动。张玉利认为,创业是在资源高度约束、不确定性强情境下的假设验证性、试错性、创新性的快速运行机制,突出创业的系统性,通过机制的运行建立企业创造价值正是创业的意义所在。

创业的本质,是创造性地实现新价值。因此,创业不仅包括从识别或发现创业机会,到创建新企业的过程,也包括在现有企业组织内部开展一些新业务。在实践层面,创业是在识别到创业机会的基础上,创新性地整合、配置、利用和控制资源,实现价值创造的过程。创业始于创业主体对机会的发现和识别,始于对某种社会需求而萌生的想法、创意或创新性解决方案,这个过程更多是一个个人行为过程。与此同时,创业团队(或个体)在创建组织、制定计划和整合资源的过程,落实和执行最初的想法、创意或蓝图,以便实现或创造价值,整个过程会与社会发生千丝万缕的联系。因此,创业既是一个个人行为过程,也是一个社会行为过程。

二、为什么要创业

"励志照亮人生,创业改变命运。"创业是人们解决社会问题、对社会进行奉献以及实现自我价值的载体和手段。大量研究表明,初创企业是创新的源泉,历史上许多重大技术专利和发明的商业化最初都是由创业企业完成的。从政府角度看,"大众创业,万众创新"(以下简称"双创")国家战略的实施,大大提升了企业创造力,进而激发了市场活力,个人的创业梦推动中国梦的实现。从社会角度看,初创企业是保障就业增加的引擎。通过企业的创立和运行,为社会创造财富,提供了更多就业机会,缓解了当前严峻的就业形势。从个人角度看,创业能够帮助个人实现其人生价值,有利于个人的职业发展。

企业变成事业平台,为员工提供更好的资源和机会。在平台上,通过身份转变、独立经营和内部市场化,实现平台的利益共享与风险共担,让员工变身合伙人,帮助员工实现其人生价值与创业梦想。同时,为社会做出更大贡献,形成企业、人与社会之间的良性互动。

三、如何去创业

创业需要创业团队顺应新时代创新驱动的环境,在识别和把握创业机会的基础上,科学合理、有效地组织、整合、配置和利用各种资源,为实现创业企业的商业目标服务。创业本身就是在资源约束、高度不确定情境下进行的一种冒险行为,无论是否创建一个新组织,都会涉及资源的整合、配置、利用和控制。当今社会,不确定性日益增强,市场竞争更为激烈,使创业面临着更大的挑战,要求创业行动要快速、低成本地验证和试错。而快速迭代、用户参与价值共创、精益思想被推崇等成为时代的产物,也是创业实践中的创新。动态股权激励机制的提出,为初创企业破解现有激励机制的局限,使其获得更为有效和长远的激励效果,提供一定的启发意义。

创业机会是开展创业活动的重要影响因素,机会开发是创业者从对潜在机会的感知到创造具有可持续价值之间的桥梁纽带。从创业机会开发视角解释和研究创业过程,是非常重要的方向和途径。在实践中,并非所有的创业机会都能转化为创业行动。由于个体、环境、机会与过程之间的动态匹配水平在很大程度上决定着创业产出水平,因此,创业者与制度环境的交互效应及其与创业机会开发过程的匹配程度,可能会影响到创业价值的实现。

创业活动的质量最终体现为价值创造。简单地说,为别人乃至社会创造的价值越大,创业活动的质量就越好。通常情况,创业活动的创新程度越高,越容易形成独特的竞争优势,越有可能为顾客创造新的价值,进而推进创业活动的更好发展。因此,关注价值提升需要考虑顾客的诉求,为顾客提供好的解决方案,帮助其解决面临的问题,既是创业的出发点,也是创业企业获得持续成长的动力所在。

四、何为合伙制

从法律上来说,合伙制是相对于公司制来说的。合伙企业是指由两个或两个以上合伙人拥有公司并分享公司利润,合伙人即为公司主人或股东的组织形式。合伙制,让公司员工从打工者变成合伙人,实现了共享利益和共担风险,让有梦想的人有发挥才能的平台,彻底激发公司的人才价值。同时,改变员工的雇员身份,从雇佣与被雇佣的劳资关系转变成为共同创业的合伙关系。

依据合伙内容划分,合伙制可以分为三类:即业务合伙、事业合伙和股份合伙。当然,在商业实践中很多企业会综合运用多种合伙制,使其成为混合型的合伙制模式。合伙制的实施,体现了对于人才贡献和价值的一种认可,并给予人才创造实际价值以合理回报的机制。对企业来说,通过合伙制可以更大程度激发员工的创造力,同时,将企业经营行为下放给合伙人团队,以实现吸引和保留优秀人才的目的。通过企业组织形态与经营形态的转变,实现从产品型企业向平台型企业的过渡。

合伙经营模式历史悠久,古巴比伦时期就已经出现,中国西周时期亦有萌芽。现代商业社会,在人力资本密集型行业,由于人的知识和能力是企业的核心资产,合伙制经营模式较为普遍。随着科学技术的快速发展,知识创造价值的能力越来越大,科技改变世界的速度也越来越快,商业社会对创新能力的依赖更为显著,众多企业运用合伙制推动企业组织转型,增强其持续创新能力。合伙制有多种组织形式,比如普通合伙、特殊合伙、有限合伙企业等,不仅有人力资本间的联合,也包括物质资本的联合。合伙制的优势是融合了价值认同、股权激励、非股权激励以及传统公司治理的思想逻辑,在个体层面和公司层面都起到了全面激活的效果。在企业发展过程中,可以将合伙制作为一种成熟的管理机制引入企业,提高企业治理效率。

合伙制的理念是共同参与企业经营、共享发展成果、共担经营风险,实现合作共赢。具体而言,就是吸引激励人才、融合共创资源、优化治理结构、提升创新能力。合伙制具有以下优势:(一)合伙制使人力资本参与公司治理,分享收益与决策权,发挥创新导向的自组织优势;(二)合伙制运用契约方式实现智力与资本的结合,不依赖资本股权,具有激励的独立性,同时将股权激励、绩效激励、项目激励等多种方式,以不同组合形式纳入公司机制;(三)合伙制中合伙人签署相关协议,依据自身贡献及其业绩,动态调整合伙人收益,形成合伙人的进入退出机制;(四)合伙制中合伙人相比于员工股东,对自身在企业中的身份定位、贡献回报和市场目标更为清晰。

第二节　中国四次创业浪潮

新中国成立以来,从计划经济到市场经济,从互联网到移动互联网,时代的变迁,一波又一波的创业者前赴后继,迸发出惊人的创造力。回顾自改革开放以来的历次创业潮,它们所处的社会、经济、科技、政策环境并不相同,但是它们发生的背后又具有一些相同点。比如,政府的支持、社会资金的宽裕程度、投资人的态度、社会的包容度等。

如今,中国正掀起第四次创业潮。2015 年 3 月,"双创"在《政府工作报告》中出现,国务院总理李克强指出,打造大众创业、万众创新和增加公共产品、公共服务成为推动中国经济发展调速不减势、量增质更优,实现中国经济提质增效升级"双引擎"。随着社会演化而形态多变,创业者从个体户到合伙人,从小商贩到创客……创业者,成为推动中国经济发展的主要动力。新时代的大众创业潮,如何推动产业从劳动力密集型向科技、资本密集型升级,值得期待。

第一次　1979—1989 年草根创业:个体户爆发

"个体户"刚"重出江湖"时,并不是一个褒义词。它最初是"待业青年、劳改犯"的代名词,往往会遭到嘲笑、诋毁与蔑视。对于 20 世纪六七十年代的经济情况,《邓小平文选》曾总结指出,"中国社会从一九五八年到一九七八年二十年时间,实际上处于停滞和徘徊的状态,国家的经济和人民的生活没有得到多大的发展和提高。"①"文革"结束后,800 万知青返城,就业成为社会问题。机关单位安置有限,知青只能靠摆地摊,从事理发、修鞋、磨刀、修伞、修家具、卖小吃等行业维持生计,人们管这叫"练摊"。

为了缓解就业压力,解决温饱问题,在 1979 年 2 月,中共中央、国务院批转了第一个有关发展个体经济的报告,允许"各地根据市场需要,在取得有关业务主管部门同意后,批准一些有正式户口的闲散劳动力从事修理、服务和手工业者个体劳动","个体户"这个词应运而生。1980 年,温州人章华妹成为第一个拿到个体工商户营业执照的人,她以卖纽扣为生。安徽人年广久靠卖瓜子致富,在经营过程中雇工从 12 名增至 105 人,由此震惊全国,人们怀疑"年广久是资本家复辟",从而引发"个体户雇多少人才是剥削"的辩论。

个体户赶上流通领域的市场化,他们开始练摊、倒腾。把南方沿海的东西运回内地来卖,把内地的东西倒腾到南方去卖,就凭跑个差价,硬是发了,有的率先成了"万元户"。个体户的出现,激活了一个封闭已久的经济体对物质的渴望。在此时期,为我们社会所熟知的,像王石、柳传志、任正非、张瑞敏等,这样的中国第一代企业家们亦在此时"倒腾"出第一桶金,并借助时代的机遇,成就各自非凡的事业。

---

① 《邓小平文选》第三卷,人民出版社 1993 年版,第 237 页。

第二次　1992—1997 年下海潮:扔掉"铁饭碗"

自个体经济为人们打开新天地后,市场经济迅速席卷全国,发财致富日渐成为全民的理想。

20 世纪 80 年代末 90 年代初,全国掀起一股全民经商的浪潮,其中最为典型的是"国企员工下海"。1987 年,现任 SOHO 中国董事长、联合创始人潘石屹放弃了石油部管道局的"铁饭碗",身上揣着 80 元钱南下广东。现任万通控股董事长冯仑原是国家体改委下属研究所的干部,后被派往海南省筹建改革发展研究所,但到达海南不久,冯仑和潘石屹等四个同伴共同组建了公司,开始做房地产买卖。

1992 年初,中国改革开放总设计师邓小平在南方视察中指出,计划和市场都是经济手段,明确提出了"三个有利于"的标准。南方谈话进一步打破了中国人的思想禁锢,激发了人们跳出体制,投身市场经济之海的热情。国家人社部统计数据显示,在 1992 年,有 12 万公务员辞职下海,1000 多万公务员停薪留职。

20 世纪 80 年代,陈保中、陈梨花兄妹俩都曾是国有企业员工,在改革开放浪潮中,他们做出了不同的选择,随后经历不同的人生。"1988 年,我在昆明一家知名国企百货公司做售货员,每月工资 45 元。丈夫在一所大学做教师,每月工资 90 元,当时在昆明已属高薪阶层。"陈梨花回忆道。与其性格不同的是,哥哥陈保中激进冒险,他原本是一名粮食局员工,一个月工资 30 元。由于他不甘于乏味,于是就申请停薪留职,靠三轮摩托车拉货来赚钱。

据了解,面对充满未知数的商海,公职人员更多以"停薪留职"或请长假的方式"下海",为自己留后路。"后来朋友叫他一起合伙做货车司机,陈保中才决定完全脱离国企去单干,随后买断在粮食局的工龄,两人到处借钱贷款买货车,专门替人跑长途拉货。"据陈梨花介绍,陈保中从昆明到深圳拉货,往返要一周半时间,拉货一次就赚 2000 元,迅速成为"万元户"。

在这一代创业者中,诞生了俞敏洪、郭广昌、王传福等后来的业界大佬,而他们所领导的企业,也逐渐成长,举足轻重。

第三次　1997—2000 年浪潮之巅:互联网袭来

经济体制的改变,让人们解决了生存问题,而科学技术的发展,却改变了他们的生活方式。中国的互联网元年,在 1997 年开启。

中国互联网络信息中心(CNNIC)曾在 1997 年 12 月 1 日发布第一次《中国互联网络发展状况统计报告》,报告指出,全国共有上网计算机 29.9 万台,上网用户数 62 万。该中心自此后形成半年一次的报告发布机制。

1997 年 1 月,美国麻省理工学院的博士生张朝阳创办了爱特信 ITC 网站,次年 2 月,他在中国"克隆"雅虎,推出中文网页目录搜索的软件——命名为"搜狐"。1997 年 5 月,26 岁的丁磊设想网民们应该拥有自己的信箱,于是在广州创办网易公司,推出了第一个中文个人主页服务系统和免费邮箱系统。1997 年 10 月,29 岁的软件工程师王志东领导的四通利方获得第一笔风投,该网站体育论坛因帖子《大连金州没有眼泪》而备受关注。次年,四通利方开办新闻频道,并收购北美网站华渊资讯网,网站更名为"新浪网"。

1998 年,马化腾成立了深圳市腾讯计算机系统有限公司,那时 ICQ 很火,QQ 默默无名。

1998 年,雅虎进军中国,成为 1998—1999 年连续两年网民网页首选。

1999 年,马云在经历两次创业失败后,确定要成立一家为中国中小企业服务的电子商务公司,域名为阿里巴巴。

1999 年,邢明把从股市赚来的钱投资在 3 个网站项目上,其中一个叫"天涯社区"。"天涯社区最初只是一个萌动的人文意念与单纯的模仿,我当时看到了网易社区的雏形,做一个充满人文情结的个性化的网络虚拟社区。"邢明曾表示。同年 8 月,22 岁的小伙子孙鹏与另外 4 位网友一起建立个人网站——红袖添香。"做文学网站,最初只是源于梦想,终极目标也不是为了赚钱。"孙鹏曾表示。如今,这个纯文学网站,拥有完善的投稿系统、个人文集系统、媒体联络发表系统及原创书库。

尽管经历了 2000 年互联网泡沫的惨烈溃败,互联网时代的步伐并未减缓。百度、腾讯、阿里巴巴正是在这一时期迅速崛起,成为中国新兴经济的代表。而其所代表的互联网,将在未来以"颠覆一切"的形象,改变着整个中国的经济结构。

第四次 2014 年至今大众创业:新时代的个体崛起

时间推进到 2014 年,中国经济进入"新常态",而一波新的创业浪潮也正在兴起。坐落在深圳南山区华侨城创意园的柴火创客空间，因年初李克强总理的到访而为人熟知，这被认为是点燃本轮创业潮的星火事件。

早在 2011 年至 2013 年，众多私募人士就注意到这一轮已经开始的新兴创业潮的暗涌。智金汇创始人、CA 创投合伙人杨溢曾说道，"创客文化，我在 2012 年就注意到了。当时国外已在流行，CA 创投有在做众筹平台，很多高科技公司成功得到融资。在国内，我还去过深圳柴火创客空间，当年它的规模还很小。当时创客项目还没有现在这么火，我预感到这应该是一股趋势。"

2013 年，一些风投机构开始陆续投资创客项目。"2014 年创客开始火了。大平台都在做众筹，孵化器逐渐多了，创客活动也越来越多，很多机构都参与进来。自从总理视察之后，这类创业项目一下子火了。"杨溢回忆称。

从这轮"草根创业潮"的发生起因来看，多名机构人士认为，主要源于中国经济处在转型期。"创业潮往往出现在股市最低迷、房地产最火爆的时候。经济转型中，投资人与社会上的资本都在追逐创业企业。"一名资本市场的资深人士表示，他指出投资创业项目有风险，风险偏好受制于整个市场的资金和投资可期待性的影响。"在过去，无风险利率很高，资金普遍流入房地产行业，因此创业者过去艰难，得不到资金的支持。如今，由于钢铁、石化、煤炭等传统行业产能过剩，经历着痛苦的调整阶段。这类行业在国家经济中占主要比重，同时又与房地产、汽车等行业息息相关，因此导致经济处于调整期，新兴产业得到了迅速发展。"

红杉资本中国基金副总裁姚安民认为，从科技视角来解释，这股创业潮的动因主要是技术的发展从根本上打开了创业的空间。"智能手机出现后，创业机会比 PC 端时代更多了。因为手机可以做到实时地把人、服务、位置、产品联系起来，提供原来在 PC 端没有办法提供的互联网解决方案，比如 O2O 模式，当下很多人可以通过网上点餐、送外卖等。这都是因为手机 On-Demand Service 带来的变化，使得很多很好的创业公司出现了。"同时，消费者亦有需求。"技术使得消费者希望获得的服务和产品能够提供出来。此外，最近资本市场比较火、国家支持创业的政策较多，所以当下人们的创业热情很高。"姚安民表示。

在政策方面，中央政府"三大施政清单""简政放权"为创业潮提供了制度保障和政策推力。同时,2014 年 3 月《注册资本登记制度改革方案》出台,放松企业准入条件的管制,取消了"最低注册资本金"的限制。

这轮创业潮涵盖社会各个阶层,年龄分布较广,"85 后"至"90 后"的创业者居多。以柴火创客空间为例,据潘昊介绍,"从成立以来,陆续加入的会员数量超过 1000 人,最小的会员只有 7 岁,也有部分 50 至 60 岁的爱好者,所属行业也是五花八门。"

2014 年,"双创"在夏季达沃斯论坛上被首次提出。2015 年,《政府工作报告》明确提出,要将"双创"打造成中国经济发展的"双引擎"之一。同年,首个"全国大众创业万众创新活动周"在北京等 8 座城市同步举行,"双创"得以在更大范围、更高层次、更深程度上推进,为实现创新驱动发展汇聚智慧和力量。

姚安民表示,创业项目能否推动经济发展,关键要看创业团队提供什么价值的服务。"有的团队提供纯娱乐服务,比如游戏,有的是改变原来产业上的效率问题。目前创业项目中,有很多可以提高生产效率,或者改进社会服务,这其实能对社会经济产生较大的影响。"

第三节 创业需解决的问题

"双创"成为我国创新型国家战略、经济增长方式转变和深化改革发展的重要举措,降低创业门槛、"互联网+"创业等各种力量促成了创业者群体大众化的格局。但是,创业活跃度高而创新型创业比例偏低,仍是当前我们面临的事实。因此,在创业初期如何应对复杂多变的市场环境,规避由于企业制度刚性引发的生存困局,重视和发展企业人力资源以及融合企业所需的内外部资源,成为企业亟待解决的事关其生死存亡的重大难题。活下来只是创业的第一步,如何在内忧外患中寻求出路,突破资源约束瓶颈,帮助创业团队保持创新活力和持续成长,是众多创业企业面临的现实问题。因此,创业环境的不确定性,创业人员心理与行为的动态变化,传统激励机制的掣肘,以及创业过程资源的短缺,都是创业企业持续成长中亟待解决的问题。

一、对内解决创业成员的惰性问题

在创业中,创业成员之间要实现资源共享、分工协作、风险共担与利益共享。但是,针对一些团队任务,由于个人绩效无法明确被评估,团队成员可能出现"搭便车"行为。这种行为一旦为其他成员感知到,因担心个人利益受损,他们可能会降低自身工作的努力程度和价值贡献度,即所谓的"吸管效应"。企业员工因激励丧失产生的社会惰性,成为企业持续发展中的障碍,将会严重影响创业团队的绩效和生产力。那么,探寻有效的激励机制以弥补激励丧失,进而提升团队创造力,是初创企业在成立之初就要考虑的重要问题。

在股权激励过程中,股东身份的认知转变使员工从打工者变成企业的主人,个人利益与企业利益紧紧绑定在一起,实现员工身份的转变,有助于员工认识到其努力和贡献的重要性,使其主动为企业做出更多有利的行为。同时,突出分配公平的激励机制,使得真正为企业做出贡献的员工能够感受到组织的肯定与关怀,相反,对工作中偷懒懈怠的员工敲响警钟,致使他们对自身的行为进行反思。在动态股权激励中,根据企业的发展战略以及员工自身贡献度的变化,来确定员工股份比例调整的频度和幅度。通过测量和核算员工自身的贡献度,以他们的实际贡献来调整其占有的股权比例,由此避免了团队任务中因个体绩效无法被清晰评估,以及员工的内在评价模糊而损害团队利益等问题出现,从而实现个人利益与团队利益的绑定。

动态股权激励机制的实施,也是一个优胜劣汰的过程,对人员的筛选有着直接的影响作用。企业内部那些能力差的、只想"搭便车"的、害怕承担风险责任的员工,或许会被迫离开企业;相反,那些有能力、肯担当、被企业真正认可的人才,一定能够与企业同呼吸、共命运,真正实现人才与企业的共同成长。

二、对外解决创业资源的融合问题

在"双创"政策实施背景下,初创企业呈现出迅猛的发展态势,但与许多发展成熟的企业相比,创业企业仍然面临着很多资源融合困难的问题。由于合法性不足,内部制度不甚完善,资源整合能力低,使得企业内部的资源无法得到合理配置,所需资源又无法从外部及时获取,这些成为约束创业企业发展的主要问题。

如果想要扭转创业企业面临的资源困境,我们必须从两个方面着手来解决以上问题,一方面,政府应着力构建多层次的资本市场,打造多样化的融资渠道,进一步改善我国企业的融资环境;另一方面,创业企业在创建时应形成科学的运行机制,为企业在发展中能够融合所需要资源奠定基础。一个好的企业运行机制,对内能够合理配置现有资源,对外能够吸引不同类型资源进入企业,通过机制的运行源源不断地融合企业内外部资源,为企业长远发展打下坚实的基础。比如,依据拥有资源的不同,可以把股东划分为四种类型,即资金型股东、资源型股东、能力型股东和顾问型股东。针对不同类型的股东,我们可以采用不同的考核机制,以便能够更精准地对企业股东进行激励。

由此看来,灵活敏捷的激励机制是吸引和融合企业内外部资源的根本所在,动态股权激励机制就是这样的机制,它很好地弥补了传统股权激励机制的短板和局限。首先,初创企业的人力资源作为最为重要的资源,动态股权激励机制通过公平且精准的衡量标准测量员工的贡献度,并由此进行股权激励,有助于充分释放人力资源的价值和潜能,使其始终保持生机活力,从而让团队创造力充分涌流。其次,动态股权激励机制营造了公平友好的团队氛围,吸引着外部不同类型股东进入企业,突破创业资源约束,为企业成长注入持续不断的活力。

第四节 创业面临的新挑战

当前,市场环境的复杂多变性、制度本身的刚性问题以及人力资本的日益重要性,是创业者和科研工作者在实践中面临的重要挑战。

一、环境的快速变化

当今时代,互联网技术的快速发展加快了社会变革的步伐,创业企业被重新定义,企业面临的经济、社会、技术和市场等环境发生着快速的变化。在这样的环境中,企业优秀员工可能会被猎头公司挖走,资本在互联网的巨浪中快速扩张,企业也会被"门口的野蛮人"盯上,随时可能发生关乎企业生死存亡的危机。在如此动态变化的过程中，创业团队要有能力做出及时的应对，传统的管理方式或制度正面临时代的巨大考验。

对企业而言，动态股权激励机制是一种有效的管理模式，对内能够激励并留住员工，对外能够吸引并整合资源，其"动态性"很好地应对了环境的"变化性"。动态股权激励机制的设立既能"治病"也能"治未病"，它是在创业初期通过公司章程颁布或相关协议签署，以规避企业发展中可能出现的运营风险，来实现保护合伙人权益的目的。该机制在执行过程中，依据股东贡献度的变化，对股东所占股权比例或股权数量做出及时调整，保证股东贡献变化与股权调整相一致，使得人力资本收益与企业成长更好地绑定，以便对企业股东产生激励和约束作用，从而将企业的经营风险降到可控范围内。

二、制度本身的刚性

制度本身存在着刚性问题，在制度面前，我们能够营造出人人平等的局面，但是过度的刚性也会降低企业发展的弹性。刚性管理是一种以工作为中心，强调规章制度的管理模式，凭借制度约束、纪律监督、奖惩规则等手段对企业员工进行管理，具体表现为一系列管理制度的逐步完善。在实际管理活动中，一切照章办事，不讲情面，注重效率和实绩，以实现制度面前人人平等。

大多数企业制度都存在刚性的问题，优点是制度面前人人平等，个体行为可以得到有效预期；缺点是过度刚性将会降低企业发展弹性，人员努力工作的动机会丧失。面对瞬息万变的市场环境，企业制度很难随着环境变化而及时调整，对内部资源的分配和协调渐显无力，从而降低了企业的市场反应能力，以及抵御环境风险的防控能力。同时，人力资本具有易变性，在企业人力资源管理中，传统激励方法存在着激励边际效用递减的现象。随着企业规模的不断壮大，到达期望的距离越来越短，员工的期望值会不断下降，同样激励的效果在减弱。此时，如果继续给予员工薪酬激励，不仅会增加企业的运营成本，而且员工工作积极性也不会显著提高；反之，如果不再进一步激励员工，企业将会失去持续发展的可能。

若要避免这种情况出现，企业有必要引进弹性的规则制度，以便能够持续提升员工的创造力和工作效率。动态股权激励机制是一种弹性较大的企业激励制度,其动态性表现在,企业能够依据内外部环境的变化,动态调整企业的发展战略与市场应对措施,不断激发员工的创造力,从而实质提升企业的动态能力。

三、人力资本的日益重要

美国管理学家德鲁克说:"人是我们最大的资产,企业或事业唯一的真正资产是人,管理就是充分开发人力资源。"人力资本是由投资形成的,强调以某种代价获得的能力或技能的价值,投资的代价可在提高生产力过程中以更大的收益收回。人力资本在企业发展中扮演越来越重要的角色,是经济发展过程中最具能动性的因素,具体表现在两个方面:一是物质资本、货币资本价值量的实现和创造必须通过人力资本的操作;二是人力资本可以创造出超出自身价值量的经济效益。

人力资本是体现在人身上的资本,其区别于非人力资本的最显著特征,是人力资本和其载体——人的不可分离性,决定了人力资本具有"人"的属性。更为重要的是,人力资本具有易变性,它的存量、增量及其构成要素的价值时刻处于不断变动中。主观上看,劳动者刻苦学习,勇于实践,在潜心钻研中有所发现和创新,其存量和增量价值就会不断增加。从生产活动角度来看,人力资本往往与流量核算相关联,表现为经验的不断积累、技能的不断增进、产出量的不断变化和体能的不断损耗。从投资活动角度来看,人力资本又与存量核算相联系,主要表现为投入到教育培训、迁移和健康等方面的资本在人身上的凝结。实际工作中,个人的偏好、行为和意志会影响人力资本发挥的实际效果,人力资本的难以有效核算会带来相应的风险,这些不确定性的存在影响着企业的可持续发展,促使企业需要进一步优化和完善其现有激励机制。

人力资本化是未来人力资源管理的趋势,如何更好地培养、管理和激励员工,将成为企业管理工作的重中之重。陈春花认为,在互联网或数字化时代,看一个企业的组织管理好还是不好,主要是看优秀的人或者强个体究竟是跟组织组合在一起,不断地得到提升,组织中不断地有优秀的人加盟,还是优秀的员工或者强个体离开这个组织,甚至留在这个组织中却没有得到任何提升和成长。雇佣制的管理机制下,员工会有一种被别人驱使、为别人打工的潜意识，依靠职业道德和职业精神，传统激励机制无法实现人才潜能的充分激发。如此，人力资本的有效性大打折扣。动态股权激励机制有助于企业员工能力提升，进而帮助他们成长为股东，做到企业绩效提升与员工贡献变化相绑定，实现个人成长与公司成长相结合的方式，是企业人力资本管理的创新所在。针对传统股权激励机制在人力资本投资方面存在的不足，动态股权激励机制将致力于投资人力资本，把员工的成长尤其是核心员工的成长作为其激励的重点。牢牢把握住人力资本的价值以期产生源源不断的创造力，超越竞争对手，立足甚至领先于行业。

当前，环境急速变化、创新创业活跃、制度刚性凸显以及人力资本日益重要等鲜明的时代特征，为合伙制取代雇佣制提供了实践的可能。在此背景下，动态股权激励机制应运而生，以弥补传统股权激励理论研究存在的不足，也为国家"双创"实践活动的开展提供有益的借鉴与参考。后续篇章中，本书将在对传统股权激励理论研究的基础上，结合融瑞祥企业的实践历程，构建一个创业团队动态股权激励体系，即：一个共创、共享、共赢的创业团队"合伙人"机制，并完成动态股权对创业团队创造力影响的实证检验。

第 二 篇

股 权 篇

第二章　股权激励的基本概念

本章是对股权激励理论的梳理分析,包括股权激励的定义、股权激励的起源与发展、股权激励的主要方式和股权激励的作用等。在股权激励的起源与发展部分,分析了股权激励出现的原因,在美国和中国的理论发展与实践历程。

第一节　股权激励的定义

股权激励的界定方法较多,依据激励对象可分为员工持股和管理层持股,依据具体激励模式可分为现股激励、期股激励和期权激励(徐宁,2011)。学者葛军(2007)认为,股权激励是指企业所有者通过授予经营者股份形式的现实权益或潜在权益,使后者能够分享企业剩余索取权,进而使企业利益增长成为经营者个人利益的增函数的一种长期制度安排。我国证监会在 2016 年 5 月 4 日颁布《上市公司股权激励管理办法》中规定,股权激励是指上市公司以本公司股票为标的,对其董事、高级管理人员及其他员工进行的长期性激励,包括股票期权、限制性股票及法律允许的其他方式。

企业依据行政法规允许的方式实行股权激励计划,使得拥有股权的管理人员在获得一定利益的同时,将管理人员与企业所有者的目标有机统一起来,使其也愿意为公司在发展过程中出现的经营风险承担责任。实践活动和理论发展表明,股权激励可以激励管理人员为公司经营服务,让其加倍努力地投入到公司的经营管理活动中，从而为自己和公司创造更好的经济利益，推动公司持续稳定的发展。

第二节　股权激励的起源与发展

一、股权激励出现的原因

股权激励源自所有者与经营者之间的委托代理关系。由于委托代理关系的存在，所有者和经营者在获取信息的数量和质量方面均存在显著差异。相比而言，经营者在信息获取方面更具有优势，可以利用其在工作中的优势地位获取更为丰富、真实和及时的信息，极易以很低的成本或代价做出有损所有者而增加自身利益的行为。鉴于以上原因，在 1932 年，Berle 和 Means 基于两权分立、委托代理和信息不对称等理论的研究，提出了"Berle-Means"研究命题，设计了促使公司高管与股东的利益目标趋于一致的高管薪酬契约，以有效解决企业的委托代理冲突问题，降低企业的代理成本，提高企业的长期价值。

二、股权激励制度在美国产生

20 世纪 50 年代，股权激励作为一种长期性、持续性的激励制度率先在美国产生。当时，美国辉瑞公司开创性地对公司所有员工试行股票期权计划，一是希望通过股票价格的变动来激励经理层实现公司的跳跃式发展；二是为了降低员工收入的纳税额，达到合规规避高额税费的目的，由此拉开了股权激励制度践行的序幕。进入 70 年代，一些企业又纷纷引入其他股权激励形式，包括股票期权计划、虚拟股票、业绩股票等。随着股票激励实施形式的不断变化，它本身所具有的强有力的激励作用也不断呈现。20 世纪 80 年代以来，股权激励作为一种激励方式获得快速发展，推动了企业高效持续的发展。比如，在科技创新领域首屈一指的硅谷，20 世纪能够获得高速发展便得益于此。随后，美国监管部门出台了众多与股权激励制度相关的法律法规，进一步改进和完善了股权激励制度，推动了股权激励的进一步发展。

三、我国股权激励制度的发展

自股权激励制度在美国产生之后，一些其他西方国家纷纷开始实行。相比于西方国家，我国企业实行股权激励制度比较晚，在我国的推行可追溯到20世纪90年代，其发展历程可以分为三个阶段。

第一阶段，1991—1998年期间，我国股权激励制度处于萌芽阶段。1991年，我国引入股权激励制度，对国有企业高管人员实施股权激励，由此股权激励制度在我国开始正式推行。1996年6月，国家在全国范围内对企业实施员工持股宣传和鼓励，尤其是企业高管人员持股方面，除了部分企业响应国家号召以外，总体上并未取得预期的成效。1998年，中国证监会暂停了该计划的推行工作。

第二阶段，1999—2005年期间，我国股权激励制度处于发展阶段。1999年9月，在指导我国国有企业发展文件中要求，对一些高新科技产业企业进行制度试点，将企业每年剩余收益中一定金额股份取出，对企业的杰出高管和做出突出贡献的科研人才进行奖励。依据上述文件，同年10月，中国证监会尝试推行股份奖励制度，标志着股权激励制度在我国开始正式实施。在2003年和2004年，时任国资委主任李荣融和证监会主席尚福林均指出，我国上市公司内外部均趋于合理化发展，具备了实施股权激励需要的条件要求。2005年，国资委发布相关文件以规范上市公司股权改革，从制度层面对股权分置改革工作的顺利进行和股权激励制度的推行给予支持。随后，证监会联合多部门再次出台股权改革文件，同意企业对高管人员进行股权激励。

第三阶段，自2006年至今，我国股权激励制度处于完善阶段。2006年之前，《公司法》明文规定禁止回购本公司股票，一定程度上阻碍了我国股权激励的应用和实施。2006年1月，修订后的《公司法》中纳入了股权激励制度，在法律层面清除了对高管人员实行股权激励的障碍，有效推行了企业高管人员的股权激励制度。同年初，证监会发布并实施《上市公司股权激励管理办法（试行）》，从法律层面上，对股权激励制度中所涉及的股票来源、激励模式、对象、方式、期限等问题进行了详细说明，将股权激励的对象扩大为上市公司高管及普通员工，这项办法具有里程碑意义，象征着我国股权激励制度的正式实施。同年1月和9月，我国国资委和财政部两次联合发布了国有上市企业在境内外进行股权激励的实施细则，针对国有企业对高管进行股权激励的工具及高管行权、股权激励实施的前置条件等方面，进行了严苛的规定和详细的说明，对我国股权激励制度的推行起到了重要的政策指导作用，随后我国股权激励制度实现了快速发展。

但与此同时，部分上市企业股权激励草案的漏洞开始显现，使得股权激励制度变成为部分高管输送利益的捷径，在企业业绩没有明显改善的情况下，高管却获得天价薪酬，致使公众开始质疑制度的合理性。鉴于此，2008年3月，证监会陆续出台了相关文件，对股权激励实施中的相关问题进行补充说明，简称为"备忘录1号"和"备忘录2号"，详细说明了上市企业不同来源的股票如何提取激励基金，提出不再准许企业对其高管直接分发公司股票。9月，证监会颁布"备忘录3号"，规定上市企业要对财务报表中涉及股权激励的财务数据进行披露和说明，防止在对企业高管进行股权激励过程中存在的财务造假行为。10月，多个部门联合出台规范性文件，及时纠正国有企业在股权激励实施过程中暴露的问题，文件规定了股权激励制度的实行条件、业绩考核指标设置、授予价格、激励期限及草案批准程序，旨在通过实施股权激励使高管收益与企业业绩挂钩，以限制高管从中谋求私利的意图。

近几年，随着我国资本市场的不断完善和发展，为了能够适应发展过程的变化，并及时解决其中暴露的问题。2016年，中国证监会出台了《上市公司股权激励管理办法》（以下简称《办法》），一定程度上调整了我国上市企业股权激励的相关监督管理制度。该《办法》以加强信息披露为核心，以"宽进严管"作为监管标准，力求用以松管制、以严管控的管理办法，使上市企业逐渐形成具有较大自决权、市场有效监督的股权激励制度。同时，进一步补充和完善了我国上市公司实施股权激励的条件、各种激励标的的具体制度要求、激励方案执行后的监管要求等方面，在确保完善发展制度的同时，给予上市企业股权激励实施中更多的自主权。

第三节　股权激励的主要方式

一、业绩股票

业绩股票是股权激励的一种典型模式,指在年初确定一个较为合理的业绩目标,如果激励对象到年末时达到预定的目标,则企业授予其一定数量的股票或提取一定的奖励基金购买股票。通常情况下,业绩股票的流通变现是有时间和数量的限制。激励对象在以后若干年内经业绩考核达标后,可以获准兑现所规定比例的业绩股票;反之,业绩考核未达标或出现有损企业的行为、非正常离任等情况,则未兑现部分的业绩股票将被取消。另外,有一种与业绩股票在操作和作用上相类似的长期激励方式是业绩单位,它和业绩股票的区别在于业绩股票是授予股票,而业绩单位是授予现金。

二、股票期权

股票期权是指,企业授予激励对象的一种权利,激励对象可以在规定的时期内以事先确定的价格购买一定数量的企业流通股票,也可以放弃这种权利。股票期权的行权也有时间和数量限制,行权时必须用现金或以前获得的股票按市场价折合成现金购买股票,企业可以为激励对象提供低息或免息的行权贷款。目前,我国部分上市企业中应用的虚拟股票期权是虚拟股票和股票期权的结合,比如,企业授予激励对象的是一种虚拟的股票认购权,激励对象行权后获得的是虚拟股票。

三、虚拟股票

虚拟股票是指,企业授予激励对象一种"虚拟"的股票,激励对象可以据此享受一定数量的分红权和股价升值收益。如果实现公司的业绩目标,则被授予者可以据此享受一定数量的分红,但没有所有权和表决权,不能转让和出售,在离开公司时自动失效。当约定的兑现时间和条件满足时,激励对象可获得现金形式的虚拟股票在账面上的增值部分。公司支付给持有人收益时,既可以支付现金或等值的股票,也可以既支付等值的股票又支付现金。虚拟股票是通过其持有者分享企业剩余索取权,将他们的长期收益与企业效益挂钩。与实际股权激励相比,虚拟股权避免了以变化不定的股权价格为标准去衡量企业业绩和激励员工。

四、股票增值权

股票增值权是指,企业授予激励对象的一种权利,如果公司股价上升,激励对象可通过行权获得相应数量的股价升值收益,激励对象不用为行权付出现金,行权后获得现金或等值的公司股票。股票期权实质上是一种选择权,即被授予者享有在未来规定的行权期内按授予时规定的价格和数量自由购买公司股票的权利,对此被授予者可以使用,也可以放弃。各公司股票增值权的有效期长短不等,一般为授予之日起 6 至 10 年。享有股票增值权的激励对象不实际拥有股票,也不拥有股东表决权、配股权、分红权。股票增值权不能转让和用于担保、偿还债务等。每一份股票增值权与一股股票挂钩,股票增值权的收益=股票市价-授予价格。其中,股票市价一般为股票增值权持有者签署行权申请书当日的前一个有效交易日的股票收市价。

五、限制性股票

限制性股票是指,上市企业按照预先确定的条件授予激励对象一定数量的股票,对股票的来源、抛售等有一些特殊限制,激励对象只有在工作年限或业绩目标符合股权激励计划规定条件时,才可出售限制性股票并从中获益。国外大多数企业是将一定的股份数量无偿或者收取象征性费用后授予激励对象,而在中国《上市公司股权激励管理办法》(试行)中,明确规定了限制性股票要规定激励对象获授股票的业绩条件,这就意味着在设计方案时对获得条件的设计,只能是局限于该上市企业的相关财务数据及指标范围内。

六、员工持股计划

员工持股计划,又称员工持股制度,是员工所有权的一种实现形式,是指企业所有者与员工分享企业所有权和未来收益权的一种制度安排。通过购买企业部分股票而拥有企业的部分产权,并获得相应的管理权,实施目的是使员工成为公司股东。企业内部员工出资认购本公司部分或全部股权,委托员工持股会(或委托第三者,一般为金融机构)作为社团法人托管运作,集中管理,员工持股管理委员会作为社团法人进入董事会参与表决和分红。通常包括两种类型:(1)企业员工通过购买企业部分股票而拥有企业部分产权,并获得相应的管理权;(2)员工购买企业全部股权而拥有企业全部产权,使其职工对本企业具有完全的管理权和表决权。

七、管理层收购

管理层收购是指,企业管理层利用杠杆融资购买公司的股权,成为公司股东,与其他股东风险共担、利益共享,从而改变公司的股权结构、控制权结构和资产结构,实现持股经营。与一般的企业买卖和资产重组强调收益权,即买卖价差和资本运营的增值不同,除了强调收益权之外,还强调控制权、共享权和剩余价值索偿权。收购对象可以是企业整体,也可以是企业的子公司、分公司或者一个部门。由于管理层收购在激励内部人员积极性、降低代理成本、改善企业经营状况等方面起到了积极的作用,因而它成为 20 世纪七八十年代流行于欧美国家的一种企业收购方式。

八、账面价值增值权

账面价值增值权是与证券市场无关的股权激励模式,激励对象所获收益仅与公司的每股净资产值有关,而与股价无关。这种激励方式使业绩和管理水平直接挂钩,让管理者专注于每股净资产的增长,也就是市值的稳步增长。具体分为购买型和虚拟型两种类型,购买型是指激励对象在期初按每股净资产值实际购买一定数量的公司股份,在期末再按每股净资产期末值回售给公司;虚拟型是指激励对象在期初不需支出资金,公司授予激励对象一定数量的名义股份,在期末根据公司每股净资产的增量和名义股份的数量来计算激励对象的收益,并据此向激励对象支付现金。

第四节　股权激励的作用

在 2016 年《财富》世界 500 强榜单上,80% 的企业针对其核心人员实施了股权激励机制。在美国 500 强企业中,90% 的企业在实施股权激励机制后,企业生产效率提高了 30% 以上,利润提高了 50%。由此看出,对企业的持续稳定发展而言,建立科学有效的股权激励机制至关重要。2017 年 8 月,国务院常务会议指出,股权期权和分红等激励政策的落实有助于推进经济结构的转型升级,推动国有企业增强创新发展动力。具体而言,股权激励有以下四个方面的作用。

一、提升企业绩效

实行股权激励后,企业员工获得了相应的权益,也获得了对应的股东权利,比如分红权,这有利于企业员工将其自身收益与企业成长紧密联系起来,极大提高管理人员和核心岗位人员的工作积极性和主动性,提升被激励人员的归属感。同时,有效激发了企业被激励对象的工作动力,提升他们在工作过程的创新能力,有利于企业组织结构和业务流程的进一步优化,通过有效管理和技术创新等多方面措施来降低企业运营成本,以提高企业的经营业绩、市场地位和核心竞争力。

二、建立利益共同体

通常情况,企业股东与员工的利益并非一致,由于双方拥有的权益及其价值观不同,对企业发展的认知和出发点存在着很大差异,甚至双方之间还会有矛盾存在。通过股权激励机制的实施,使得企业的管理人员和核心岗位人员成为股东,员工身份的转变会影响到他们心理与行为的变化,使他们的个人利益与企业利益进行有机结合,从而在企业内部形成一个融合共创、资源共享和多方共赢的利益共同体,不断激发企业持续稳定发展的内在动力。

三、吸引留住人才

"咱们这样做的目的是什么呢？是为了留住人手，人手是什么，人手是咱们做生意的根本。"正如《乔家大院》中乔致庸所说，人才是推动企业发展的最根本动力，股权激励可以有效地帮助企业吸引并留住人才。首先，股权激励机制的实施，改变了员工的企业身份，增强了其对企业的归属感，他们把个人利益与企业成长绑定在一起。在企业内部，增强了员工工作的主观能动性，提高他们的工作积极性和主动性，使他们获得对应的收益；在企业外部，公平高效的股权激励机制，对外呈现出"按劳分配，多劳多得"的激励模式，能够吸引更多人才加盟，为他们提供更大的成长空间。其次，股权激励机制增加了员工违规违法或辞职的成本，当他们做出有损企业的行为或离开企业时，将会失去股权激励带来的收益。因此，股权激励机制不仅能够激发企业员工的潜能，提高他们的工作效率，还能够为企业吸引并留住更多的优秀人才。

四、抑制管理者短视行为

在传统的员工激励模式中，比如补贴、年度奖等，企业所有者对管理人员的考核指标主要基于短期的财务数据（如季报、年报）等，但短期数据是企业一段时期的运营表现，很难准确衡量企业的长期投资收益，体现不出企业的长期价值。如果企业只用短期账面数据作为员工考核的主要内容，在客观上就会促进经营者做出短期决策行为，从长远来看，将使企业背离其长期发展的轨道，不利于企业的持续成长。与之相对的是，股权激励机制不仅能促使管理者关注短期的财务数据，也要关注企业未来的发展前景。股权激励中，为了实现对员工的长期激励，约定即使员工离职后，在满足相应条件的情况下，他们仍能获得相应股权激励带来的收益，这就迫使管理者不仅要关心当期发展业绩，更要关注企业未来的发展趋势，从而抑制企业管理者的短视行为。在企业发展战略制定中，约束经营者的短期决策行为，促使他们做出有利于企业长期发展的战略措施。

第三章 股权激励的理论发展

本章是对股权激励理论的发展回顾,包括股权激励的实施动机、理论基础、研究假说、研究视角、影响因素和实证研究等。通过现有理论的梳理分析,帮助我们从不同层面、多个视角认识并掌握股权激励的理论发展,了解股权激励的影响因素,以及股权激励与企业绩效、创新绩效和人才选用之间存在的关系,为后续理论的创新发展奠定基础。

第一节 股权激励的实施动机

股权激励是企业将自身发行的股票作为激励标的物,对企业高管以及其他核心员工实施的长期性激励机制。作为一种中长期的激励约束机制,由于实施激励的动机不同,取得的效果也就不同。在学术界,众多科研人员围绕股权激励实施动机展开了深入的研究,他们主要将其分为激励型动机和非激励型动机。

一、激励型动机

通过研究发现,股权激励对企业员工发挥着激励作用,实施股权激励计划能够促进企业价值的提升。他们认为股权激励使高管人员与股东利益趋向一致,不断激发企业员工的工作动力,推进企业业绩的快速提升,其中尤其以Berle 和 Means(1991)、Jensen 和 Meckling(1976)的研究最具代表性。从代理理论角度分析,委托人通过使用恰当的激励方式使代理人的利益与委托人的利益保持一致,从而降低代理成本。基于代理成本理论假说,学者们从不同角度论证了股权激励的影响效果。

(一)股权激励有助于为企业选拔有才能的高管人员。Lazear(1999)指出,优秀的管理人员有能力选择并执行有效的投资决策,股权激励使其为公司提高业绩的同时,他们自身也能够获取相应的收益。因此,股权激励能够帮助企业吸引更多优秀的管理者,并提升他们与企业利益的一致性。Baker 等(2003)研究发现,股权激励更多地被授予处于第一年任期中的高管人员,那么股权激励对他们将发挥长期的激励作用。Arya 等(2005)认为,股权激励使管理者的才能与其获得报酬挂钩,防止企业在不了解管理者才能的情况下给予他们过高的报酬。

(二)股权激励有助于避免临近退休高管人员的视野短期化。Smith 和 Watts(1982)、Dechow 和 Sloan(1991)、Murphy 和 Zimmerman(1993)都提到了视野假说,他们认为,由于研发费用会降低企业当期的会计利润,基于会计数据而执行的激励计划不利于临近退休的高管薪酬,使得他们将会放弃研发支出和好的投资机会。但是,这些支出会给未来的继任者带来较大的回报,有助于企业的长远发展。如果对高管人员实行股权激励,将其利益与公司长远发展结合起来,可以避免管理人员短视野问题的发生。

(三)当存在信息不对称时,股权激励有助于协调高管与股东的利益相一致。信息不对称主要表现在两个方面,一是企业在快速成长期,高管需要做出很多投资决策,使得董事会难以监督;二是企业会计信息噪声比较大,使得董事会难以掌握企业业绩的真实情况。

针对第一种情况,Myers(1977)、Smith 和 Watts(1992)研究指出,在有较多成长机会的公司,很大一部分公司价值是由未来投资产生的收益组成。Smith 和 Walls(1992)、Bizjak 等(1993)认为管理者对公司未来成长机会具有私人的信息。由于信息不对称的加剧,董事会难以评价企业高管投资决策的优劣,这时成长机会较多的企业往往更愿意让市场来评价,股权激励能够将收益与市场表现挂钩,从而解决了董事会无法直接监督高管的问题。Lazear(2004)指出,在企业和高管信息不对称的情况下,基于产出报酬进行评估的股权激励,促使管理层挑选并实施能够盈利的项目。信息不对称的假说还可以进一步延伸到管制行业,Demsetz 和 Lehn(1985)、Smith 和 Watts(1992)研究发现,受管制行业的高管得到的股权激励更少,原因是他们做决策的范围相对小,信息不对称程度也相对小,所以降低了企业股权激励的必要性。针对第二种情况,Lambert 和 Larcker(1987)研究认为,董事会从会计盈余和股价表现中可以获得企业高管的表现信息,但当会计信息噪声比较大时,CEO 的薪酬与市场表现会更紧密地联系在一起,股权激励就是一种基于市场表现的报酬方式。Yermack(1995)在研究中也证实了会计信息噪声较大时,高管会被授予更多的企业股票期权。

二、非激励型动机

与激励型动机的观点有所不同,有学者认为企业采用股权激励机制是出于某些非激励目的,或者股权激励至少在某些情况下并不能起到其应有的效果。

(一)股权激励有时无法真正实现高管利益与公司利益的一致性。DeFusco 等(1991)研究发现,在增加对高管人员股权激励后,企业利润和研发经费出现下降,管理费用和销售费用却在上升,这可能是由高管人员在激励有效期和非激励有效期对利润进行调节造成的。由此看出,股权激励实施有时并不能达到其想要的效果,反而会导致高管人员的短视化行为,这种机会主义行为考虑自身的短期利益大于企业的长期利益,不利于企业的持续发展。Konstantinos(2008)指出,授予高管人员的股权激励随着他们年龄的增加而减少,这也说明企业并不认为股权激励能够完全有效解决高管人员视野短视化的问题。从管理层权力理论视角看,股权激励制度无法降低甚至可能会加重所有者同经营者之间的代理成本。吕长江等(2011)研究指出,存在治理问题的企业以及高管人员拥有较高薪资的企业,更愿意实施企业股权激励计划,这也证明了管理层权力理论的可行性。

对于拥有权力大小不同的高管人员而言,股权激励对他们的作用影响存在着差异。Bebchuk 和 Fried(2004)在研究中发现,权力大的高管人员能够影响甚至决定自身的薪酬,他们制定的股权激励方案大多行权价格低,激励有效期短,甚至行权条件形同虚设;对于权力较小的高管来说,他们能够在实施期间通过盈余管理为自己增加福利。此外,蒋弘和刘星(2012)研究发现,在两权分离程度高的企业,大股东想要掏空企业,可能需要与高管人员合谋,从而损害小股东与企业的利益,尤其是主管财务的高管相对独立时,他们二者合谋的可能性更大。在这种情况下,大股东很可能利用股权激励这一"合法性"工具对高管人员进行赎买(陈仕华等,2012)。由此可见,股权激励计划中确实存在一定的非激励型动机。

(二)实行股权激励的非激励原因。现有研究将非激励原因分为三类:一是股权激励可以减轻高管人员的税赋;二是股权激励可以缓解现金流的约束压力;三是股权激励可以降低财务报告成本。

针对第一种情况,通过股票期权的激励有效期为高管人员提供税收好处。Holland 和 Lewellen(1962)认为股票期权可能在企业和高管人员之间产生净税赋收益,从而成为企业实行股权激励的重要原因。Smith 和 Walls(1982)强调部分企业采用股权激励,主要是出于为高管人员节省税收的考虑。但是,Scholes 和 Wolfson(1992)认为,从企业角度看,股权激励比其他报酬形式要承担更多的税赋。针对第二种情况,Fazzari 等(1988)、Core 和 Guay(1999)以及Yermack(2005)在研究中均发现,现金紧缺的企业会倾向于用股权激励来代替现金报酬,原因是股权激励不需要现金流支出。针对第三种情况,有些财务报告成本较高的企业倾向于使用股权期权作为盈余管理的手段,因为公司报告较低的会计盈余可能会面临某些隐性成本,比如股东对于公司业绩不满意,或公司可能会违反债务契约,而股权激励不会像现金报酬那样大幅度降低会计盈余。

第二节　股权激励的理论基础

一、委托代理理论

1930 年,美国经济学家 Berle 和 Means 在对企业运营问题进行研究时,发现在未发生两权分离的企业中,企业实际管理者在经营过程中可能忽视股东的利益,擅自挪用企业所得,以增加自身的收益。同时,在日常经营中,他们通常会采取相对保守的策略,这些策略使得企业外部投资者无法获得较大的经营收益。通过该项研究,他们提出企业所有权和经营权相分离的经营策略,这种理论就是委托代理理论的前身。

现代企业制度下的两权分离为企业带来了新的问题,有学者发现企业所有权和经营权的分离会导致委托代理问题的产生。根据理性经济人的假设,企业所有者和管理者的目的都是追求自身利益的最大化,但是由于双方对企业信息了解程度存在着差异,导致他们之间的目标很难达成一致。为了解决这个问题,在信息不对称理论的基础上,学者们提出了委托代理理论。随后,Jensen 和 Meckling 在进一步研究中发现,委托代理问题带来了新的成本问题,由于这种成本是由委托代理产生的,所以称之为代理成本。如果一个企业的代理成本过高,那么企业所有者的利益就会受到损害。所以,委托代理理论的研究者把研究重心放在寻找能够解决委托代理问题的解决方案上。

为了能够有效降低代理成本,Jensen 和 Meckling 提出了一种独特的解决路径。他们认为只有将企业的经营者和管理者紧密联系在一起,建立一种正向相关的关系,才能降低企业的代理成本。同时,这种正相关关系使得企业管理者会承担一定的经营风险,企业管理者与所有者就会处于同一条利益链上。通过这样的激励方式,双方的目标达成一致,能够很好地解决企业所有者和经营者之间的委托代理问题。目前,学界公认的能够使企业所有者和管理者的目标达成一致的激励方式中,最为有效的就是股权激励,这也是解决委托代理问题最有效的一种方式。

二、双因素理论

双因素理论(two factor theory)亦称"激励—保健理论",由美国心理学家赫茨伯格 1959 年提出。20 世纪 50 年代末期,赫茨伯格和他的助手们在美国匹兹堡地区对 200 名工程师、会计师进行了调查访问。访问主要围绕两个问题:在工作中,哪些事项是让他们感到满意的,并估计这种积极情绪持续多长时间;又有哪些事项是让他们感到不满意的,并估计这种消极情绪持续多长时间。通过对访谈材料的分析,他把企业中有关因素分为两种,即满意因素和不满意因素,满意因素是指可以使人得到满足和激励的因素,即激励因素;不满意因素是指容易产生意见和消极行为的因素,即保健因素。

赫茨伯格认为这两种因素是影响企业员工绩效的主要因素。保健因素的内容包括企业的政策与管理、监督、工资、同事关系和工作条件等。这些因素都是工作以外的因素,如果满足这些因素,能消除不满情绪,维持原有的工作效率,但不能激励人们采取更积极的行为。激励因素与工作本身或工作内容有关,包括成就、赞赏、工作本身的意义及挑战性、责任感、晋升、发展等。这些因素如果得到满足,可以对人产生很大的激励,若得不到满足,也不会像保健因素那样产生不满情绪。该理论认为,满意和不满意并非共存于单一的连续体中,而是截然分开的,这种双重的连续体意味着一个人可以同时感到满意和不满意,它还暗示着工作条件和薪金等保健因素并不能影响人们对工作的满意程度,而只能影响对工作的不满意的程度。

根据双因素理论,一个有效的企业激励机制,一方面保证企业规章制度的科学合理,另一方面保证考核指标具有一定的挑战性。这会让企业员工更加热爱自己的岗位,更能体会到自己工作的意义,从而使个人的主观能动性得到提升,有利于企业价值达到最大化。

三、人力资本理论

人力资本理论最早起源于经济学研究。20世纪60年代,美国经济学家舒尔茨和贝克尔创立人力资本理论,开辟了关于人类生产能力的崭新思路。该理论认为物质资本指物质产品上的资本,包括厂房、机器、设备、原材料、土地、货币和其他有价证券等;而人力资本则是体现在人身上的资本,即对生产者进行教育、职业培训等支出及其在接受教育时的机会成本等的总和,表现为蕴含于人身上的各种生产知识、劳动与管理技能以及健康素质的存量总和。

人力资本管理不是一个全新的系统,而是建立在人力资源管理的基础之上,综合了"人"的管理与经济学的"资本投资回报"两大分析维度,将企业中的人作为资本来进行投资与管理,并根据不断变化的人力资本市场情况和投资收益率等信息,及时调整管理措施,从而获得长期的价值回报。传统人力资源管理不仅没有过时,而且是人力资本管理的技术基础。人力资本管理正是通过整合人力资源管理的各种手段,而获得更高水平的价值实现。人力资本管理注重投资与回报之间的互动关系,并结合市场分析制定投资计划,因而相对来说更为理性,对市场变化更为敏感,侧重点和衡量尺度更为明确,还可结合经济学分析模型进行更长远的预测,前瞻性地采取行动。

股权激励制度的提出,是人力资本理论得到肯定并合理运用的结果。在企业发展过程中,不只有所有者享受利益增长的权利,企业员工甚至其他利益相关者也应该享有企业发展的收益。委托代理制度与股权激励的结合论证了人力资本理论的正确性,在兼顾委托者与经营者利益的同时,还要兼顾为企业做出贡献的员工,从而保证企业价值的不断提升,使得企业获得更长远的发展。

四、经济人假设理论

经济人又称作"经济人假设",即假定人的思考和行为都是有目标理性的,唯一试图获得的经济好处就是物质性补偿最大化,这常用作经济学和某些心理学分析的基本假设。

"经济人假设"来自亚当·斯密《国富论》中的一段话:我们每天所需要的食物和饮料,不是出自屠户、酿酒家和面包师的恩惠,而是出于他们自利的打算。我们不说唤起他们利他心的话,而说对他们有好处。亚当·斯密认为:人的本性是懒惰的,必须加以鞭策;人的行为动机源于经济和权力维持员工的效力和服从。之后,西尼耳定量地确定了个人经济利益最大化公理,约翰·穆勒在此基础上总结出"经济人假设",最后帕累托将"经济人"这一名词引入经济学。与"经济人"相对的概念是"道德人"或"社会人"。

美国工业心理学家麦格雷戈在他的《企业中的人性方面》一书中,提出了两种对立的管理理论:X 理论和 Y 理论。麦氏主张 Y 理论,反对 X 理论。而 X 理论就是对"经济人"假设的概括。"经济人"假设及其相应的 X 理论曾风行于 20 世纪初到 20 世纪 30 年代的欧美企业管理界。这种理论改变了当时放任自流的管理状态,加强了社会上对消除浪费和提高效率的关心,促进了科学管理体制的建立。这对我国目前的管理实践,有一定借鉴作用。但"经济人"假设及 X 理论,也有很大局限性。

当前,"经济人假设"常常被用以解释中国企业管理的实践活动。将委托代理理论与经济人假设理论相联系,当委托人和代理人的利益不一致时,或者面对逆向选择与道德风险问题时,企业管理人员很可能为实现自身利益最大化而侵害企业利益。

五、最优契约理论

要论述股权激励存在的必要性及合理性,Jensen 和 Meckling(1976)提出的"最优契约论"是一切的理论根源。

"最优契约论"认为,通过有效的契约安排,将原本分离的管理者薪酬与股东财富紧密联系,从而激励管理层出于股东利益最大化的考虑行事。由于现代企业制度下所有权与经营权的分离,导致所有者与经营者的目标不一致,股东财富的最大化并不意味着管理层自身利益的最大化,因此管理层往往缺乏尽最大努力提升企业价值的动机。根据 Jensen 和 Meckling 的代理理论,委托代理冲突的出现正是源于管理者并非企业所有者。如果设计科学合理的薪酬契约,使管理者成为企业剩余收益的所有者,就可以减少代理成本的产生,这种刺激管理层的方式就是股权激励。通过降低控制权与收益权的不匹配,股权激励能够有效促使股东和管理层的目标趋于一致。

由于信息不对称的存在,使得契约在履行时,委托人需要为监督和控制代理人的行为支付额外的费用,也就是管理层的代理行为存在着代理成本。如果管理层的努力程度是可观测、贡献度是可测量的,委托人可以给予代理人相对固定的薪酬水平,此时就存在着最优的薪酬契约合同。然而,现实的信息不对称问题,使得委托人不容易甚至不可能监督和控制代理人的行为,代理人的努力程度很难通过表象来判断,这时委托人与代理人只能签订一个次优的契约(Holmstrom,1979)。如果企业绩效水平是衡量代理人努力程度的指标,那么将代理人的薪酬与企业绩效相关联,能使委托人更好地识别代理人的努力程度,从而使契约合同更接近最优状况。股权激励能够有效地补充仅仅基于企业会计利润等财务指标而制定的薪酬体系的不完善,将管理层利益与企业价值进行绑定,从而产生长期的激励作用,避免管理层的短视及盈余管理行为。综上所述,"最优契约论"是股权激励理论的传统观点,根据"最优契约论"来看,股权激励是解决代理问题的有效手段。

第三节　股权激励的研究假说

目前,对于股权激励的实施效果主要存在两种不同的假说模型:利益趋同假说和管理者防御假说。

一、利益趋同假说

Jensen 和 Meckling 于 1976 年指出,随着管理层所有权的上升,偏离价值最大化的成本会下降。也就是说,管理层持股有助于降低代理成本,从而改善企业业绩,这就是利益趋同假说,认为管理层也拥有剩余索取权会使得股东与管理者的目标趋于一致。当管理者持有企业股份较少时,在股权分散的所有制结构下,所有者不能对管理者的非价值最大化行为采取抵制行动,管理者可以通过控制企业资产获取私人利益。随着管理者持股比例的增加,他们采取背离企业价值最大化行为的同时,其自身利益也会受到影响。因此,管理者持股比例的增加有利于减少管理者与所有者的冲突,促使二者的利益趋向协调一致。

通过实施股权激励制度,企业向管理者授予一定数量的股份,管理者以其持有的股票获得相应的利润,同时获取企业剩余索取权,这些用于实施股权激励的股票能够体现管理者与所有者的整体利益。伴随管理者持有股票数量逐渐增多,他们的目的与利益逐渐重叠趋于一致,管理者进行决策并实施时,会尽可能考虑因股权激励而形成的管理者与所有者的整体利益,降低危害企业所有者利益的可能性。因此,实施股权激励制度来应对委托代理问题,能够有效地减少代理成本,提高企业绩效,实现企业长期稳定的发展。利益趋同假说的提出,对于西方学术界开启股权激励与企业绩效关系的探讨具有里程碑意义。

二、管理者防御假说

所谓管理防御是指管理者在企业内、外部控制机制下,选择有利于维护自身职位并追求自身效用最大化的行为。管理防御作为一种假说,起源于有关内部人所有权与公司业绩之间关系的研究。

Fama 和 Jensen 对利益趋同假说提出了反对意见,于 1983 年提出管理者防御假说。他们认为,即使对于低水平的管理者股权,市场监管也许依然迫使管理者追求企业价值最大化,尽管他们缺乏个人动机来做这些。管理者拥有较高比例的股权不见得就会以公司价值最大化为目标。相反,当他们拥有企业股票的重大比例,从而获得足够的投票权和影响力时,就可以满足他们的非价值最大化目标而不会危及他们的职位与报酬。

对管理防御这一概念加以深化的是 Morck、Shleifer 和 Vishny,他们于 1988 年用 371 家大型美国企业检验内部人股票所有权和企业绩效的关系,研究发现二者之间存在非线性关系。对这一现象做出的解释是,随着管理层持股比例的增加并超过某一水平,市场对管理者的约束力下降,此时管理者在企业中的地位非常牢固,促使其追求非企业价值最大化目标,如此必然导致企业价值的减损。近年来,一些以美国、法国为基础的证据仍显示了管理层股权与企业价值之间存在着非单调关系,经营者处于管理防御状态(Short 和 Keasy,1999;Pige,1999;Hillier 和 McColgan,2001;Nejla,2005)。这些研究促使人们对以往代理理论下的管理者激励问题重新进行思考。以往大多数关于企业财务的代理文献都假定,企业财务政策的选择是基于股东财富最大化的,而管理防御视角下的企业财务政策选择,更多地会受到管理者个人目标和偏好的影响。虽然与以往研究强调的动机有很大不同,但影响一样广泛,同样会引起管理者与所有者的冲突。

纵观学界对管理防御问题的研究,基本上是围绕管理者在企业内部、外部控制机制作用下如何降低职位威胁来展开的。近十多年来,国外一些研究就管理防御对企业财务决策的可能影响予以了极大的关注。理论和实证证据表明,管理防御是企业财务决策的重要影响因素。

第四节　股权激励的研究视角

现有研究中,学者们从不同研究视角对股权激励理论作了大量研究,我国学者徐宁和徐向艺(2010)在研究中将其总结为外生、内生、超外生和超内生四种视角。

一、外生视角

基于外生视角的股权激励效应研究存在两种理论假说,即利益趋同假说和壕沟效应假说。利益趋同假说认为管理者持股比例的增加,会降低企业所有者与管理者之间的代理成本,因此科学的激励机制尤其是股权激励机制是解决委托代理问题的有效手段。壕沟效应假说认为,股权激励会增强管理者抵御外部压力的能力,管理者持有企业大量股份会扩大其投票权与影响力,有可能出现即使管理者的行为背离企业目标,他们的职位或报酬也不会受到任何负面影响的情形。

外生视角研究思路是,将股权激励作为一个独立的外生变量来考察其对企业价值的影响,不考虑股权激励本身受各种宏观、微观因素的影响。外生视角是基于委托代理理论的研究,集中于股权激励对企业价值的直接影响,以及对企业投资决策的间接影响。学者们纷纷对上述理论假说进行了实证研究,取得了丰硕的实证研究成果,形成了多派观点各持己见的局面。顾斌等(2007)对56家样本企业进行了调查,研究表明,目前中国上市企业的股权激励尚未发挥应有的作用。有学者研究发现,股权激励机制有助于抑制上市企业低效的投资行为(吕长江、张海平,2011),但是上市企业股权激励计划的实施并未显著降低管理者的在职消费(唐雨虹等,2017)。张丽平和杨兴权(2012)研究分析企业性质对股权激励机制实施中的过度投资的影响,在对国有上市企业研究中发现,管理权和国有性削弱了管理激励的治理效应,其中管理者权力对管理层的激励效应有更强的抑制作用。范合君等(2013)发现,持有股权和期权的高管人员比例对企业的每股收益产生了显著的倒U形影响。

二、内生视角

有别于外生视角,内生视角研究认为股权激励本身是一个非独立存在的内生变量,企业规模、企业战略、治理结构及所处环境等诸多因素,影响股权激励解决委托代理问题的功效,股权激励效应是各种因素共同作用的均衡结果。

内生视角下股权激励研究主要存在两种理论假说:一是单向关系假说,主要是逆向因果关系,即企业价值决定管理者持股水平(Kole,1996;Agrawal 和 Knoeber,1996);二是双向关系假说,即管理者持股水平与企业价值相互影响(Coles,2004)。基于上述理论假说,内生视角下股权激励研究思路是以委托代理理论为基础,研究股权激励效应的影响因素,集中于上市企业的基本特征、股权结构与治理机制等方面,相关实证研究大多选取管理者持股水平作为股权激励的替代变量。

内生视角下的相关研究认为,股权激励是一个非独立的受各种因素影响的内生变量,其中影响因素包括公司规模、公司战略、治理结构和环境等。周建波和孙菊生(2003)研究表明,当企业内部治理机制较弱时,管理者利用股权激励为自己谋求福利,掠夺了所有者利益。有学者研究中分析 CEO 激励对企业内部控制有效性的作用机制,发现国有上市企业实行的行政委任制度扭曲了市场激励机制,削弱了内部控制的有效性(逯东等,2014)。苏冬蔚和林大庞(2010)通过股权交易改革前后上市企业 CEO 的权益及期权薪酬和盈余管理之间关系的对比分析,发现二者存在显著的负相关关系,盈利管理显著削弱且不再具有统计意义,增加了 CEO 行使权益的可能性,并且公司业绩在 CEO 行使权力后大幅度下降。

三、超外生视角

Jensen 和 Murphy(1990)提出管理者激励的真正核心问题不在于给予多少,而在于如何给予,从而产生了管理者激励契约观。在 Jensen 和 Murphy 的研究基础上,学者们从微观层面延伸出对股权激励契约要素的相关研究,继承和超越了传统的外生视角与内生视角,摒弃将股权激励作为一个整体来研究的思路,选择股权激励契约要素作为研究对象,包括激励方式、激励力度、激励对象、行权价格或授予价格、行权时间、股票来源、资金来源等。在既定规则的约束下,如何选择这些契约要素,从而使股权激励实现原始初衷,是上市企业股权激励方案设计的核心。超外生视角下的股权激励效应研究,将这些契约要素作为外生变量来考察股权激励对企业价值的影响。

学者们对上述理论假说进行了实证研究,并取得不少的研究成果。吕长江和张海平(2011)发现,股权激励计划启动前后,管理层试图通过股权激励来实现自身利益,利用资产减值政策操纵会计盈余达到行权条件。通过进一步研究发现,企业在激励计划启动后的股息支付率低于该计划推出前的股息支付率,这是因为管理者为了自己的利益使用股息政策。陈文强(2016)在对股权激励作用周期的研究中,发现股权激励存在动态激励效应。比如与民营企业相比,国有企业实施股权激励后的绩效改善效果较弱,持续时间较短,实施激励效应存在两年左右的滞后期。刘宝华等(2016)发现股权激励背景下,分类转移主要是帮助管理者实现股权激励绩效评估条件和提高股票价格,而会计盈余管理主要用于提高股票价格。李星辰和姜英兵(2018)发现,实行限制性股票激励比股票期权激励具有更强的分类转移程度,作为股权激励方案中的时间约束要素,股权激励有效期并不能有效抑制管理者的分类转移行为;相反,激励有效期越长,高管的分类转移程度越强。

四、超内生视角

制度经济学认为,契约结构对经济交易结果会产生一定的影响,而契约结构所在的制度环境又会对契约结构产生制约作用,影响契约的设计与执行。企业处在不同的内外部环境中,拥有不同的资源禀赋与能力条件,因此股权激励的契约结构也应随其所处环境以及自身条件的变化而变化。Viral 和 Alberto(2009)通过构建理论模型证明了最优管理者股权激励契约的设计,与企业现金流聚合风险及企业价值等因素相关,阐释了契约结构的适应性原理,并检验了股权激励契约结构的内生性。在此基础上,超内生视角既从微观层面深入分析股权激励契约结构,又引入中间调节变量构建股权激励契约与企业价值之间的关系,充分考虑股权激励契约的环境适用性。

超外生视角下的股权激励研究,单纯就股票期权和限制性股票的方式进行对比分析并无定论,原因在于未考虑选择时机与环境差异,应从企业特征出发以体现股权激励方式的适用性。学者们对上述理论假说进行了实证研究,并取得不少的研究成果。辛宇和吕长江(2012)以泸州老窖为例进行分析,认为其股权激励有三种性质:激励、利益和奖励,这种多重属性决定了国有上市企业股权激励的定位。张晨宇和窦欢(2015)构建了一个新的研究框架,从管理者权力理论视角研究管理者利用管理权力和选择机会主义行为获得超额薪酬的方式,认为该行为表现在自定薪酬行为、财务决策行为和投资决策行为等三方面。陈效东等(2016)选定 2006—2013 年 A 股非金融类上市企业作为研究对象,研究发现当股权激励出于非激励性动机时,非激励性股权激励实施将加剧并恶化企业的低效投资,以实现管理者对企业收入的控制。

第五节　股权激励的影响因素

现有研究成果中,对股权激励的影响因素已有不少分析,股权激励的因素亦相当多。比如,企业所处行业、企业特征、企业规模、企业生命周期、企业运营能力以及企业的资产负债率、市盈率、股权集中度等,都会对股权激励的实施过程及效果产生影响。

学者们纷纷对上述内容进行相关的实证研究,取得了丰硕的研究成果。Laux 等(2010)认为企业特征决定了股权激励行权的时间,比如风险型竞争战略的企业会给予管理者较大的行权时点选择空间。在这种情况下,管理者能够更好地做出决策以提高经营业绩,对企业价值产生正向的影响。Wu 和 Tu(2007)研究发现,企业发展状况与激励效用密切相关,当实施股权激励的企业经营情况较为乐观时,激励效用可以得到进一步提升。Himmelberg、Hubbard 和 Palia(1999)认为股权激励对企业价值的影响受到多种因素控制,在委托代理模型的基础上,他们在研究中选取 600 家样本企业,利用最小二乘法进行研究,发现管理层持股比例与企业研发投入及固定资产投资存在负相关关系,与营业收入和广告费收入存在正相关关系。林朝颖等(2014)分别对处于不同生命周期阶段的企业进行研究,发现它们实施的股权激励与其发展业绩存在"U 形"关系,说明二者的关系受企业所处发展阶段的影响,委托代理问题并不能真正得到有效解决。

Halla 和 Murphy(2002)基于股票期权理论,对未交易状况下的支出敏感性进行相关研究,发现影响股权激励的因素有很多。对于不同的企业管理者而言,他们对股票期权价格的确定都持有自己的看法,这种差异会影响股权激励的实施效果。管理者根据自身判断对股权激励的股份要素作出不同的规定,致使股权激励发挥不同的效应,同时,股权激励的行权价格和有效期的长短也会对企业股权激励的实施产生一定的影响。介迎疆等(2014)研究发现,在设置股权激励的达成条件时,需要将每股收益与现金运营能力,以及企业规模大小与独立董事的占比情况考虑在内,这些因素都会影响到股权激励的实施。陈修德和梁彤缨(2012)在研究中,利用我国家电行业的数据作为研究样本进行实证研究,发现管理层激励约束机制能够提高企业的运作效率。肖星和陈婵(2013)选取了激励水平与约束机制这两个研究视角,对股权激励实施效果的影响因素进行分析,发现国有企业股权激励的实施效果不如民营企业。邵帅等(2014)以上海家化为案例进行分析,研究发现国有企业股权激励的设计比较倾向于福利型,原因是激励比例与激励收益受到过多的政策限制,而且涉及内部人控制等问题,达不到好的激励效果。与其相对的是,民营企业股权激励的设计通常倾向于激励型,在设计和实施过程都更加合理。

第六节　股权激励的实证研究

一、股权激励与企业绩效的关系研究

在企业实施一种激励机制,检验其成效的关键是,对企业绩效的提升方面是否发挥了重要的作用,那么企业绩效提升的程度通常是评价一种机制实施效果的重要指标。因此,自1970年美国企业开始实行股权激励机制起,对股权激励强度与企业价值的关系研究成为学术界的关注焦点。

(一)股权激励与企业绩效存在正相关关系

国外学者Jensen和Meckling(1976)最早对股权激励与企业绩效的关系进行研究,发现随着管理者持有企业股份数量的增加,管理者与所有者的利益相关性会增强,二者的利益目标趋于一致。这将显著抑制管理者的机会主义动机,增加企业价值,他们在此基础上提出"利益趋同假说"。通过对管理层收购方案的研究,Kaplan(1989)发现,管理者通过持有企业股份将会为自身提供创造财富的机会,管理者创造财富的过程,也是企业价值的增长过程,反映出股权激励对企业价值产生的激励效应。Jensen和Murphy(1990)通过对多种薪资激励方式进行比较,发现管理层持股对管理者变化的影响程度最大,由此表明股权激励具有激励效应,而且还是最佳的激励效应。Halla 和 Jeffrey(1998)研究发现,董事会中董事参与管理的人数越少,企业越倾向于实行股权激励手段来激励管理层,并将股权激励视为提升企业价值的最有效方式。Frye(2004)在研究中,选取 121 家实施股权激励的上市企业作为样本数据,解析股权激励对企业绩效提升的影响效应,其中以托宾 Q 值作为公司业绩的评价指标,研究结果表明实行股权激励有利于企业绩效的提升。Zeng 等(2014)通过对大量文献的研究发现,实施股权激励可以明显提升企业绩效,原因在于业绩水平的提高有赖于企业承担风险能力的提升,而股权激励计划的实施可以提升企业承担风险的能力。

在我国,有众多学者对股权激励与企业绩效的关系进行研究。袁国良等(2000)随机选定 100 家上市企业作为研究样本,通过分析发现对管理层的股权激励与企业业绩之间呈现正相关关系,不过相关度较低。张俊瑞等(2009)研究发现选择以股权激励对员工进行激励时,激励效果呈现存在滞后性,上市企业的会计绩效指标在股权激励实施一年后有显著性提高。刘广生和马悦(2013)对股权激励实施与否及实施前后样本企业绩效的变化进行检验,发现股权激励对企业业绩提升存在一定的影响,但作用比较有限。许娟娟等(2016)经过实证研究发现,股权激励不仅通过所发挥的激励效应促使管理层努力工作提高企业业绩,也通过刺激管理层为获得股权收益实施盈余管理来提高业绩水平。宋玉臣和李连伟(2017)以 251 家在 2007—2013 年公布并实施股权激励方案的上市企业作为研究对象,通过构建结构方程模型,对股权激励能够显著提升企业业绩水平加以验证。李飞和王旭(2007)从证券市场入手,通过研究分析在 2006 年公布股权激励计划的 38 家上市企业中股权激励对其股票价格的影响关系,结果表明企业在证券市场的交易量随企业不断推出股权激励计划而不断上升,表明实施股权激励能提高企业的盈利能力。黄洁等(2009)通过不同组别样本的对比分析发现,股权性质及其成长能力都是股权激励制度效果的关键影响因素,股权激励对企业业绩的提高有显著的正向作用,行业内有竞争力的国有上市企业若采用股权激励方式对员工进行激励,将会产生更好的制度效果。房利(2010)选择了 71 家实施股权激励的 A

股上市企业作为研究样本,对股权激励实施前后企业绩效是否有显著变化进行研究,结果表明企业绩效在实施股权激励后得到显著提升。

姚国烜和吴琼(2014)以金融保险业上市企业为研究对象,发现企业绩效与股权激励呈现显著的正相关关系,由此说明股权激励可以促进企业绩效的提升。冯星和陈少华(2014)对2006—2012年间我国实施股权激励的上市企业进行研究,结果表明股权激励与上市企业业绩长期呈正相关性。朱未萍和项惠会(2017)以2011—2015年通讯技术行业实施股权激励的上市企业作为研究对象,研究发现股权激励计划可以正向显著影响企业绩效。对于高管人员而言,股权激励对企业科技水平的提高产生正向作用,表明针对高管人员的股权激励方案确实推动了企业经营水平的提高。严由亮和李烨(2018)利用2007—2015年我国证券市场上企业的财务数据来分析,剖析以高管人员作为激励对象的股权激励和企业经营效率之间的关系,以及股权激励在其中如何发挥作用,研究表明高管人员股权激励的作用能够提高企业的经营效率,从而促进企业绩效的提升。

(二)股权激励与企业绩效存在负相关关系

Shleifer和Vishny(1986)研究发现,过度股权激励不仅不能提升上市企业绩效,反而会降低企业绩效。DeFusco等(1990)认为,企业对管理者实施股权激励的份额越高,越不利于企业经营绩效的提升,说明股权激励实施计划并没有起到应有的效果。原因是股权带来的效益驱使管理者更加关注如何才能获得股权,而并非从企业经营角度考虑,这与企业实施激励的初衷相背离,可能致使企业利益受损。Oyer和Schaefer(2005)将研究聚焦于企业的普通员工和中层管理者,对股权激励实施效果进行分析,发现企业实施的股权激励并没有起到预期激励效果,反而增加了企业代理成本,Aline(2009)在研究中得到了同样的结论。

俞鸿琳(2006)选取特种模型对股权激励的影响进行研究,结果发现对于所有上市企业而言,管理层持股与企业价值之间不存在显著的相关性。在国有上市企业中,随着管理层持股比例升高,企业的价值却是不升反降。刘浩和孙铮(2009)研究发现,如果授予对象对激励价格具有较强的影响力且拥有重新定价的权力,那么股权激励极易失去对激励对象的约束能力,使得股权激励沦为管理者获得实际控制权的工具,此时股权激励不会促进企业业绩增长。盛明泉等(2011)认为,无论激励对象是高管人员还是核心骨干,对其激励强度越高,越不利于多数样本企业绩效的提升。总体而言,学者们认为高管人员持股比例高于一定程度时,会使其增强对企业的控制力,此时高管人员能够通过股权激励为自己输送利益而损害企业利益,即股权激励的授予比例与企业业绩呈负相关关系。周嘉南(2014)研究发现,虽然我国颁布的股权激励相关法规起到了一定的促进作用,但是实施股权激励并未降低代理成本,反而导致管理层通过非法手段进行操作,同时也导致一些短视行为的发生,对企业长远发展产生不利的影响。

(三)股权激励与企业绩效无相关关系

Lehn 和 Demsetz(1985)以 1981 年为时间起点,选取实施股权激励的企业作为研究样本,分析股权分布对企业绩效的作用影响,发现二者不存在明显的相关关系。企业通过股票交易使股东持有股权,随着股权分配逐渐形成一种自然股权结构,当股权结构变化时,对企业业绩并未产生显著的影响。Loderer 和 Martin(1997)研究发现,在管理层持股与公司业绩之间没有明显的相关关系。Himmelberg 等(1999)将研究对象聚焦于美国公众持股的上市公司,随机选取 600 多家上市公司作为样本数据,选用 1982—1992 年期间公司的财务数据,通过建立二元回归模型进行分析,结果表明公司高管持股份额与公司绩效之间不存在显著的相关关系。

胡铭(2003)认为管理层持股只能作为一种福利制度,不能产生有效的激励作用,管理层持股和企业绩效之间不存在显著的相关关系。潘亚岚和丁淑洪(2008)研究中选取盈利性、流动性等多方面能力指标形成企业绩效的综合衡量指标,发现国有企业绩效与股权激励水平呈负相关关系,股权激励制度的作用有限,原因是国有企业治理结构不完善。在上市企业股权激励研究中,学者们也论证了股权激励与企业绩效之间的关系。顾斌和周立烨(2007)选取64 家上市企业作为研究样本,比较分析股权激励对企业绩效的作用影响,结果表明二者之间不存在显著的相关关系。魏刚(2000)和沈小燕等(2015)以多家 A 股上市企业为样本,对股权激励和企业绩效之间的关系进行实证检验,研究表明股权激励与企业绩效不存在显著的正相关关系,也不存在区间效应。谢文君(2015)从429家创业板上市企业中选取190家实施股权激励的企业作为研究样本,利用SPSS统计软件对股权激励的长期和短期效果进行分析,结果表明实施股权激励措施并没有提高企业业绩,它们之间不存在显著的相关关系。

(四)股权激励与企业绩效存在非线性关系

Morck等(1988)在研究管理层持股与企业绩效的关系时,进行分段线性回归后发现,管理层持股比例在0—5%区间二者存在正相关性,在5%—25%区间二者存在负相关性,大于25%时二者存在正相关性,由此得出管理层持股与企业绩效之间存在N形曲线关系。Hermalin和Weisbach(1991)以134家纽交所上市企业作为研究样本进行实证分析,得出管理层持股与企业绩效之间存在M形曲线关系。

国内有不少学者在研究中也分析了股权激励与企业绩效之间的非线性关系。王华和黄之骏(2006)以上市高科技企业作为研究对象,选取部分企业2001—2004年的财务数据为样本,通过分析得出管理层股权激励和企业价值之间存在倒U形曲线关系。范合君等(2013)在研究中,验证了股权激励与企业绩效之间的倒U形关系,在不同的持股区间,股权激励对企业绩效的影响是不同的,同时验证了协同效应和侵占效应。章雁(2010)基于我国2009年实施股权激励的上市企业作为样本进行实证研究,发现企业业绩与管理层持股比例之间存在着曲线关系。林朝颖等(2014)从企业生命周期理论视角进行分析,在不同的企业生命周期,管理层持股与企业绩效之间存在U形曲线关系。

二、股权激励与创新绩效的关系研究

(一)股权激励与创新绩效无显著相关关系

Holthausen等(1995)研究得出,总经理薪酬中长期薪酬的比例与企业创新绩效存在微弱的相关性。Balkin等(2000)以高科技企业作为研究样本发现,总经理的长期薪酬与技术创新存在微弱的正相关关系。Tien和Chen(2012)从CEO薪酬角度进行研究,通过探寻管理层股权激励与企业创新之间的关系,发现任何形式的激励手段,比如股权激励、薪酬激励等,都不会改变企业创新行为,即股权激励与企业创新之间不存在相关性。

余志良和张平(2009)分析了制造业上市企业中高层管理团队股权激励与企业自主创新之间的关系,研究表明股权激励与企业创新绩效之间没有显著的相关性,他们将其原因归咎于股权激励力度太小,张显武和魏纪泳(2011)的研究结果同样表明二者不存在显著的相关性。吴文华和姚丽华(2014)在研究战略新兴行业上市企业创新问题时发现,核心员工股权激励与企业创新绩效之间没有显著的相关性。也就是说,在战略新兴行业广泛实施的股权激励并没有预期地提高企业创新绩效。尹美群等(2018)以 A 股主板上市企业作为研究对象,对高管激励、创新投入与企业绩效之间的内生关系进行探析,研究表明高管薪酬激励对企业创新投入具有显著的正向调节效应,高管薪酬激励间接促进了企业创新,尤其是技术密集型行业,而股权激励对企业创新没有明显的影响。

(二)股权激励与创新绩效存在负相关关系

Bebchuk 等(2003)研究发现,股权激励实施过程可能会产生一些负面影响,有时会使管理层权力过大,他们利用职权之便,滥用职权并做出自利行为。因此,股权激励并非缓解委托代理问题的有效方法,反而会加剧代理问题的恶化,比如表现在企业研发活动上会降低研发投入力度。曾引发学术界和业界争议的一项研究是,朱国军等(2013)选取 154 家创业板上市企业作为研究样本,对管理层股权激励与企业绩效之间关系进行研究。该研究发现,管理层股权激励与企业绩效之间存在显著的负相关性,对管理层实施股权激励会降低企业的创新绩效,并且股权激励比率越高企业创新绩效越低,这样的结果显然不是管理层所期望的,它违背了企业实施股权激励的初衷,对此引起了较为激烈的争议。靳钊(2016)以创业板上市的全部企业作为样本数据,研究发现是否实施股权激励以及实施股权激励的比率,对于企业创新绩效均没有显著的正向影响,反而在二者之间存在不显著的负相关关系,在实施股权激励企业中这种负相关关系更为显著。

(三)股权激励与创新绩效存在正相关关系

Gomez 和 Balkin(2006)通过对 20 世纪 90 年代大量企业的专利数据进行研究发现,对研发和技术人员实施股权激励能够提高企业的专利质量,其中,专利质量的衡量方法是专利被引用的次数,具体表现为给予研发人员的股权激励比率越高,专利被引用的次数越多。Teng 和 He(2014)以 54 家纽约证券交易所上市企业为样本进行配对分析,研究发现股权激励与企业创新绩效之间具有显著的正相关关系,企业股权激励力度越大创新绩效越好,但由于此次样本企业数量太小,使得研究结论的可靠性受到人们较大的质疑。

蔡树堂和吕自圆(2015)通过对郑州市科技型企业的调研分析发现,相比于薪酬福利及培训学习等非薪酬福利而言,股权激励更能提高企业创新能力,并且在未上市中小科技型企业中激励效应更为显著。王辉等(2016)在考察股权激励与企业经营的相关问题时发现,股权激励对企业创新活动有着显著影响。同时,管理层股权激励对企业创新能力的提高具有重要的作用,高管人员股权激励会促使管理者从长期利益出发做出决策,加大研发投入以提高企业创新绩效。王安琪(2017)选取我国 A 股上市企业为样本,解析实施股权期权激励的企业如何推动科技创新的发展,研究得出股权期权模式对企业科技创新水平的提升具有明显的正向作用。

(四)股权激励与创新绩效存在非线性关系

大量研究表明,股权激励与企业创新之间并非简单的正向或负向关系,而是存在非线性关系。学者们对上述理论观点进行了实证研究,取得了丰硕的研究成果。Ghosh 等(2007)研究发现,高管激励与企业创新投入之间存在倒 U 形关系,当高管人员持股比例较低时,股权激励与创新投入存在正相关关系;当高管人员持股比例较高时,股权激励与创新投入存在负相关关系。我国学者罗富碧等(2008)和徐宁(2013)在其研究中,他们都发现股权激励比率存在一个最优点,股权激励对企业创新绩效的影响呈现倒 U 形关系。陈修德等(2015)通过对 2004—2012 年全部 A 股上市企业的数据进行统计分析,验证了高管持股比例与企业研发效率之间的倒 U 形关系。该观点认为理论上高管持股比例有一个最优点,低于最优点时提高持股比例能够提高企业研发效率,高于最优点时进一步提高持股比例则会降低研发效率。梁彤缨等(2015)运用数据包络分析方法验证了管理层激励与企业研发活动效率之间的关系,按照管理层激励类型将企业对管理层的激励行为进行划分,分为短期薪酬激励和长期股权激励。通过研究发现两种激励类型对于企业研发效率的影响是不一样的,其中,短期薪酬激励与企业研发活动效率呈现负相关关系,长期股权激励与企业研发效率呈现倒 U 型关系。

三、股权分配与企业吸引人才关系的相关研究

在对股权分配与企业吸引人才关系的研究中,学者们取得了一系列的研究成果。Core 等(2001)认为,当企业面临融资需求和融资渠道约束时,为避免关键员工的流失,通常会采取股票期权模式。Ding 和 Sun(2001)研究发现,企业对特定员工实施股权分配,可以提升他们对待工作的积极性和主动性。汉川(2006)在对民营企业研究时,发现民营企业对核心员工采取股票期权等长期激励方式,可以有效激发企业人力资本的潜能。熊科等(2004)认为对企业员工实施股权分配,能够使得员工参与企业决策,提升他们的参与感与成就感。Ittner 等(2003)通过对新兴企业和传统企业实施股权分配的原因分析,认为新兴企业实施股权分配的关键目的是留住核心员工。沈群红(1999)和陈思明(2004)研究认为股权分配将成为企业留住关键技术创新人才的发展趋势。在高科技通信行业,对核心技术人员实施股权分配可以保证企业稳定性(孟燕,2007)。同时,股权分配可以有效增强研发人员的忠诚度,减少员工离职率(张百龙,2009)。方厚政等(2011)将企业对科技人员实施股权分配视作是提高其技术创新积极性的有效途径。

第四章　股权激励方法

本章是对股权激励方法的梳理,包括内部股权激励方法和外部股权激励方法。前者包含超额利润激励法、在职分红激励法、135渐进式激励法、创业老员工激励法、集团股激励法、裂变式创业激励法和股权布局激励法;后者包含上下游整合激励法、股权众筹激励法、股权融资激励法和兼并重组激励法。这些股权激励方法为企业股权激励的应用实践提供了具体操作步骤。

第一节　内部股权激励法

一、超额利润激励法

(一)超额利润激励法概述

超额利润是指企业实际利润高出目标利润的部分,比如我们今年目标利润为100万元,这就是保底目标,当完成保底目标之外的超额部分,如完成120万,那么多出的20万即为超额利润。超额利润激励法是指企业对激励对象以超额利润作为评价标准,将超过目标利润的部分按照约定进行现金奖励,激励对象往往是企业的高层管理团队,包括总经理和副总经理,以及其他核心业务经理等。该激励方法适用于大多数企业,其优势在于将企业利润直接与核心管理团队的绩效相关联,刺激高层管理者以提高企业盈利能力作为工作目标,促使他们通过提高企业业绩获得自身高收益。超额利润激励是股权激励的一种形式,其主要表现为获得相应股份比例的分红权利,没有投票权和占有权。

该方法存在不足之处,在集团内部子公司实行时,集团总部评价各子公司的业绩往往以财务指标作为其主要参考。这样往往会忽视子公司的战略规划和长期发展,子公司高管团队可能存在竭泽而渔的情况,即只关注短期利益的增长,利用会计手段美化财务报表和修饰利润,尽可能地将利润值提升,而不关注投资回收期较长的项目,如科技研发等。这种被利益驱使只关注眼前短期收益的行为,不利于企业长期稳定的发展。因此,集团公司在使用超额利润激励法时,也应看重企业的资产收益率等指标,关注企业利润的确切来源及其战略规划等非财务指标。

(二)具体实施步骤

结合企业的实际经营,制定对不同激励对象进行超额利润激励的实施步骤。

1. 确定激励政策

基于不同的超额利润比例,设定不同的奖励部分比例。具体激励政策设定,如表4-1所示。

表4-1 具体激励政策

超额利润百分比	奖励部分百分比	超额利润 百分比(示例)	奖励部分 百分比(示例)
0<超额利润比例<a%	奖励超额部分的 x%	0<超额利润比例<25%	奖励超额部分的10%
a%<超额利润比例<b%	奖励超额部分的 y%	25%<超额利润比例<50%	奖励超额部分的20%
b%<超额利润比例<c%	奖励超额部分的 z%	50%<超额利润比例	奖励超额部分的30%

2. 确定激励对象

企业确定好激励对象后,针对不同激励对象设定不同的激励比例,如表4-2所示。

表 4-2　不同对象激励比例

激励对象	激励的比例
CEO	超额利润的 $3\alpha\%$
CFO	超额利润的 $2\alpha\%$
CTO	超额利润的 $2\alpha\%$
CMO	超额利润的 $2\alpha\%$
COO	超额利润的 $1\alpha\%$

3. 设定目标利润

根据企业实际情况来设定目标利润,对于快速发展的企业,增长速度较快,可以设定较高的利润增长范围。对于发展成熟的企业,每提高一个利润点很可能是一件非常不容易的事情,而且市场环境瞬息万变,没有企业能够确保自身永久稳定的增长,因此利润目标的规划要遵从企业自身的发展情况及往年的发展经验。具体而言,目标利润设定要科学合理,不能过于保守,也不能过于激进,否则不利于激励机制的良好发挥。计算企业目标利润的方式,可以参考如下公式。

$$I_n = I_{n-1} \times (1 + \beta) \times (1 + \Delta i)$$

以上公式所示,即当年目标利润 = 上一年利润 × (1 + 无风险利润率) × (1 + 利润增长率)。

【实例】一家企业第 0 年的利润 I_0 是 100 万,无风险利润率是 8%,利润增长率是 10%,请计算近三年企业的目标利润。

第一年 $I_1 = I_0 \times (1 + 8\%) \times (1 + 10\%) = 118.8$

第二年 $I_2 = I_1 \times (1 + 8\%) \times (1 + 10\%) = 141.13$

第三年 $I_3 = I_2 \times (1 + 8\%) \times (1 + 10\%) = 167.66$

说明:

(1)无风险利润率和利润增长率,企业要根据自身实际情况进行计算和设定。

(2)目标利润一次应设定 3—5 年,一旦设定好,不应因执行情况而发生改变。

（3）若上年度目标没有达成，则今年超额部分需补齐上一年度的差额部分后，再进行超额利润奖励，若补齐上一年度的差额后没有达到今年的目标，则不应进行超额利润奖励。

（4）目标利润若在设定之初没有设定有效期，应当每3年或者每5年进行重新设定，以新的有效期目标滚动。

4. 实施奖励政策

具体激励政策的实施流程，包括以下三个计算步骤，对不同激励对象计算的实际利润，如表4-3所示。

第一步，计算超额利润的值，即超额利润＝实际利润I－目标利润I_1。

第二步，计算超额利润百分比，（超额利润÷目标利润）×100%＝超额利润百分比，参照表4-1具体激励政策，得出应该实施的奖励部分的百分比。

第三步，根据奖励部分百分比分别计算各个激励对象最后的奖励金额。

$(I - I_1)$ × 奖励部分百分比 × $2\alpha\%$

表4-3　不同激励对象的实际利润

激励对象	激励的比例	假设实际利润为I
CEO	超额利润的$3\alpha\%$	$(I - I_1)$ × 奖励部分百分比 × $3\alpha\%$
CFO	超额利润的$2\alpha\%$	$(I - I_1)$ × 奖励部分百分比 × $2\alpha\%$
CTO	超额利润的$2\alpha\%$	$(I - I_1)$ × 奖励部分百分比 × $2\alpha\%$
CMO	超额利润的$2\alpha\%$	$(I - I_1)$ × 奖励部分百分比 × $2\alpha\%$
COO	超额利润的$1\alpha\%$	$(I - I_1)$ × 奖励部分百分比 × $1\alpha\%$

二、在职分红激励法

（一）在职分红激励法概述

企业对在职核心人员进行激励的一种股份分红权益，由企业对激励对象让出部分股份的分红权。在职人员因任何原因离职后，此权益即消失。在职分红股只有分红权，没有所有权、表决权、转让权和继承权。

制定和实施该激励方案的主要目的是,完善企业激励机制,提高在职核心人员的工作积极性和创造性,促进企业业绩持续增长。在提升企业价值的同时,为企业在职人员带来增值利益,实现员工与企业共同发展。

(二)具体实施步骤

结合企业的实际经营,制定对不同激励对象进行在职分红激励的实施步骤。

1. 确定激励政策

基于不同的企业考核指标,确定考核者在职分红的奖励系数。具体激励政策设定,如表4-4所示。

表4-4　具体激励政策

考核指标	考核指标及其对应的系数
价值观	价值观必须与公司一致,具体表现为愿意与企业共同成长,认同企业理念; 愿意与企业签订劳动合同、竞业禁止协议和保密协议; 采用行为评估法对价值观进行评估; 若合格系数为 x_1,若不合格一票否决,系数为0。
企业指标	企业指标达 a_2 分及以上的系数为 x_2; 企业指标在 $b_2 - a_2$ 分之间的系数为 y_2; 企业指标在 b_2 以下的系数为 z_2。
部门指标	企业指标达 a_3 分及以上的系数为 x_3; 企业指标在 $b_3 - a_3$ 分之间的系数为 y_3; 企业指标在 b_3 以下的系数为 z_3。
自律项	遵守公司规定,违反的次数超过公司规定系数后即一票否决; 若合格系数为 x_4,若不合格一票否决,系数为0。
品德项	处世为人符合社会习惯,具有良好的品德; 若合格系数为 x_5,若不合格一票否决,系数为0。
成长项	学习投资等于或高于收入的 $a_6\%$,系数为 x_6; 学习投资每降低 $b_6\%$,成长系数降低 y_6; 成长系数最低为 z_6。

【实例】在企业发展实践中,具体激励政策示例,如表4-5所示。

表 4-5　具体激励政策示例

考核指标	考核指标和其对应的系数
价值观	由其领导对其进行评估； 若合格系数为 1，若不合格一票否决，系数为 0。
公司指标	公司指标达 85 分及以上的系数为 1； 公司指标在 70—85 分之间的系数为 0.7； 公司指标在 70 以下的系数为 0。
部门指标	公司指标达 85 分及以上的系数为 x； 公司指标在 70—85 分之间的系数为 y； 公司指标在 70 以下的系数为 0。
自律项	公司规定是 5 次，违反次数小于等于 5 是合格；否则不合格； 若合格系数为 1，若不合格一票否决，系数为 0。
品德项	由员工进行表决，85%以上投赞成票即为合格；否则不合格； 若合格系数为 1，若不合格一票否决，系数为 0。
成长项	学习投资等于或高于收入的 5%，系数为 1； 学习投资每降低 1%，成长系数降低 0.05； 成长系数最低为 0.80。

2. 确定激励对象

企业确定好激励对象后，针对不同激励对象设定不同的激励比例，如表 4-6 所示。

表 4-6　不同对象激励比例

激励对象	激励额度比例
CEO	用于激励的股份的 $3\alpha\%$
CFO	用于激励的股份的 $2\alpha\%$
CTO	用于激励的股份的 $2\alpha\%$
CMO	用于激励的股份的 $2\alpha\%$
COO	用于激励的股份的 $1\alpha\%$

3. 确定激励额度

根据企业的战略规划，结合企业所处的发展阶段，确定激励对象在职分红的激励额度。通常情况，分红股份总额为企业注册资本额的一定比例。

【实例】企业注册资本为 400 万元,假定一元一股,如果在职分红股份为注册资本的 20%,即 80 万股。每次用于在职激励的总额为剩余在职分红股份的 30%,即第一次为 24 万股,第二次为 30%×(80 万-24 万)= 16.8 万股。随着企业的不断发展,企业价值会逐渐增加,虽然后期用于在职分红的股份额度减少,但分红数额不一定少,甚至可能还会更多。

4. 实施奖励政策

具体激励政策的实施流程,包括以下三个计算步骤,对不同激励对象计算的实际利润,如表 4-3 所示。

第一步,计算用于在职分红的股份额度和各激励对象的激励额度。

第二步,计算各考核指标对应的系数。

第三步,分别计算每个激励对象的激励股份。

【实例】某家企业 CEO 的奖励数额计算,如表 4-7 所示。

表 4-7　具体激励对象的奖励数额计算

第一次在职分红股	激励额度比例	考核指标及系数	激励股份
24 万股	30%	价值观系数为 1 公司指标系数为 1 部门指标系数为 0.7 自律项系数为 1 品德项系数为 1 成长项系数为 0.95	24 万×30%×1×1×0.7×1×1×0.95 =4.788 万股

三、135 渐进式激励法

(一)135 渐进式激励法概述

国际通用股权激励的标准周期是 8 年,一般大企业都会采用 135 渐进式激励法进行股权激励。"1"是指一年在职虚拟分红,"3"是三年考核股东股票期权计划,"5"是五年锁定分期行权逐步解锁。第一年包含在三年期权计划里,加上五年锁定期一共是八年,也就是说,一个职业经理人变成企业真正的合法股东、注册股东,通常需要八年的时间。

此方法采取了渐进式的激励与考核方式,将职业经理人和股东的现在和未来利益紧密捆绑在一起。在设计上做到进入有条件、退出有标准,走出了传统激励方法基于过去的贡献而不是未来创造的重大误区。不仅达到了激励与约束的双重目的,更搭建了股东与职业经理人之间的利益共同体、事业共同体和命运共同体。

(二)具体实施步骤

结合企业的实际经营,制定对激励对象进行 135 渐进式激励的实施步骤。

1. 确定激励对象

激励对象通常为企业核心高管人员(如 CEO、CFO、CMO 等)和关键岗位人员。

2. 确定考核周期

考核周期分为两个阶段:第一阶段是在职虚拟股激励阶段,一般为三年;第二阶段是注册股锁定阶段,一般为五年。如下所示。

第一阶段:在职股激励阶段 2012 年 1 月 1 日—2014 年 12 月 31 日(3年)。

第二阶段:注册股锁定阶段 2015 年 1 月 1 日—2019 年 12 月 31 日(5年)。

3. 确定考核内容

具体激励对象的考核评价表,包括考核标准、考核结果等,如表 4-8所示。

表 4-8　考核评价表

考核项	说明	在职股考核	在职股考核	在职股考核
考核时间	考核的具体时间一共需要三个年度的考核			
担任职位	该年度担任时间最长的职位			
应配股数	根据董事会决定			
价值观	是否与公司的目标和愿景一致			
公司指标	综合绩效指标			
自律项	人力资源考核			
品德项	是否有违规违纪行为			

考核项	说明	在职股考核	在职股考核	在职股考核
考核结果	最终确定的股份数			

4. 具体考核实施

（1）在职股激励阶段

确定考核评价表之后,开始对激励对象进行考核,三年共有三个考核期。董事会应结合各个业务部门和各个部门经理的资料,建立公平的评价小组,对于主观化的问题,如自律项和品德项等,应采用人力资源管理中科学的方法进行评估,并对评估的结果予以公示。

【实例】某家企业 CEO、CFO、CMO 的三年考核结果,分别如表 4-9、表 4-10、表 4-11 所示。

表 4-9 CEO 三年考核结果

CEO	在职股考核	在职股考核	在职股考核
考核时间	2013 年 1 月 2 日	2014 年 1 月 2 日	2015 年 1 月 2 日
担任职位	总经理	总经理	总经理
应配股数	10 万股	10 万股	10 万股
价值观	一致	一致	一致
公司指标	公司考核指标分数＝85 考核结果系数 1	公司考核指标分数＝75 考核结果系数 0.7	公司考核指标分数＝95 考核结果系数 1
自律项	合格	合格	合格
品德项	合格	合格	合格
考核结果	10 万股	7 万股	10 万股
三年考核结果求平均值 9 万股			

表 4-10 CFO 三年考核结果

CFO	在职股考核	在职股考核	在职股考核
考核时间	2013 年 1 月 2 日	2014 年 1 月 2 日	2015 年 1 月 2 日

CFO	在职股考核	在职股考核	在职股考核
担任职位	副总经理（财务）	副总经理（财务）	副总经理（财务）
应配股数	8万股	8万股	8万股
价值观	一致	一致	一致
公司指标	公司考核指标分数=85 考核结果系数1	公司考核指标分数=75 考核结果系数0.7	公司考核指标分数=85 考核结果系数1
部门指标	部门考核分数=85 考核结果系数1	部门考核分数=75 考核结果系数0.7	部门考核分数=75 考核结果系数0.7
自律项	合格	合格	合格
品德项	合格	合格	合格
考核结果	8万股	8万×0.7×0.7=3.92万股	5.6万股
三年考核结果求平均值5.84万股			

表4-11　CMO三年考核结果

CMO	在职股考核	在职股考核	在职股考核
考核时间	2013年1月2日	2014年1月2日	2015年1月2日
担任职位	副总经理（销售）	副总经理（销售）	副总经理（销售）
应配股数	8万股	8万股	8万股
价值观	一致	一致	一致
公司指标	公司考核指标分数=85 考核结果系数1	公司考核指标分数=82 考核结果系数1	公司考核指标分数=89 考核结果系数1
部门指标	部门考核分数=85 考核结果系数1	部门考核分数=85 考核结果系数1	部门考核分数=95 考核结果系数1
自律项	合格	合格	合格
品德项	合格	合格	合格
考核结果	8万股	8万股	8万股
三年考核结果求平均值8万股			

(2)注册股锁定阶段

在职股耦合完成后,进入注册股锁定阶段,一般锁定期为5年。编制锁定阶段各激励对象的最终考核结果表,如表4-12所示。

表4-12　不同激励对象的考核结果

激励对象	在职股考核结果	锁定期
CEO	9万股	2015年1月3日—2019年12月31日
CFO	5.84万股	2015年1月3日—2019年12月31日
CMO	8万股	2015年1月3日—2019年12月31日

在锁定期中,激励对象需要与公司签署《股权激励协议书》《保密协议书》《竞业禁止协议书》。锁定期到期后,正式注册股份,或者由企业回购其股份。

四、创业老员工激励法

(一)创业老员工激励法概述

创业老员工激励法又称金色降落伞计划,是按照聘用合同中公司控制权变动条款对高层管理人员进行补偿的规定,最早产生在美国。"金色"意指补偿丰厚,"降落伞"意指高管可规避公司控制权变动带来的冲击而实现平稳过渡。这种让收购者"大出血"的策略,属于反收购的"毒丸计划"之一,其原理可扩大适用到经营者各种原因的退职补偿。

金色降落伞规定在目标公司被收购的情况下,高层管理人员无论是主动还是被迫离开公司,都可以得到一笔巨额安置补偿费用,金额高的会达到数千万甚至数亿美元,因此使收购方的收购成本增加,成为抵御恶意收购的一种防御措施。但其弊端是,巨额补偿有可能诱导管理层低价出售企业。同时,创业元老的金色降落伞计划也是为了让员工年纪大了以后,不用"铤而走险",出现"59岁现象",制定这种制度是为了消除或弥补企业高层管理人员,在退休前后物质利益和心理角色的巨大落差,从而减少管理层与股东之间的利益冲突,降低管理层为抵制这种变动产生的交易成本。

(二)具体实施步骤

结合企业的实际经营,制定对不同激励对象进行金色降落伞计划的实施步骤。

1. 确定激励政策

针对不同类型的激励对象,制定如下具体激励政策。

第一,一次性补偿激励对象一定金额。

第二,签署竞业禁止协议,协议期限为三年,三年内企业每月支付激励对象在职薪资的一定比例。

第三,企业分红权益,赠与激励对象一定股数的企业分红权益。

【实例】在企业发展实践中,具体激励对象的激励政策如下。

(1)一次性补偿激励对象 8 个月的在职薪资。

(2)签署竞业禁止协议,协议期限为三年,三年内企业每月支付激励对象在职薪资的 50%。

(3)企业分红权益,赠与激励对象 2 万股的企业分红权益。

2. 确定激励对象

激励对象为企业创业元老,包括因管理方法过时或经验陈旧且学习力差的元老,即不再适于企业发展的需要,或因年龄和身体原因不再适合继续工作的元老。

3. 确定激励额度

企业召开专题研讨会,针对不同的激励对象,通过内部商讨确定一次性补偿金额、赠与的企业分红权益以及其他权益。

4. 具体奖励实施

根据事先约定好的激励政策和激励额度,计算创业元老的奖励金额,并进行奖励。

五、集团股激励法

(一)集团股激励法概述

集团股激励法是指,在集团内部对分公司或子公司的主要领导进行利润分配奖励的一种方法。基于责任、权利和义务相结合的原则,综合评估激励对象所承担的岗位职责,员工满意度和综合绩效指标而确定最终的激励额度。

(二)具体实施步骤

结合企业的实际经营,制定对激励对象进行集团股激励的实施步骤。

1. 确定激励对象

确定激励对象为各分公司、子公司或者分店的总经理。

2. 确定激励额度

根据企业激励度和预测可分配利润量,计算得出各分公司的具体激励额度,并根据额度来确定考核时间。每半年或者一年进行一次考核,每四次考核或八次考核算成一个周期。

比如,如果激励额度为4%,每半年一次考核,考核四次为一个周期,则考核总时间为2年,每次考核通过则给予1%的奖励额度。

3. 确定考核指标

具体激励考核指标设定,如表4-13所示。

表4-13　具体激励考核指标

指标名称	说明
岗位职责	考核期内是否一直担任分公司或者子公司的总经理,期间没有离职、辞退或长期不在岗位的行为。
员工满意度	所在公司的员工满意度考评需≥80分,否则失去评价资格。
综合绩效指标在平均线以上	综合绩效=利润×70%+销售额×30%。

【实例】集团分公司总经理的各项指标计算。

对于表4-13中三个硬性考核指标缺一不可。在履行好岗位职责前提下,对于员工满意度和综合绩效不在平均线上的总经理,他们将失去此次的激励资格;对于在平均线以上的总经理,本次考核期内的综合绩效除以本次考核期内平均线以上激励对象的综合绩效之和再乘1%,公式如下所示。

$$\frac{激励对象本次考核期内的综合绩效}{本次考核期内平均线以上激励对象的综合绩效之和} \times 1\%$$

一个考核周期(通常为2年)4次绩效考核完毕后,激励对象最终获得的集团股数量的累加,即为本次考核周期内,该激励对象最终获得的股权激励的股份数。具体考核指标的计算,如表4-14所示。

表4-14　集团分公司总经理的各项考核指标计算

	第一期考核	第二期考核	第三期考核	第四期考核
考核对象	分公司总经理	分公司总经理	分公司总经理	分公司总经理
考核时间	2018年1月30日	2018年6月30日	2019年1月30日	2019年6月30日
职务	总经理	总经理	总经理	总经理
员工满意度	81	82	83	84
综合绩效指标	95	96	97	98
平均线上指标之和	595	602	712	703
考核结果	10万股	10万股	10万股	10万股
费用	现值有利法自筹	现值有利法自筹	现值有利法自筹	现值有利法自筹
退出	公司法、章程、调离、调任、退休、上市等	公司法、章程、调离、调任、退休、上市等	公司法、章程、调离、调任、退休、上市等	公司法、章程、调离、调任、退休、上市等

从表4-14中看出,经过2年4次的考核,1分店总经理总共获得40万股的集团股奖励额度。

说明:

(1)第一个考核周期结束后,集团公司与激励对象签订《集团股激励内部协议》,明确各激励对象在本考核期所获得的股份比例。

(2)退出机制及股权权益,与总部高管人员的退出机制和股权权益同等。

(3)如果集团公司的盈利模式、商业模式或运作机制有所调整,根据实际情况重新制定该考核方案。

(4)激励对象的最终确定需要集团董事会审议通过。

六、裂变式创业激励法

(一)裂变式创业概述

2014年,"裂变式创业"模式由芬尼克兹创始人宗毅创立。裂变式创业是指,在企业内部举行创业大赛,选拔获胜员工作为创业项目领导人,企业和创业团队共同持股创业项目,具体持股比例由双方协定,但是企业要控股创业项目。"裂变式创业"包含以下几个要点:一是企业创始人控股创业项目,在收益方面充分激励创业团队;二是创业团队成员必须掏钱参股,以身家性命赌未来;三是用钱投票,可杜绝人情关系,选出最好的创业项目和团队;四是人人平等,企业员工都可报名参加创业大赛,打破新员工职位无法超过老员工的企业伦理困境。

由此可知,裂变式创业是一种内部创业激励机制,是指企业创始人通过用钱选举的投票方式,选出企业最优的创业项目和创业团队,通过对创业项目控股的方式实现企业利润增加和员工潜能激发的一种内部创业激励机制。

(二)裂变式创业的起源与特点

企业平稳发展中,很少有人去考虑变革。好比在风平浪静的海面上,水手几乎不考虑升降帆布,船长也不需要考虑转动船舵一样。到了企业发展遇到瓶颈,或者有员工出现离职倾向时,企业掌舵人才会选择去进行变革,但为时已晚。

裂变式创业就是选择在问题发生之前,而不是等在问题发生的时候去变革。比如,针对大多创业团队遇到的创业成员离职状况,如何合适地去解决这个难题,并把成员离职产生的负面效应降至最低,是所有创始人考虑的问题。在裂变式创业提出之前,不论员工是否出现离职倾向,只要创始人感觉到企业遇到了发展瓶颈,就可以使用裂变式创业法,激发员工的积极性,促进企业的持续发展。

裂变式创业不仅适合解决员工离职等问题,也适合企业提出新项目或者组建分公司。假设甲和乙两个人创业,甲是老板,乙是员工,经过一段时间后,乙希望退出公司另谋生路。甲了解具体情况后,知道乙可能仍是在同行业进行创业,此时,作为老板的甲应该怎么办呢?

裂变式创业就能够解决这样的问题,虽然乙非常有经验,但是他毕竟是员工,初入商场进行创业,他不一定具备创业的一些基本条件,比如创业资金等。此时,甲就可以和乙达成条件,由甲出资创立一家新公司,由乙担任公司总经理,甲对新公司直接控股,甲和乙通过章程或者协议来约定甲控制公司的范围。对于乙来说,其地位和收入一定比之前要高得多,并且公司的日常运营由自己决定。对于甲来说,依据占有公司的股份获得分红,两家公司的财务报表还可以合并。对于双方来说,这样可以做到优势互补,实现合作共赢。

(三)裂变式创业的使用条件

如何才能复制裂变式创业的模式?在创始人宗毅看来,如果做裂变式创业,必须满足几个前提条件。

第一,企业财务要公开透明,因为涉及股东多。如果企业偷税漏税,当股东面临利益分配不均时,有可能会举报。

第二,企业要有先例,即群众基础,员工已经尝到了甜头。要看员工对项目是不是有信心,没有信心就说明缺乏群众基础。事实上,在做这个互联网转型的项目之前,宗毅曾通过员工持股的方式创建了四家公司,员工获得了实实在在且不菲的经济回报。很多人得知这次成立新公司的消息,都开始跃跃欲试。

第三,最重要的是选举。创业的带头人是如何选出来的?这一点至关重要。在宗毅看来,创业成功唯一的要求就是选对人。同时,企业要具备良好的人才基础。在高校招聘的时候,芬尼克兹对于创业带头人的筛选比例就达到了1000∶1。但复制学习的最大难点,在于转型过程中的领导力。管理者自身愿不愿意放手?能不能让带头人自主决策?这些才是组织面临的最大挑战。

(四)裂变式创业的实施过程

1. 确定创业项目

创业项目的负责人要成立新公司的管理团队。面对多个创业项目,同一创业项目的负责人也是多个的情况,如何选择创业项目呢?要采用内部选拔的方法来确定。

2. 用钱选举

经过长达两个月的深思熟虑,宗毅设计了一张特殊的"选票",员工用选票来投出最适合的人选。所有的规则都可以用这张选票说明白。选票设计分为三部分内容:投给谁、投多少钱和签字。

这是一张印着真金白银的选票,签字的人需要兑现。如果食言,员工就得被罚款,金额高达年薪的20%。同时,参加竞选的人作为大股东,必须投入项目所得金额的 10%,谁获得的投资额大,谁就是新公司的总经理。当大赛的目标明确及规则清晰时,每位参赛者都会做出理性判断。在公司举办的一次大赛中,吸引了 14 个小组、60 多名员工的报名,离比赛正式开始还有一个多月的时间,员工们都已经按捺不住了。关键是拿钱投票,每个人都会谨慎处理。

在宗毅看来,通过这种方式选出来的人德才兼备,同时与职业经理人亦不同,他们更能够全身心投入工作,事实也证明了这一点。比如,一位新公司总经理自己投资 150 万,获胜项目出人意料地在员工中间融到了 900 多万元,加上创始人的投资,融资达到了 1500 万元。而且,新公司凭借重型设备的 O2O 模式,在创业两年后就实现了整体盈利。

3. 重新竞选

随着优秀团队分离出去创业,给公司年轻人提供了广阔的晋升空间,他们在芬尼克兹获得升职的速度加快,从而吸引了更多优秀人才的加入。然而,当年轻人成为老板之后,他是否能够一直保持先进,成为公司未来发展要考虑的问题。那么,如何才能让有能力的年轻人永远冲锋在最前方?宗毅在企业内部制定了一套"宪法",其规定:再有能力的人也只能在岗位上做 10 年,即总经理每五年重新选举一次,仍然是用钱投票,最多可连任两届。这意味着,母公司裂变出去的新公司,在 10 年之后必须重新参与到竞选中,让新鲜的血液上来,把更有能力的年轻人选出来。

在这套模式里,股份的分配不是平均的。他们规定,新公司总经理的股份额必须在 10% 以上,两位创始人各占 25%,剩余股份为普通员工持股。董事会由两个创始人和总经理组成,形成一个三人决策机制,重大决策只需 2∶1 即可通过。在利润分配上,利润的 20% 是管理层分红,30% 是公司提留,50% 按照股份比例提成。管理层是指以总经理为首的核心管理层,一般为 2—3 个人。比如,2019 年的利润是 1000 万元,管理层分红额度为 200 万,总经理可能从管理层分红中获得 100 万。同时,他从股份分红中获得 50 万,加起来一共是 150 万,而创始人在新公司里的分红是 125 万元。这样的模式设计中,总经理在新公司的收入比创始人还要高。

在宗毅看来,这套制度真正的精髓在于竞选。因为是用真金白银选的,徇私枉法、任人唯亲的行为就不会再有了,员工努力的方向就直指业绩,只有好的业绩才能获得投票。除了业绩之外,员工还注重维持同事之间良好的人际关系,而不是把心思花在阿谀奉承上级。这样的组织更加健康,从企业文化来看,也是一种良性的发展状态,宗毅把这套制度体系称为"裂变式创业"。依靠这套体系,他把员工变成股东,先后创立了七家裂变创业公司,被逻辑思维创始人罗振宇称为"传统产业转型最成功的企业家"。

七、股权布局激励法

(一)股权布局概述

股权布局是指自上而下对公司整体的股权结构进行规划的过程。股权布局的核心是老板对企业的规划,不仅要与企业的发展阶段相匹配,还应该符合人性需要。对于企业内部人才,应该依据其所处的成长阶段,从不同的层次和维度来考虑,设计不同的激励方式。对于企业来说,在不同的发展阶段,股权布局的重点亦有所不同。

(二)股权布局的生命线

1. 绝对控制线

针对企业经营过程的一些重大事项,比如公司股本变化,增减注册资本,修改公司章程,分立、合并、解散或变更公司形式等重大决策,需要 2/3 以上表决权支持方可进行。也就是说,若想拥有公司重大决策的控制权,就要掌握公司 2/3 以上的股权。在企业的不同发展阶段,如果想要拥有话语权和决定权,其所持股份比例必须占到 67%,法律上控股大于等于这个比例的,被称作"绝对控股"。《公司法》第四十三条规定,"股东会会议作出修改公司章程、增加或者减少注册资本的决议,以及公司合并、分立、解散或者变更公司形式的决议,必须经代表三分之二以上表决权的股东通过。"

因此,当股东所持股份大于或等于 67% 时,便有权单方来决定是否修改公司章程、增加或减少注册资本等涉及公司生死存亡的重大事项。

2. 相对控制线

如果掌握公司 1/2 以上的股权,可以通过普通决议及担保决议,决定公司除解散、分立、合并、增减资、变更形式等以外的重大事务。比如,一些简单事项的决策,聘请独立董事,选举董事、董事长,聘请审议机构,聘请会计师事务所,聘请或解聘总经理等。企业进入发展期,企业主所持有的股份就越来越少,他们最关心最想要的还是控股,而此处的控股大于等于51%,是"相对控股"就不是"绝对控股"了。

《公司法》第七十二条规定,"股东向股东以外的人转让股权,应当经其他股东过半数同意。"第一百零三条规定,"股东出席股东大会会议,所持每一股份有一表决权。股东大会作出决议,必须经出席会议的股东所持表决权过半数通过。"另外,第十六条也规定了"公司为公司股东或者实际控制人提供担保的,必须经股东会或者股东大会决议。该项表决由出席会议的其他股东所持表决权的过半数通过"。此时,拥有公司50%以上的股权,可以对除了必须经三分之二以上表决权的几个重大事项以外的其他所有事项做决策,相当于掌控了公司诸多事项的表决权,比如,选举董事、监事,转让、受让重大资产或者对外提供担保等。因此,通常把拥有51%的股份比例称为企业相对控制线。

3. 安全控制线

如果某股东持股份额在1/3以上,而且没有其股东的股份与之相冲突,称为否决性控股,具有一票否决权。那么,持股比例1/3的线称为一票否决线,又称安全控制线。

某股东所持股份在33.31%以上时,其他股东的股份加起来也不会达到66.7%,只要该股东投反对票,就决定了某些股东会决议无法通过,相当于"一票否决权",可以否决某项决议。为了更有利于企业发展,在初创期,老板所持股份比例最好在2/3以上,在发展期则应占到1/2以上,在扩张期最好占到1/3以上。与绝对控股线相对应,拥有2/3以上表决权能够通过关于公司生死存亡的事宜,如果其中一个股东持有超过1/3的股权,其他股东就无法拥有2/3以上表决权,那些生死存亡的事宜自然就无法通过。此时,持有超过1/3股权的股东便控制了生命线,具有了"一票否决权"的性质。当然,如果是对其他仅需过半数以上通过的事宜,就无法否决了。

4. 上市公司要约收购线

通过证券交易所的证券交易,收购人持有一个上市公司的股份达到该公司已发行股份的30%时,继续增持股份的,应当采取要约方式进行,发出全面要约或者部分要约。

《中华人民共和国证券法》第八十八条第一款规定,"通过证券交易所的证券交易,投资者持有或者通过协议、其他安排与他人共同持有一个上市公司已发行的股份达到百分之三十时,继续进行收购的,应当依法向该上市公司所有股东发出收购上市公司全部或者部分股份的要约。"很显然,本条线适用于特定条件下的上市公司股权收购,不适用于有限责任公司和未上市的股份有限公司。与协议收购相比,要约收购要经过较多的环节,操作程序比较繁杂,收购方的收购成本较高。收购要约的期限届满,收购人持有的被收购上市公司的股份数达到该公司已发行的股份总数的百分之七十五以上的,该上市公司的股票应当在证券交易所终止上市。

5. 重大同业竞争警示线

同业竞争是指上市公司所从事的业务与其控股股东、实际控制人或控股股东所控制的其他企业所从事的业务相同或近似,双方构成或可能构成直接或间接的竞争关系。我国学者一般认为,关联企业特指一个股份公司通过20%以上股权关系或重大债权关系所能控制或者对其经营决策施加重大影响的任何企业,是以会出现20%是重大同业竞争警示线的说法。本条线没有任何法律依据,现实意义不大。

6. 临时会议权线

当股东持股份额在1/10以上,可以提请召开临时股东会、临时董事会,此条线称为临时会议权线。当股东的持股比例达到一定条件时,上述这些权利的大门才会向其打开,股东只有手握"重兵",才能更好地去影响公司,以及更好地保护自己,股权的价值才得以体现。

（三）两种股权架构

1. 一元股权结构

一元股权结构是指股权的股权比例、表决权(亦称投票权)、分红权均一体化,实现同股同权。在此股权结构的企业,针对容易出现的股权问题,从以下四方面进行简要阐述。

第一,公司有股东持有出资比例达到33.4%以上的情况。为什么要约定

33.4%的股权比例呢?原因是公司重大事项表决有效需要三分之二以上的股东投赞成票,如果我们拥有公司33.4%或以上的股权比例,我们就拥有了公司重大事项的否决权。

第二,两位股东的出资比例分别为51%和49%的股权结构。为什么要设置这样的股权结构呢?因为股东进行决议时,对于一些重要事项的表决权要经过半数以上同意。

第三,一方出资比例超过66.7%。此种股权结构,使得在做任何决议的时候,都可以不受其他股东的影响,从而解决了谁拥有企业控制权的问题。

第四,两个股东各自出资比例分别为50%。

上述内容中,对创业企业而言,第三种出资比例结构是比较合理的。即在做任何表决事项的时候,都可以单方形成公司的决议,除非公司章程存在一些特殊约定的情况。当然,最不合理的一种股权结构是第四种,投资双方各占50%的股权结构,这意味着公司在做任何决议的时候,如果一方不同意都无法达成协议。

2. 二元股权结构

双重股权结构(Dual-Class Share Structure)也称为二元股权结构、双重股权制,是一种通过分离现金流和控制权而对公司实行有效控制的有效手段。区别于同股同权的一元股权架构制度,该股权结构是指股权在股权比例、表决权、分红权之间做出不等比例的安排,将股东权利进行分离设计。在双重股权结构的公司,可以同股不同权,通常是一般股东一票一股,公司少数高管可以一股数票。股份通常被划分为高、低两种投票权,高投票权的股票拥有更多的决策权。一般而言,高投票权的股票每股具有2至10票的投票权,主要由高级管理者所持有;低投票权股票的投票权只占高投票权股票的10%或1%,有的甚至没有投票权,由一般股东持有。作为补偿,高投票权的股票其股利低,不准或规定一定年限,一般3年后才可转成低投票权股票,因此流通性较差,而且投票权仅限管理者使用。

一般来说,双重股权结构有利于提高公司的治理效率。但是,双重股权结构存在一个根本性的缺陷,即其违背现代公司的股东治理结构,不利于股东利益保障,容易导致管理中独裁发生的可能。有学术研究表明,推行双重股权结构的公司,企业领袖往往都会浪费现金流,并且会去追求符合自身利益的目标,而不是为了满足股东利益。一旦他们做出了错误决定,所承担后果也很有限。双重股权结构加剧公司治理中实际经营者的道德风险和逆向选择。

综上所述,看一个股东是否对公司享有控制权,不仅要看他占公司多少股权份额,还要考虑他对一些重大事项是否拥有一票否决权,是否有委托行使表决权,以及公司采用什么类型的股权结构等情况。

(四)股权布局激励

企业应该依据其发展阶段与实际运营模式来确定合理的股权布局和股权架构。对于实行股权激励的企业来说,如何进行股权布局能够促进企业的可持续发展呢? 由于不同企业的发展情况存在着差异,我们给出一种范例进行说明。比如,假设三人出资的企业,初始股权比例分别为 70%、20%、10%,具体情况如表 4-15 所示。

表 4-15 不同发展时期企业的股权布局

时期	公司状况	股权布局	股权架构	说明
创业前	三人合伙	70% : 20% : 10%	一元股权架构	招募员工,不进行任何股权激励行为,约定好退出与进入机制。
创业初期	引入新的出资人,按比例稀释	67% : 17% : 7% : 9%	一元股权架构	引入新的出资人,约定好进入与退出机制。
创业瓶颈期	引入投资人	51% : 13% : 5% : 7% : 24%	二元股权机构	引入投资人,约定同股不同权,创始人投票权为股权数的两倍。
创业增长期直至上市前期	投资人再投资	34% : 4% : 2% : 3% : 57%	二元股权机构	引入投资人,约定同股不同权,创始人投票权为股份数的两倍。

第二节　外部股权激励法

一、上下游整合激励法

(一)上下游整合激励法概述

股权激励不仅有对企业内部激励的方法,也有对企业外部激励的方法,上下游整合法就是对企业外部激励的一种方法。通过对案例企业的跟踪调研,本书认为上下游整合激励法是指,企业通过制定股权激励方案在上游供应商和下游经销商之间建立良好的合作共赢关系,以达到企业的价值增长直至上市后,对上下游合作伙伴进行利润分享的一种外部股权激励方法。

(二)上下游整合激励法的作用

1. 引来外援,抢占市场

当企业整合了上下游资源的力量,在残酷的市场竞争中,企业不再是单打独斗,而是形成了一种在参与中竞争的产业链,这无疑给自己的企业开了外挂。自此之后,企业就有了强大外援的支持和帮助,使得竞争力大大提升,在与同行业单干的企业相比中占据明显优势,能够获得市场更大份额的"蛋糕"。

2. 节约成本,以小博大

在企业壮大的过程中,如果采用疯狂烧钱打广告或者让利的方法,那必定需要花费巨大的资金。倘若通过采用股权激励整合上下游资源的方法,则能够节约很大的成本,而且还能避免企业出现资金链断裂的危险局面。看似默默无闻,以小博大,实则牢固地控制了销售渠道终端。

3. 分股激励,才能共勉

企业通过股权激励的方法,把供应商和经销商链接起来,双方因为都具有企业股权,也就有了共同的发展目标——企业上市。为了能够让企业上市,实现自身利益的最大化,双方自然而然会朝着这个目标一同冲刺,供应商会积极配合企业的生产经营,经销商则会努力地帮企业销售产品。

（三）上下游整合激励法的七要点

1. 必须坦承告知激励对象,激励他们的起心动念

企业为什么要跟上下游合作？目的是什么？所有这一切都需要坦诚相待,越真实越好。如果不能真实地表达,未来必然会遭遇股权危机。所以,在这个问题上,企业必须在合作初期表现出足够的诚意,向合作企业证明未来可以达到的目标。

2. 必须讲明企业发展的趋势与背景

要跟上下游讲清楚企业发展的趋势与背景,包含国际形势、国家的宏观政策、行业发展未来以及团队优势资源等。如果有意向合作企业的负责人不清楚股权激励,或者不明白资本市场的运营规律,企业决策者必须要与对方进行全面系统的沟通交流,阐述企业未来的发展方向以及能为对方企业带来的利润所在。

3. 必须让激励对象明确企业的盈利模式

企业盈利模式就是说明企业的利润来源,而且该盈利模式与同行业其他企业相比会有所不同,更具吸引力。同时,需要向对方说明合作的目的以及合作的优势所在。

4. 必须让激励对象明确企业具体的发展规划

在盈利模式明确之后,具体怎样一步一步向前推进呢？具体来说,包括团队如何组建,各部门工作如何开展,市场如何布局,如何开发具体产品,以及客户服务如何创新等。

5. 必须让激励对象了解投入回报及风险

有投入必然有回报,不同的是回报率的高与低。作为激励对象,合作企业一定要了解自己的投入情况。所以,企业必须让激励对象了解投入的回报及风险,能否承担投入的最大风险,一定要让激励对象心中有数。既要做最好的准备,也要做最坏的打算。

6. 必须让激励对象明确进入条件

众所周知,双方想要合作,资本想要进入,必然有条件需要满足。天下没有免费的午餐,既然想要有所回报,就要有所付出,明确激励对象的进入条件很重要。在双方签署的合作协议中,关于上市前的股份比例,利润分成以及上

市后的股份比例和利润分成都要有清楚的说明。

7. 必须让激励对象明确退出机制

如同合作需要有进入条件一样，企业也需要激励对象明确其退出机制。也就是说，既然能够进入，自然也要能够顺利退出，进入和退出都是有条件、有约定的。退出机制如同进入机制一样，双方签署的合作协议中，要约定好退出条件。

（四）具体案例分享

百丽集团（以下简称百丽）在我国拥有近万间自营零售店，是知名的"一代鞋王"。百丽的成功和外部股权激励有着很大的关系。1992 年，百丽只是一家生产鞋类的小厂，而百丽的管理层却有着战略性眼光，希冀企业能有上市的一天。

为了实现这一愿望，百丽先找了下游的经销商，让经销商销售百丽的产品并给予好处，让其成为百丽的合作方，拥有百丽一定份额的股权。假以时日，如果百丽能够顺利上市，经销商就可以获得巨额回报。很快地，百丽就通过这种方式整合了下游的销售渠道。

随后，百丽转向上游供应商，寻求与供应商进行合作。百丽提出要负责产品的研发、设计和销售，而让工厂只负责生产环节。在利润分配方面，百丽获得利润的 51%，工厂获得 49%。为了实现与供应商的合作，百丽承诺让供应商成为准上市公司股东，一旦企业上市，工厂便可获得超高回报。倘若企业没上市，工厂可以拿走所有的利润，也就没有风险的隐忧。由此，百丽也成功地建立了和上游供应商合作的桥梁。

于是，在后续的发展中，百丽抱着一定要上市的决心，与经销商和供应商一同努力，最终于 2007 年在香港成功上市。

二、股权众筹激励法

（一）股权众筹激励法概述

股权众筹是指企业通过互联网渠道发布融资信息，并以让渡部分股权的方式，吸引众多的互联网用户或者团体进行投资。这些投资者基于对企业发展前景的判断，进行投资入股，以期在未来获得收益。客观来讲，股权众筹与公司 IPO 相似,都是为了解决资金问题而进行的融资活动。不同的是,股权众筹是一种互联网商业新模式,是借助于网络平台和渠道进行私募股权投资的方法。

2009 年,股权众筹在国外兴起,2011 年众筹开始进入中国,2013 年国内正式诞生第一例股权众筹案例,2014 年国内出现第一个有担保的股权众筹项目。在 2014 年 5 月,证监会明确了对于众筹的监管,并出台《对股权众筹平台指导意见》,该意见稿提出,公司股东不得超过 200 个,单个股东投资金额不得超过 2.5 万元,整体投资规模控制在 500 万元内。由此,股权众筹逐步开始得到国家政策的支持。

(二)股权众筹的分类

股权众筹从是否担保来看,可分为两类:无担保股权众筹和有担保股权众筹。

1. 无担保股权众筹

无担保股权众筹是指,投资人在进行众筹投资的过程中没有第三方的公司提供相关权益问题的担保责任。国内基本上都是无担保股权众筹,该类型众筹模式风险较大。

2. 有担保股权众筹

有担保股权众筹是指,投资人在进行众筹时,有第三方机构为股权众筹公司或者项目进行权益担保,这种担保是固定期限的担保责任。但这种模式国内只有贷帮的众筹项目提供担保服务,尚未被多数平台接受。

(三)股权众筹运营模式

1. 凭证式众筹

凭证式众筹主要是指在互联网通过卖凭证和股权捆绑的形式来进行募资,出资人付出资金取得相关凭证,该凭证又直接与创业企业或项目的股权挂钩,但投资者不会直接成为股东。简单来说,就是企业或项目通过发售与股权捆绑的特定凭证来进行资金的筹集。

2. 会籍式众筹

会籍式众筹主要是指在互联网上通过熟人介绍,出资人付出资金,直接成为被投资企业的股东。这种众筹模式的出资人往往具有相似的价值观,并借助创业项目搭建一个圈子平台。

3. 天使式众筹

与凭证式、会籍式众筹不同，天使式众筹更接近天使投资或 VC 的模式，出资人通过互联网寻找投资企业或项目，对其风险收益进行评估判断，付出资金或直接或间接成为该公司的股东，同时出资人往往伴有明确的财务回报要求。

（四）股权众筹的作用

1. 提高交易成功率

互联网金融借助网络平台具有信息公开程度高、运行高效、参与度高、压缩中间成本等优势，投融资双方可以快速匹配。互联网的参与可以很大程度上降低考察难度，能够帮助投资者了解到其他投资人对项目的观点和判断，从而有利于投资人在掌控全局的基础上做出更好的决策。

2. 刺激创新，鼓励创业

由于投资者来自全国各地的不同行业，因此在思考方式上，创业项目面临着各行业人的不同评价并以此进行修改。资金的充足和方式的灵活给创业项目带来一种全新的发展方式，它使不少创业企业认识到资金不是问题，重点在于创业项目是否有新意，符合消费者与市场化的需求。

3. 为创业企业找到资源

企业可以在众筹阶段筹集自己发展所需要的资源。比如挖掘一些相应的潜在客户资源、帮助建立商业模式、协助企业管理模式的完善、对可能存在的危机进行预警并做出方案。

4. 制度严谨，运行规范

投资人群数量大而且层次分布不均，给企业的管理带来了挑战。对于不同的股权众筹平台，投融双方都会重点考虑制度严格、管理规范并能够提供更多帮助的平台。这些条件往往能够最大限度地保障投融双方的利益，而且能对创业项目有根据地做出一个基本筛选，在网络数据的帮助下广泛收集匹配创业企业需求的资源，帮助拟定发展规划，促进企业更好的发展。

（五）股权众筹的具体操作

股权众筹激励法的具体操作流程，如表 4-16 所示。

表 4-16 股权众筹激励的具体操作

操作流程	说明
1. 上传信息,建立项目	在众筹平台上上传产品名称和产品介绍,主创团队成员信息,商业计划书。
2. 借助平台优势宣传创业项目	参与平台的信息交流和互动活动来进行宣传,让尽可能多的投资人看到并了解项目和产品。
3. 选择投资人	有针对性地选择投资人以便之后更好地发展,而平台也会帮助创业者进行分析,对项目资源需求有深入的了解。
4. 保护企业后续的发展	创业团队在平台融资成功后,平台为企业设立有限合伙,帮助企业建立合理的股权架构。
5. 投融双方后期关系的维护	平台会为投资人和创业者之间开通持续交流的渠道,为后续的融资提供最大的保障。

三、股权融资激励法

(一)股权融资激励法概述

股权融资是指企业的股东愿意让出部分企业所有权,通过企业增资的方式引进新的股东,同时使总股本增加的融资方式。股权融资所获得的资金,企业无须还本付息,但新股东将与老股东同样分享企业的赢利与增长。

股权融资最常见的形式是增资扩股。增资扩股是指企业向社会募集股份、发行股票、新股东投资入股或原股东增加投资扩大股权,从而增加企业的资本。对于公司来说,增资扩股一般指企业增加注册资本,增加的部分由新股东认购或新股东与老股东共同认购。传统的增资扩股必定会稀释掉原有股东以及企业创始人的股份,为了保护创始人的利益和公司的长远发展,通常会实行同股不同权的做法。

(二)股权融资的分类

股权融资按融资的渠道来划分,主要分为以下两大类。

1. 公开市场发售

公开市场发售是指通过股票市场向公众投资者发行企业的股票来募集资金,包括我们常说的企业的上市、上市企业的增发和配股等,都是利用公开市场进行股权融资的具体形式。

2. 私募发售

私募发售是指企业自行寻找特定的投资人,吸引其通过增资入股企业的融资方式。由于绝大多数股票市场对于申请发行股票的企业都有一定的条件要求,比如,《首次公开发行股票并上市管理办法》要求公司上市前股本总额不少于人民币 3000 万。因此,对大多数中小企业来说,较难达到上市发行股票的门槛,私募成为民营中小企业进行股权融资的主要方式。

(三)股权融资的方式

1. 吸收风险投资

风险投资(英文缩写 VC)是指风险基金公司用他们筹集到的资金投入到他们认为可以赚钱的行业和产业的投资行为。风险投资基金投资的对象多为高风险的高科技创新企业,对风险项目的选择和决策也是非常严谨。在国外,签约的项目一般只占全部申请项目的 1% 左右。

2. 私募股权融资

私募股权融资(英文缩写 PE)是指融资人通过协商、招标等非社会公开方式,向特定投资人出售股权进行的融资。私募股权融资具有一些显著的特点:一是在融资上,主要通过非公开方式面向少数机构投资者或个人募集,绝少涉及公开市场的操作;二是权益型融资;三是私营公司和非上市企业居多;四是融资期限较长,一般可达 3 至 5 年或更长;五是投资退出渠道多样化。

3. 上市融资

当前,中小板和创业板为中小企业融资带来新的希望,对企业来说,上市是一项纷繁浩大的系统工程,需要提前一至二年甚至更长的时间做准备性工作。同时,这也是一项专业性极强的工作,比如,需要编写的各项文件资料就多达 40 种以上。所以,按照国际惯例,在企业股改上市过程中都需聘请专业的咨询机构帮忙运作。

以上任何一种股权融资方式的成功运用,都要求企业具备清晰的股权结构、完善的管理制度和优秀的管理团队等各项管理能力。所以,企业自身管理能力的提高将是各项融资准备工作的首要任务。

(四)股权融资的优势

股权融资在企业投资与经营方面具有以下三个优势。

1. 股权融资需要建立较为完善的公司法人治理结构。公司的法人治理结构一般由股东大会、董事会、监事会、高级经理组成,相互之间形成多重风险约束和权力制衡机制,降低了企业的经营风险。

2. 在现代金融理论中,证券市场又称公开市场,指的是在比较广泛的制度化的交易场所,对标准化的金融产品进行买卖活动,是在一定的市场准入、信息披露、公平竞价交易、市场监督制度下规范进行的。与之相对应的贷款市场,又称协议市场,亦即在这个市场上,贷款者与借入者的融资活动通过直接协议。在金融交易中,人们更重视的是信息的公开性与可得性。所以证券市场在信息公开性和资金价格的竞争性两方面来讲优于贷款市场。

3. 如果借款者在企业股权结构中占有较大份额,那么他运用企业借款从事高风险投资和产生道德风险的可能性就将大为减小。因为如果这样做,借款者自己也会蒙受巨大损失,所以借款者的资产净值越大,借款者按照贷款者的希望和意愿行事的动力就越大,银行债务拖欠和损失的可能性就越小。

四、兼并重组激励法

(一)兼并重组激励法概述

兼并重组,即企业的兼并重组,指在企业竞争中一部分企业因为某些原因无法继续正常运行,考虑到员工等各方面利益,按照一定的程序进行的企业兼并和股权转让,从而实现企业的变型,达到企业重组的目的。兼并重组是市场约定俗成的说法,主要包括企业控制权转让(收购)、资产重组(购买,出售资产)、股份回购、重组合并等形式,对企业的股权结构、资产和负债结构、利润及业务产生重大影响的活动。

(二)兼并重组的主要形式

兼并重组主要包括以下五种形式。

1. 承担债务式,是指兼并方承担被兼并方的全部债权债务,接收被兼并方全部资产,安置被兼并方全部职工,从而成为被兼并企业的出资者。

2. 出资购买式,是指兼并方出资购买被兼并方的全部资产。

3. 控股式,是指兼并方通过收购或资产转换等方式,取得被兼并企业的控股权。

4. 授权经营式,是指被兼并方的出资者将被兼并企业全部资产授权给兼并方经营。

5. 合并式,是指两个或两个以上企业通过签订协议实现合并,组成一个新的企业。

(三)兼并重组激励法的实施

为了便于描述,设定收购公司为"甲公司",被收购公司为"乙公司",合并组建的新公司为"新公司"。考虑到公司是否实施股权激励机制,提出四种不同的情景假设:一是并购前甲公司实行股权激励,乙公司未实行股权激励;二是并购前甲公司未实行股权激励,乙公司实行股权激励;三是并购前甲乙两公司均未实行股权激励;四是并购前甲乙两公司均实行了股权激励,但股权激励方案不统一。不同的情景下,兼并重组的实施过程有很大不同,具体情景分析如下。

情景一:甲公司实行了股权激励。

由于甲公司实行了股权激励机制,在并购过程中,甲公司需要向乙公司的员工进行较长时间的培训与文化的融合。并非所有的公司都可以接受股权激励的思想,也不是所有的员工都愿意接受股权。并购后,两家公司需要较长的一段时间来进行磨合。由于并购所带来的风险会影响管理层和员工对于未来的判断,没有人能准确地判断公司是朝着更好的方向发展,还是朝着更坏的方向倒退。

假使甲公司在股权激励协议书中规定,若公司遇到合并重组时会中止或者延缓股权激励机制的实施,此时董事会便可以依据协议内容中止股权激励。但是,如果协议中没有明确地规定公司发生重大变革时的约定,那么甲公司的原激励计划将会继续执行。不论股权激励实施到哪一个层次,都将继续实施,直至一个周期结束。对于乙公司的员工,将等待一个股权激励实施期结束后,根据新公司董事会的重新讨论,决定是否重新制定股权激励方案。但是,对于新公司来说,即将面临的问题可能并不局限于股权激励方案的制定,因公司合并重组产生的财务和业务上的整合可能是工作的重点。

情景二:乙公司实行了股权激励。

在两家公司的管理层和董事会拟定兼并重组协定时,乙公司的管理人员一定会要求新公司继续对乙公司的员工实行股权激励。一般来说,这是对被收购公司管理层的一种保护政策。通常来说,收购方都会保护被收购企业管理层人员的待遇和职位,没有谁比本公司的管理人员更了解自身了,所以乙公司的股权激励政策往往在并购前就会拟订相关协议予以保护。但是,新公司中原甲公司的管理层看到乙公司管理人员拥有待遇丰厚的股权奖励的时候,势必影响到他们工作的积极性、主动性与创造性。由于董事会不可能照搬乙公司的方案为新公司制定股权激励,因为原有的股权激励已经不适合新公司了。所以,董事会只能采用其他非股权激励的方案来对管理层进行奖励,以免有失公平。

情景三:两公司均未实行股权激励。

该情况较为简单,如果两个公司平稳度过了磨合期后想要实施股权激励机制,只需要新的董事会同意即可。在激励对象的安排上只需要按照新公司的岗位和职位来进行制定。

情景四:两公司均实行了股权激励。

在这种情况下,如果两家公司的股权激励方案比较相似,利润分享也没有冲突(原方案的比例稀释后),便可以继续实行各自的股权激励方案,但是这种情况比较少见。大多数时候,两家公司的股权激励方案不一样。此时,新公司董事会就要考虑统一实行新的股权激励方案,还是继续保留。如果继续保留,这种做法将不利于两家公司的实质融合。因此,董事会要在合并前或初期形成两家公司均认可的股权激励方案。

第三篇

动态股权篇

第五章 动态股权激励理论

本章是对动态股权激励理论的梳理分析,包括动态股权制和动态股权激励模型,以及动态股权激励的发展展望。动态股权制是在传统股权激励理论的基础上的新发展,而动态股权激励模型是对动态股权制的补充与完善,解决动态股权制在实施过程中遇到的问题。在此基础上,通过动态股权制与动态股权激励模型的对比分析,结合创业企业的经营实践,本章对动态股权激励的理论发展与实践操作提供了一些改进的方向和思路。

第一节 动态股权制

一、动态股权制的概念

动态股权制的提出源于 1999 年襄樊市委、市政府提出的"动态股权制"的改革模式,一批国有企业率先进行改革试点。实践证明,在进行动态股权制的改革后,企业绩效和职工收入均得到了显著提升。

在实践活动开展的同时,众多学者也在对其理论构建进行不断的探索。孙楚寅等(2001)对动态股权制进行界定,认为动态股权制是对企业产权、分配、人事和劳动等"四项制度"作出系统性的安排,实行动态管理的现代公司制企业制度,是建立现代企业制度的一种有效实现形式。金玉秋等(2009)认为股权激励制度是指通过一定形式向公司经营者和员工授予或转让股权,使其能参与公司剩余分配从而达到长期激励作用的一种制度安排,在具体操作中可以对企业关键人设置三类股:岗位股、风险股和贡献股。汤健(2011)认为动态股权激励制度就是通过企业产权制度改革,把企业的经营、管理、销售、技术等关键岗位人员作为主要激励对象,将出资人的所有权与盈亏分配权进行阶段分离,按照企业所有者权益的增减变动奖罚股权作为主要形式,建立人事同劳动竞争激励机制,实行按资、按劳、按贡献等"三位一体"的分配制度,以达到合理调配人力和物力的激励与管理机制。

动态股权制的主要激励对象是企业的经营者,包含管理、销售、技术、生产等关键岗位人员。动态股权制将出资人资本的最终所有权与分红权阶段性地分离,将企业增加的净资产的一部分按照贡献度进行股权的分配,实行按劳分配、按资分配、按贡献分配"三位一体"的分配制度,构建企业所有者、经营者、劳动者的利益共同体。

由此看到,动态股权制有以下特点。

(一)产权清晰。在制定公司改革的方案框架时,首先需要界定公司的产权。实行动态股权制的企业,企业的股权结构和产权结构是动态变化的。股权会根据公司的业绩、员工的表现情况等发生变化,并且其公司的产权也会随之变化。

(二)分配制度。分配制度是动态股权制的核心内容,企业的人事和劳动改革围绕分配制度展开。为了转换企业经营机制,特别引入竞争、激励、约束和监督机制作为分配制度的核心。抛弃了传统的脱离产权的分配制度,新的分配制度更加符合现代企业管理的要求。

(三)关键人。关键人是指动态股权激励的对象及其所在的岗位。具体涵盖了企业的管理、销售、研发、生产和财务等关键岗位的员工。对于激励对象的考评,既要评价关键人所在岗位的重要性,也要评价激励对象自身的品德、能力和综合素质。

(四)激励手段。以股权激励为主,在激励过程中,激励与约束并存,企业的近期计划和长期发展统筹兼顾。

(五)动态调整。动态股权制在运用的过程中是动态调整的,要不断地进行优化。在关键人的选择、分配方式和激励手段等方面,要依据企业具体的经营状况而变化。动态股权制不仅在股权上动态调整,其制度本身也在动态调整,在调整中达到企业发展的最优状态。

二、动态股权制的运作机理

动态股权制的股份类型有以下三种:国有股、国有法人股和自然人股。其中,自然人股又分为岗位股、风险股和贡献股。具体内容详见表5-1。

表5-1 动态股权制的主要股份类型

股份类型	说明内容	
国有股	有权代表国家投资的部门或机构,用国有资产向股份公司投资获取的股份。	
国有法人股	具有法人资格的国有企业、事业及其他单位以其依法占用的法人资产向独立于自己的股份公司出资形成或依法定程序取得的股份。它也是国有股权的一个组成部分。	
自然人股	自然人股可分为岗位股、风险股和贡献股三种形式。	
	岗位股	岗位股是从国有股中暂时划拨20%设置,岗位股的所有权在国家,但收益权归个人,既包括获得收益的负盈权,也包括承担亏损的负亏权。离岗后按配置时的货币值收归国家所有,并由企业转给新的上岗者。
	风险股	风险股,指按照与岗位股相等的额度用现金或货款购买,有多少岗位股必须购买多少风险股,风险股的所有权和收益权归个人。
	贡献股	贡献股,指企业从当年新增所有者权益中切出一部分,按贡献分配的股份,其所有权和收益权归个人。

李海舰(2001)指出,动态股权制的实施,通过让关键岗位人员持有岗位股、风险股,并按照工作业绩奖励贡献股,使占企业人数20%左右、以经营者为代表的"关键人"拥有相对较多的企业股份,促使企业股权结构趋于多元化和合理化。同时,"关键人"成为出资人,他们既经营自己的资产,也经营国家的资产,促使他们从个人利益出发,密切关注企业的发展,追求共有资产的保值增值,进而实现了国有资产经营的"人格化"。由此可见,动态股权制的制度设计,其基本指导思想是"从关心个人利益出发关心他人利益"。基于这种理念,通过在公有制企业中置入相当数量的个人资产,为使个人资产最大程度

增值，必须要使企业全部资产增值，从而实现"公有财产搭私有财产的便车""国家搭个人的便车"。

三、动态股权制的理论创新

李海舰（2001）在研究中提出了动态股权制的十大理论创新，具体内容如下。

（一）所有权与收益权相分离。动态股权制下的所有权与收益权分离是部分性和阶段性的，即将部分国有资产的终极所有权和盈亏分配权实行阶段性分离，作为岗位价值资本化的岗位股。需要指出的是，配置的岗位股一般只占国有资产的一部分，因分配制度创新以及企业净资产收益率的提高，国家股获取分红的股份比重，按照传统的观念表面上减少了一些，但国有资产最为关键的"收益量"非但不会减少，反而会不断增加，即从追求"收益权"转向追求"收益量"。在此情况下，岗位股的收益权和表决权都赋予了持股人，进而将原本国有股的表决权以适当的方式量化给了企业员工。同时，企业所有权与表决权的分离，提高了企业决策的效率。

（二）所有权与经营权相结合。国有企业存在的委托代理关系一直是学术界争议的焦点，为了解决这一问题，动态股权制下企业的员工，特别是管理人员（包含前文提到的关键人）成为企业的所有者和经营者。经营者与关键人既拥有公司的所有权，同样也担任着公司的管理职位。需要注意的是，经营者拥有的是部分所有权，企业的国有属性没有发生变化，只是部分所有权按照动态股权制的约定归经营者所有。经营者是部分所有权和经营权的相结合，这同样与现代企业管理的"所有权与经营权相分离"不相冲突。

（三）人力资本产权化。动态股权制充分考虑了人力资本在企业资本结构中的地位和作用，构建了让人力资本提高效率来促进物质资本提高效率的运行机制。一是设置岗位股，它是对个人价值的资本化；二是设置贡献股，它是人力资本产权化并享有企业"剩余索取权"的实现形式。动态股权制通过企业经营机制的改革来挖去人力资本的超额剩余价值，简单来说，就是最大可能地开发人的潜力，使员工最大限度地努力工作。因此，人力资本和物质资本在动态股权制的激励下进行有机结合，使普通员工努力成为优秀员工，优秀员工努力成为卓越员工,最大程度提升员工的能力。

(四)三位一体的分配制度。三位一体分配制度是指动态股权制下将三种分配方式进行结合。一是按基本劳动分配,劳动者作为一般劳动力,发给基本工资;二是按人力资本分配,劳动者作为人力资本,得到超过基本工资的收入,这部分收入可用于各种形式的积累和投资,它是通过岗位股、贡献股实现的;三是按物质资本分配,通过国有股、国有法人股和风险股来实现。三位一体的分配方式将传统的按劳分配进行补充,将普通职工从无产者变为有产者,使企业的员工拥有劳动者和所有者的双重身份。

(五)"以人为本"与"以利为本"的有机结合。动态股权制的以人为本体现在企业运用机制激励员工以提高员工的个人能力,以利为本体现在企业对于员工激励的结果最终体现在对于员工的现金奖励上。因此,动态股权本质上是实现"以人为本"提高人的主观能动性和实现"以利为本"提高员工的收入两个方面相结合。如果持有股份的关键人不努力工作,导致企业绩效下降甚至亏损,那么股份持有者的损失将首当其冲。由于企业的经营状况与关键人休戚与共,关键人就会尽可能地提高企业的效益,进而提升自己的回报。

(六)从"内部人控制"转向"内部人监督"。实行动态股权制后,持有企业较多股份的"关键人",对企业的情况比较了解,信息占有量大,出资人的利益驱动机制将促使他们加强对经营者以及相互之间的监督,积极参与企业管理,从而形成强有力的监督、制衡机制,进而将"内部人控制"转变成"内部人监督"。现代企业公司治理结构会有外部监督机制,但是外部监督者毕竟对企业的经营状况没有内部人了解得更加透彻。内部监督者(关键人)自身的回报与企业的经营状况息息相关,因此每个关键人为了自身的收益,也会及时发现公司在运营中产生的问题,并及时制止恶性事件的发生。

(七)四个"有分有合"。具体来说,一是所有权与经营权做到"有分有合",通常情况下所有权与经营权分离,对于经营者来说,部分所有权与经营权合一;二是所有权与收益权做到"有分有合",一般情况下所有权与收益权合一,对于激励对象来说,所有权与收益权分离;三是劳动与资本做到"有分有合",企业的出资人同时担任企业的员工,劳动与资本结合,但是如果该出资人离职,则出资人仍然享有股份,此时劳动与资本分离;四是岗位价值与个人价值做到"有分有合"，个人竞争上岗后可以拥有岗位股，个人价值与岗位价值合一。若员工不在其激励岗位，则不享有岗位价值，岗位价值与个人价值分离。

（八）全方位动态变化。一是岗位动态化，员工通过竞争上岗，实现全员聘用，一个周期调整一次。二是收益动态化，即岗位动态变化，股份动态变化，收益也动态变化。三是个人股权动态化，岗位不变的情况下每个员工的股份数也会根据个人情况发生变化。四是企业股权动态化，企业每个会计季度的产权结构发生动态变化，这种动态变化使得企业更加具有活力。

（九）激励、约束、竞争与监督四位一体。激励和竞争是动力，约束和监督是制衡。动态股权的相互制约，体现在对关键人的考评机制。如果关键人自身工作效率提升，收入自然会增加；关键人工作效率降低，股份自然会减少。企业内部形成了一种竞争和监督的机制，提高了企业绩效。

（十）逐渐引入新的资本。动态股权制增强了企业职工在新的企业管理体制和运行体制下的适应性，提高了企业经营的效率，员工个人持股比例增加，为企业创造更加科学优化的股权结构，更好地提高了国有资本的效率。

四、动态股权制的理论效用

（一）国有资产经营人格化

国有企业和国有控股企业存在第一大股东缺失的问题，这在公司治理上会造成一系列的隐患。珠海格力电器董事长董明珠在股东大会上不分红以及训斥股东的行为，以及宝能与万科之争的事件中，第一大股东华润集团在之前的控股中对万科董事长王石放任自流，都是因为国有企业或者国有控股企业存在第一大股东缺失的问题，从而造成了企业的经营危机。岗位股的引入，使得国有企业在经营的过程中产生了经营人，使得关键人既是企业股东，也是企业经营者。在实际的经营中，虽然企业的第一大股东仍是国家，但是企业广大职工也加入到了公司治理活动中，部分国有股转变成了更具活力的岗位股，这部分转化的国有股就被人格化了，可以具体地参与到公司治理活动中。

（二）加速发展混合所有制经济

由于风险股的引入，持有岗位股的关键人必须通过贷款或者缴纳现金的方式认购风险股,一定程度上,公司有了外部自然人资金的流入。随着动态股权制的推进,风险股占的比重将持续增加,这有利于推动混合所有制经济的发展。动态股权制的制度安排,从实践中探索出一条促进出资人资产特别是国有资产保值增值,发展混合所有制经济,建立以产权清晰、出资人到位、充分发挥关键人人力资本作用为主要特征的现代企业制度的新路子(孙楚寅,2001)。

(三)效率优化,兼顾公平

三位一体的分配方式与传统分配方式相比更加具有激励性和公平性。传统的按劳分配没有将实际的效果计算在内,三位一体的分配方式将劳动、物质资本和人力资本均纳入到收益的分配中。动态股权制将以管理者为首的关键人的个人能力和素质作为一种人力资本,通过对人力资本产权化来激发关键人的潜能。岗位股是关键人人力资本的体现,贡献股是人力资本以产权化的形式参与分享企业的收益。三位一体的分配方式提高了人力资本效率,并为引进更高质量的人力资本提供可能。

传统的以劳动时间和物质资本作为分配依据的分配方式,是国有企业效率低下的原因之一。三位一体的分配方式给努力工作的员工提供了一个自我价值提升的平台,让有能力、有干劲的优秀员工成为企业的主人,成为引领企业发展的带头人,有利于提升企业内部的公平性,实现员工投入与回报的统一。

(四)构建激励、约束、竞争和监督机制

动态股权制所构建的激励、约束、竞争和监督机制,使企业在发展过程中形成一个良性循环。通过设立自然人股来激励关键人努力工作,对关键人的工作绩效进行考评,防止出现占有股份而不经营的状况。岗位股的设立通过全员竞争的方式,采取竞争上岗,每年考评和轮换,在企业内部形成竞争的氛围,激发员工不断提升个人能力以谋求岗位股。关键人即便不在企业的高层管理岗位,对企业发展状况依然了如指掌,关键人和员工都会对自己和他人的工作过程进行监督,防止企业陷入危机之中。动态股权制的这一良性循环促进了企业可持续性发展。

五、动态股权制的实施效果

以襄樊车桥股份有限公司为例，在实行动态股权制两年后，该企业取得了良好的效益。

（一）增强了企业活力，促进了企业经济效益的明显提高。动态股权制把企业"关键人"和员工的个人利益与企业利益紧密地联系起来，促使他们千方百计地追求企业的发展和资产增值，为企业注入了强劲的生机与活力，取得了企业增效、国家增税的明显效果。

（二）提高了企业科技人员的地位和待遇，科技兴企的热潮形成。实施动态股权制，使绝大多数科技人员特别是没有职务的科技人员成为"关键人"，获得较大数额的岗位股和贡献股，科技人员的积极性和创造性空前高涨。

（三）转换了经营机制，促进了企业管理工作的全面加强。把实施动态股权制与学邯钢、东钢、亚星结合起来，使得科学管理与先进经验相结合，有力地促进了企业质量管理、成本管理、资金管理等各项管理水平的提高。

（四）市场开发成效显著，为企业长远发展奠定了坚实基础。动态股权制的实施，作为企业"关键人"的产品开发销售部门积极性得到极大提高，在两年的时间内连续开拓新市场9个，拓宽了产品使用范围，增强了企业产品在市场上的竞争力，取得了良好的经济效益。1999年，除东风汽车公司以外，其他市场的销售额实现同比翻番。

第二节　动态股权激励模型

动态股权制在实际运行过程中，由于岗位股、风险股和贡献股的设定比例，以及在关键人的选择上，主观因素多于客观因素，缺少客观的评价条件。基于此，郑玉刚和蔡根女于2005年提出动态股权激励模型，进一步细分为动态股权激励静态模型和动态股权激励动态模型。动态股权激励模型能较好地解决动态股权制在实施过程中遇到的一些问题。

一、动态股权激励静态模型

郑玉刚(2007)认为动态股权激励静态模型可以实现四个目标:一是按资分配与按绩分配紧密结合,让人永不懈怠;二是以促进员工可持续的业绩为导向,合理实现股权结构动态化;三是股权激励的事实唯贡献不唯岗位;四是有利于维护员工间的良性关系。

(一)模型计算

郑玉刚提出动态股权激励静态模型的分配计算公式如下内容。

1. 动态股权比例=〔(负责项目的净利润/公司所有项目的净利润-该员工的静态股权比例)×所做贡献的分配率+静态股权比例〕/全体员工动态股权比例之和。

2. 某员工应享有的净利润=公司净利润×该员工当年的动态股权比例。

其中,公司净利润=公司当年各项目的总净利润-当年发生的期间费用。

如果用 $R_n{'}$ 表示某员工动态股权比例,R_n 表示某员工静态股权比例,P_n 表示该员工当年负责项目的净利润,$\sum P_n$ 表示公司当年所有项目的净利润,$\sum R_n{'}$ 表示全体员工当年动态股权比例的总和,r 表示股东大会通过的当年贡献分配率,则动态股权比例 $R_n{'}$ 计算公式表达为:

$$R_n{'} = \left[(P_n / \sum P_n - R_n) \times r + R_n \right] / \sum R_n{'}$$

其中,$\sum R_n{'}$ 和 $\sum R_n$ 均为常数1,则 $R_n{'}$ 的计算公式表达为:

$$R_n{'} = (P_n / \sum P_n - R_n) \times r + R_n$$

【实例】甲乙两人合伙开公司,甲的股权比例为95%,乙的股权比例为5%。在乙的当年业绩 P_n 分别是0万、10万、50万、100万四种情况下,假设所有项目的净利润 $\sum P_n$ 为100万元,r经两人协商为30%,若按照上述公式进行计算,则乙、甲二人的动态分配比例为如下集合:(3.5%,96.5%),(6.5%,93.5%),(18.5%,81.5%),(33.5%,66.5%)。而此前不论何种情况,即无论乙和甲是否努力,他们的分配比例始终为(5%,95%)。

由此可知,如果股东之间只是简单按股份分配,明显是股份份额大者获益,对于做出杰出业绩但股份份额小的经营人员,则不能实现有效激励。由此产生的结果可能是大股东乐于"搭便车",没有激励,而作为经营者的小股东因其业绩不能充分与其分配挂钩,也没有激励,这便形成"三个和尚没水喝"的局面。但实行动态激励以后,作为经营者的一方尽管出资额小,但其利益仍可以得到较大保障,并且直接与其业绩挂钩,从而可以实现较大短期激励,这一强化效应还会对公司第二年的业绩产生积极影响。

下面我们再将二人的静态股权比例调整为(40%,60%),其他条件不变,则在以上假定的四种情况下,乙和甲的动态分配率又变为(28%,72%),(31%,69%),(43%,57%),(58%,42%)。与调整前相比,调整后的激励力度更有较大改善,"效率优先、兼顾公平"以及按资本分配的原则得以很好的体现。但关键是,在客观现实中经营者的股权份额并不可能实现"掠夺式"的剧烈增长,人力资本所有者和物质资本所有者能"温和的"双赢吗?以下论述将对此进行解答。

为了缩小经营者和所有者对合理股权配置认识的差距,在企业利润分配方面,可以构建经营者更高股权比例激励的自动转化机制,来缩小二者在此方面的分歧并使经营者对未来的期望发生改变而更能感受到公平。

原则上,公司当年实现的净利润皆应分配给员工,却因流动资金不足等原因只能分配部分利润的,未分配的部分也应留待以后年度再分配,以维护员工应享有的权益。值得一提的是,公司营运资金的来源应当是员工投入的资本金,而非应归属员工的利润,在会计上可以作为负债处理,应在规定时间里予以偿还,还可以将应分而未分的利润按面值转作员工股本,使其静态股权比例发生改变。

综上所述,若经营者业绩率上升(即 $P_n / \sum P_n > R_n$)时,静态股权比例上升;若业绩率下降($P_n / \sum P_n < R_n$)时,静态股权比例下降;若业绩率保持应有水平(R_n)不变时,则静态股权比例维持不变。这仿佛是一道"软约束",巧妙解决了经营者"温和夺权"的问题,有利于构建经营者长期激励机制,大股东还可通过调节利润转增比例来解决现金融通和防止股权过分震荡。

(二)模型讨论

第一,动态股权激励静态模型是对动态股权制的补充与完善,对于原有动态股权制所适用的部分国有企业自然是适用的。除此之外,对于民营企业、合伙企业和创业企业等均适用,包括事业单位的附属企业和虚拟股份制的企业。就激励对象来说,企业的高层管理人员、核心技术人员和关键岗位的业务人员都适用。

第二,动态股权激励静态模型将股份分红和员工股东业绩直接挂钩,将分配方式从传统的按资分配转化为按资分配与按绩效分配相结合的一种方式,兼顾了企业发展与个人成长的诉求,实现了短期利益和长期利益的统一。同时,该模型也适用于某一个项目中,在项目团队中激励关键人以达到项目工程的完成(宋晓东,2006)。

第三,动态股权激励静态模型在实施的过程中仍然存在着问题,比如管理层内部的造假行为,信息资源不对称导致监督制度无法正常发挥作用等。单纯解决了股权分配的问题并不一定会对企业的公平性具有显著的影响,有关动态股权激励静态模型的优化和改进有待进一步研究。

二、动态股权激励动态模型

由于互联网技术与商业模式的创新速度加快,企业面临着越来越多的不确定性,企业内外部环境发生着快速改变,此时,动态股权激励静态模型可能存在着不适于企业发展的情况。针对企业不同层级和岗位的人员分配,以及不同岗位之间的绩效考核指标该如何确定等问题,郑玉刚在静态模型的基础上建立了动态股权激励动态模型。

(一)模型计算

假设新员工参照岗位性质一定数量的股份 S_i,增资后再计算所有员工的变动。界定第一批入股的员工为老员工,其股份比例按照岗位性质分配,第二批入职以及以后入股的员工则认购与岗位相应的股份。第一批入股的员工以老员工代称,当年入股但是股份尚未转入下一年度的员工定义为新员工。假设最小的股份数均为 1 股,每股票面价值为 1 元。

当年人员增减变动对年末股权结构的影响模型。用 R_n'' 表示年末计算动态分配率前所有员工静态股权比例(年初股权比例),R_n 受当年人员增减变化影响而发生改变后的数值,该数值也即计算动态分配率时所有员工的股权计算基数。考虑到老员工中那些在年底分配前就已离开企业的人的影响,假定企业所有项目的净利润 $\sum P_n$ 为已经扣除了这部分的数值,故设 $R_{n老剩}{}''$ 为年底分配时仍在职且有权参与分配的老员工的股权计算基数,设 $R_{n新}{}''$ 为当年已入股但不是第一批且尚未转入下一年度的新股东的股权计算基数。这两个基数的计算公式,即我们要求的人员变动型股权影响模型。另设 S 为企业年初总股本,新员工入股的总增资额为 $S_2(\sum S_i)$,离开企业的老员工的减资额为 S_1,ΔS 为人员变动下股本的净增加额,提出计算公式如下。

$$\begin{cases} R_{n老剩}{}'' = \dfrac{S \times R_{n老剩}}{S + \sum S_i - S_1} = \dfrac{S \times R_{n老剩}}{S + \Delta S} \\[4mm] R_{n新}{}'' = R_{n新} = \dfrac{S_i}{S + \sum S_i - S_1} = \dfrac{S_i}{S + \Delta S} \end{cases}$$

在此基础上计算业绩加权对分配率的影响,依上仍设动态分配率(即动态股权比例)为 $R_n{}'$,设年底在职持股老员工的分配率为 $R_{n老剩}{}'$,新员工的分配率为 $R_{n新}{}'$,则得出以下公式。

$$\begin{cases} R_{n老剩}{}' = \left[\dfrac{P_{n老剩}}{\sum P_n} - R_{n老剩}{}''\right] \times r + R_{n老剩}{}'' \\[4mm] R_{n新}{}' = \left[\dfrac{P_{n新}}{\sum P_n} - R_{n新}{}''\right] \times r + R_{n新}{}'' \end{cases}$$

在动态股权激励模型下,某持股员工的实际分配所得等于年底该员工用业绩加权计算出的动态分配率 $R_n{}'$ 乘以公司可供分配的利润 W。

(二)对高管等特殊群体或个人实施区别管理的处理

实务中对高管常见的有奖励现金、股份或分配权等方式,有如下两种情况。

1. 高管等人参与动态股权

在高管等人参与动态股权的情况下,如同时还对其按净利润的一定比例实施现金奖励,则高管等人仍可继续参与全企业动态股权的无差异分配,但可供分配的利润基数已变成 $\sum P_n \times (1 - r')$,从 $\sum P_n$ 中按特殊奖励提取率 r'

拿出的部分 $\sum P_n \cdot r'$ 用于对其的现金奖励。如果不是对其奖励现金而是奖励股份 S_i'，则将会对当年年底实施未分配利润转增的股权计算基数 R_n'' 产生奖励型变动影响。若为奖励的股票期权本年度无影响，在行权期当年则参照上述处理（设其增资额为 S_i''）。若 S_i' 为一次性虚拟股份或期股，则将其划分单列，从可分配利润 W 中切出相应一块进行分配，不与动态股权分配混淆计算，但其每股平均分配额与动态股权模式下相同。当然，在此种情况下，将 S_i' 纳入动态分配进行计算也是可行的，若 S_i' 作为一种虚拟分红权可由员工在限额内出资购买，则将其计入公司利润并切块分配。比如，上年每股收益率为10%，分配权面值1000元，则出资额为100元。当年收益率上升，则员工得益；若不变，则正好收回所投资金；若下降，则员工就要蒙受损失。

因此，开放员工对虚拟分配权进行购买，将激励员工特别是技术水平较低的一般员工当年努力工作。企业可以在内部虚拟贷款给员工，作为员工购买分配权的部分出资，从而激励员工购买分配权，而且分配权激励可作为企业内部管理措施，不涉及企业股权结构的变革与调整，运行阻力较小（李海舰等，2001）。

按照 S_i' 为实股情况来分析股权变化。令 $\sum S_i' = S_3$，$\sum S_i'' = S_4$，$\Delta S = S_2 + S_3 + S_4 - S_1$，用 S_n' 表示个人因奖励性持股因素导致的股权变动，$S_n' = S_i' + S_i''$，则 R_n'' 的计算公式改变为：

$$\begin{cases} R_{n老剩}'' = \dfrac{S \times R_{n老剩} + S_i' + S_i''}{S + \sum S_i - S_1 + S_3 + S_4} = \dfrac{SR_{n老剩} + S_n'}{S + \Delta S} \\ R_{n新}'' = R_{n新} = \dfrac{S_i + S_i' + S_i''}{S + \sum S_i - S_1 + S_3 + S_4} = \dfrac{S_i + S_n'}{S + \Delta S} \end{cases}$$

2. 高管等人不参与动态股权

在高管等人不参与动态股权情况下，比如，高管等特殊群体或个人实行年薪制，或实行固定按股份分红制等其他薪酬激励方式，则在计算相应业绩总数和可分配利润总数 W 时，应将有关部分剔除，这对其他人员将不会造成影响。可见，动态股权激励模型的分配方式可以与其他激励分配方式有机结合，即使在同一激励主体身上同时采用，也可以并行不悖。这种机制既可以应用于企业全体人员，也可以应用于部分对象。既可以自成体系，也具有良好的兼容性，能够在企业已有的各种类型激励模式的基础上，对它们的激励效果作出再修正。并且使员工的收益更紧密地与个人和团体业绩相结合，从而形成一种比传统股权激励方式更为科学合理、有效的动态激励机制。

（三）企业层级和经营范围对实施动态股权激励模型的影响

我们将企业按规模和经营范围分成两种类型进行探讨。首先是规模小且业务相对狭窄的企业。由于盈利渠道单一，管理层级较少，可以某种效益指标比方说产品销售额作为指导全企业分配的关键性绩效指标，而不实行分层化管理。对于在采取销售团队以及技术小组等组织形式下集体实现的效益额，先按模型方法求出集体分配率和奖励额度，然后内部再按同样方法比照各自可量化的具体业绩计算出动态分配比例进行二次分配，即"模型套模型"的分配方式。对于技术团队中担任直接领导，但自身未直接实现业绩者可在其内部二次分配时统一按划定比例进行分成。比如，具体研发人员 90%，研发负责人 10%。另外，研发负责人应注重从技术人员中选拔，其本身应是本领域专家或过去在此方面曾取得突出业绩，熟悉本行业技术特点和工艺流程，擅长并有意愿从事技术开发管理。若研发负责人本身负责并亲自经办某项业务且取得规定业绩条件，也可以同时获得专业研发人员的技术开发收益。对于业务复杂、经营范围广、盈利渠道多且管理层级庞杂的大公司，在按动态股权激励模型进行分配时不妨采取分层管理。首先按一定权重系数在不同类型的部门间预先划定分配比例，同类型部门如产品销售的各个事业部可按本模型方法划定分配比例，然后各部门内部再按具体可量化的业绩标准进行动态分配。

（四）年底未分配利润转增股本后新股权比例 R^* 的生成模型

设可供股东分配的净利润为 W，可分配利润转股率为 t，当年转增股本利润数为 G，人员变动对总股本数量的影响为 $S_2 - S_1$，奖励性红股为 S_i'，若属行权期按优惠价出资购股的则设为 S_i''，同样令 $\sum S_i' = S_3$，$\sum S_i'' = S_4$，S_n' 表示个人因奖励性持股因素导致的股权变动，$S_n' = S_i' + S_i''$，$\Delta S = S_2 + S_3 + S_4 - S_1$。另已知公司年初总股本为 S 股，老员工离职减少 S_1 股，以及股票面值 1 元，其他条件同上，则：

$$
\begin{cases}
R_{n老剩}{}^* = \dfrac{S \times R_{n老剩} + G \times R_{n老剩}{}'}{S + \Delta S + G} \\[3mm]
R_{n新}{}^* = \dfrac{S_i + S_n{}' + G \times R_{n新}{}'}{S + \Delta S + G}
\end{cases}
$$

上述表达式分子中，$S \cdot R_{n老剩}$ 和 S_i 为老员工和新员工的静态股，$S_n{}'$ 为奖励股，$G \cdot R_n{}'$ 为转增股，$R_{n老剩}{}^*$ 和 $R_{n新}{}^*$ 即是下一年初的员工新股权比例 R_n，其中 $\sum R_n = 1$。

（五）奖励实股和人员变动对业绩的影响

奖励实股参与当年动态分配，对未获奖励实股但已做出明显贡献的员工来说，可能有欠公平。这将使其最终收益与所取得的业绩不能完全匹配，从而影响动态股权激励的效果。而对于那些更处于企业内部特殊阶层的人来说，业绩因素在动态分配方面也不能完全地与他们的收益挂钩，并且可能使得特殊利益阶层绕开业绩因素而通过其他途径（比方说政策垄断）获取自身利益，而这对于实现企业长远效益无疑是有害的。令 k 为业绩率，要使 $R_n{}^* > R_n{}''$，则：

$$
\begin{cases}
\dfrac{GR_n{}' + SR_n + S'}{nS + \Delta S + G} > R_n{}'' \\[3mm]
R_n{}' = (P_n / \sum P_n) \times r + R_n{}'' \times (1 - r) \\[3mm]
\quad = k \times r + R_n{}'' \times (1 - r)
\end{cases}
$$

逻辑表明，只有当员工的业绩率 k 大于环境变化后的新股权 $R_n{}''$ 时，转增后他的股权份额才会上升。并且转增前他的动态分配率 $R_n{}' = k \times r + R_n{}'' \times (1 - r)$ 意味着他将可能分得的收益不光取决于 k，而且有 $(1 - r)$ 的部分将取决于 $R_n{}''$，而这个 $R_n{}''$ 在决策层决定对特殊人才奖励实股并且纳入动态范畴分配时就已经贬值了，所以这一部分的收入无疑会少，这必然会影响积极性，减弱员工将取得的业绩与绩效结果相联系的期望。所以为避免特殊奖励带来的稀释效应，奖励股还是放在动态股权范畴之外分配为好。当然，如果奖励的是虚拟股份，则视情况将其纳入当年分配体系之中也可以单独切块分配。

第三节　动态股权激励理论的发展

一、动态股权制存在的问题

作为一种新型的现代企业制度,动态股权制的优势在于通过股份的增减来激励企业经营者,以实现企业绩效提升的效果,但是动态股权制在实际操作的过程中也存在不合理的地方。

(一)岗位股的设置问题

究竟什么样的岗位才是关键岗位?关键岗位应该设置多少的股份配额?这在动态股权制推行初期应该是最为棘手的问题之一。如果不需要激励的岗位设置了岗位股,需要激励的岗位反而没有设置岗位股,那么动态股权制的设定将成为经营层为自己设定的奖励方案。如果企业内部真正贡献的岗位没有被设置岗位股,或者岗位股的配额还不如一般行政岗位,那么这样的股权激励形同虚设,不仅不会对员工产生激励,相反还有可能增加部分员工的不满。除此之外,岗位股的设定要求是按照自由竞聘的方式在整个企业内部执行,但是国有企业领导人的选拔、考核与退出机制,可能并未受到动态股权制的影响。尤其对于级别更高的国有企业来说,企业的领导人与高管团队并不是通过企业内部选举产生,在这种情况下,动态股权制的推行势必会受到不小的影响。如果岗位股的设置不再精确到某个职位而是作用在某个部门,"搭便车"的情况将会再次发生。因此,岗位股的设定是动态股权制在推行过程有待进一步研究的问题。

(二)按股份分配的问题

如果公司按照股份比例来进行分配,那么广大非股东员工将不能享受动态股权制所带来的红利。虽然普通员工的行为会根据动态股权制的实施发生激励,普通员工想要成为股东的意向会加强,但是并非所有岗位都是核心岗位。例如后勤的岗位在实践中不是设置岗位股的岗位,但是后勤的工作确实是整个公司正常运营的基本条件。后勤工作人员如果长久在后勤部门工作,可能永远也不能享受到股份分红。普通员工争着去竞争拥有岗位股的岗位,而不再关心现在手头的工作,那么在岗位调整时,一定会出现岗位股职位竞争激烈,普通非岗位股职位几乎没有人竞争。这样的情况将更不利于企业的发展和员工之间的和谐。

除此以外,关键人之间的比例是否合理。比如,销售岗位是公司盈利的主要来源,而人力资源岗位并不能直接为企业带来盈利,财务岗位的工作繁忙且是企业的关键岗位,但是也不能直接为企业带来盈利,这些岗位在划分时应该设置多少的股份配额才是最科学的? 可能每个企业都不一样,并且每一个岗位都想要更高的股份配额。关键人之间如何设立科学的股份配额比例,也是需要进一步讨论的问题。

(三)股权变动依据不合理

股权变动时,关键人的股权是与企业总体的业绩挂钩。在出现经济大环境不景气的情况时,即便关键人再怎么努力的工作也不一定能达到公司的预期目标。这种情况下个人的努力程度与个人业绩脱钩,若以企业总体盈利状况进行奖惩,就不是很合理了。

二、动态股权制与动态股权激励模型的对比分析

针对动态股权制存在的问题,动态股权激励模型作了进一步的改进与完善。通过对动态股权制和动态股权激励模型的对比分析,二者差异主要存在三个方面,具体内容如下。

第一,动态股权制股权"动"的增减变化呈现出明显个体差异,表现为对关键人特别是经营者有利而对一般员工不利。在企业绩效始终优良前提下,经营者份额将稳步上升,攫取最大利润;而普通员工通常不具备获取贡献股的资格条件和政策优势,其份额将逐步下降,股权对收益的影响不断淡化,其积极性难以持续保证。动态股权激励模型将按资本和按绩效分配两种截然不同的激励方式集成在同一模型中,既克服了传统按资分配和动态股权制下采取贡献股调节的不足,又有着很强的可操作性。

第二,动态股权制是"静"中有"动",其股份结构有一部分(包括岗位股、风险股和每年追加后的贡献股、期权等)是固化的,是不动的,由于这部分比例很大且不断上升,即使引入贡献股这一"动"的因素,对于受奖的关键人而言其激励力度也越来越小,表现为动态股权制实行的越久,激励效果越弱。动态股权激励模型通过股东未分配利润的转增能自动使原股权结构发生动态变化,并且这一变化与个人当期业绩情况的升降是对应的(实际上是建立了隐性的退出机制),较之传统动态股权制能更好地实现股权的动态性和效率。

第三,动态股权制实施中,不同人力资本的个体尽管所拥有的股权份额相同,但在企业盈利中的贡献是差别很大的。虽然按"关键人"激励思路拉开了不同层级分配的差距,但对同一层级内部则缺乏实际效果,特别是对贡献的标准界定不清,贡献的归属认识不明,可能对贡献的奖励最终会出现较大偏差,影响实施效果。动态股权激励模型有较好的兼容性,对于非股份制企业可以实行虚拟股份形式,绩效可以通过货币性或非货币性来体现,既可以运用于整个企业,也可以运用于某一个部门或者某一个项目。

除此以外,动态股权制与动态股权激励模型在适用范围、激励对象、股权类型、分配方式以及优势与不足等方面,还存在着一定的差异,具体内容如表5-2所示。

表 5-2 动态股权制与动态股权激励模型的对比分析

	动态股权制	动态股权激励模型
适用范围	部分国有企业	部分国有企业、非营利组织、股份制企业、合伙企业、事业单位等
激励对象	管理者、核心岗位人员及企业职工	高层管理者、核心岗位人员及企业员工
股权类型	岗位股、风险股和贡献股	岗位股、风险股和贡献股
分配方式	劳动分配、人力资本分配、组织资本分配等三位一体方式	资本分配与绩效分配相结合
优势作用	深化国有企业改革,加速混合所有制经济的发展,注重公平,提高效率	解决动态股权制中存在的主观问题,将绩效和股份量化处理
有待改进	激励对象的设定具有主观化,股权设置的比例以及分配具有主观化,不具有广泛的可适性	应用效果缺乏大量的实证研究,有待进一步验证

三、动态股权激励理论的发展

关于动态股权制和动态股权激励模型的研究,均源于襄樊市动态股权制的改革实践,改革对象主要是国有企业。在对现有研究成果分析的基础上,本书以创业企业为研究对象,展开对动态股权激励理论的研究。

如何保持创业团队的持续成长,一直是创业实践者和理论研究者关注的焦点问题。从价值共创视角看,对内能够不断激励创业成员,减弱其在创业过程自身社会惰性带来的影响,避免团队工作中出现"搭便车"行为,促使创业成员拥有持续创造力的内在动力;对外能够融合创业所需资源,以弥补创业过程出现的资源短缺,使得创业企业拥有价值创造持续实现的动力源泉。那么,如何更好激励内部员工,如何融合所需创业资源呢? 动态股权激励机制为创业团队持续成长提供了方向和动力。因此,深入研究创业团队动态股权激励机制,对解决"动力不足"和"资源短缺"的"创业难"问题,实现创业团队的持续成长,以及对于创业研究本身与大众创业实践活动具有重要的理论价值和现实意义。

从股权激励的角度来研究,动态股权激励是股权激励的一种,与传统股权激励不同的是,动态股权激励对象拥有的股份并非固定不变,而是动态变化的。依据各自贡献度进行灵活调整,股权份额可上调也可下调,贡献度计算主要基于一个科学合理的考核体系。因此,在动态股权激励机制实施过程中,股东的选择标准、股东的进入/退出条件、股权调整份额、股权调整周期等都是动态变化的,主要体现以下两方面的内容。

第一,股东的进入与退出。对于企业而言,在经营发展过程中需要引进哪些类型的人才,应该设定人才选择的标准,比如,价值观的匹配和能力的匹配。同时,要确定哪些人员可以进入股权激励程序中,应当基于以下两个重要原则:一是企业价值实现的现实需要;二是股东贡献与股权收益要对等。对于企业价值实现的现实需要的原则,之所以将它放在第一位,是因为不论企业经营到哪种程度,都需要向社会或市场提供产品或服务,从而实现企业价值。在企业经营的不同阶段,企业价值实现需要不同类型股东的支持力度可能是不一样的,这不仅决定了股权调整的时间节点,也决定了在这个时间节点上哪些人可以进入或哪些人需要退出。

与之前的动态股权制不同的是,创业股东最好在企业内部担任职务,如果是以资金入股的方式进入企业,那么出资人不能参与到公司的实际经营中,但股东身份的退出要在协议中进行预先明确。也就是说,所有的创始股东均要各司其职，并且对每个创始股东都要进行考核。对于考核不通过或者业绩不达标的创始股东要降低其拥有的股份比例，而对于考核通过或者业绩超额完成的创始股东提高其拥有的股份比例，不管是降低的股份比例还是提高的股份比例，都要设定上限和下限。公司对于股东的进入和退出要有严格的要求和明确的规定，并且利用费用分摊法迫使"搭便车"的股东放弃股份。

普通员工在达到公司的要求后也可以成为公司股东。与动态股权制不同的是，普通员工以及核心岗位的员工成为股东的人数要远远多于初始股东的人数，让更多的优秀员工拥有公司股份，让真正为公司盈利的人成为公司的主人，让有能力有梦想的人与公司共同成长，是动态股权激励的目的所在。

第二，股权的动态调整。股东拥有的股权是动态变化的，主要从股权调整幅度和股权调整频率两方面进行调整。企业应当基于企业价值实现的现时需要及股东贡献与股权收益对等两个原则，结合现时股东的整体情况，与企业的考核体系相对应，依据股东贡献度的大小，对企业内部股东股份比例进行上调或下调。

动态股权调整的原理是依据每个人应该根据自己所在岗位做出与自己持股比例相符的贡献，比如，销售相关人员主要是对应的销售业绩，其他人员对应的是岗位职责。企业可以基于公司的经营特点，每个经营周期结束后，基本上依据企业财报审计完毕之后，再根据股东岗位职责履行情况，对企业内部股东的股权比例进行调整。此时企业需要明确企业内不同类型股东的不同调整方式，销售人员对销售业绩负责，其他人员对岗位职责负责。

对于传统股权激励来说，股权往往是不参与到考核活动的。与之相对的是，在动态股权激励中，公司股东的股份数会根据其贡献度的大小来进行动态调整。另外，公司平台的运营费用需要由股东进行分摊，对于持股比例持续下降的股东而言，其费用分摊将有可能造成其在公司入不敷出，甚至会不断减少其所占股份数，以转让给其他股东或新引进股东。

综上所述，动态股权是指依据公司章程和协议，为推进公司目标高效完成，在股权调整周期内，基于股东的贡献度进行股权的再分配，以达到激励和约束股东行为的一种股权动态设定。动态股权激励是指在合伙制企业中，将公司股份按照章程和协议的规定，有条件地分配给企业的经营者和核心岗位人员，在每一个股份调整周期对激励对象的贡献度进行考核，并对比所处岗位职责进行股份动态调整,形成具有激励、约束、竞争和监督的机制。对内能够激励创业成员,对外能够融合创业资源,实现企业的价值共创、合作共赢与利益共享,真正把企业打造成为可持续成长的共生性组织。

本书主要以创业企业或合伙企业为例,所构建的创业团队动态股权激励机制,具有较强的理论价值和应用价值。就股权的动态性来讲,股东的选择标准,股东的进入与退出设定,不同类型股东的考核方式,股权的调整频率和幅度等,这些具体的规定均体现了动态股权的动态性,该机制在案例企业的经营实践过程亦得到了长时间的验证。动态股权可以帮助创业团队构建良好的分配和考核机制,加强对于股东的管理,提高公司的运作效率。

第六章 动态股权激励模式

在现有动态股权激励理论研究的基础上,结合多家案例企业的跟踪调研与创业团队的自身特点,本章构建了创业团队动态股权激励"4+2"模式,对动态股权激励机制作了深入和系统性研究。具体内容包括:(1)股权存储体系;(2)股权分配体系;(3)股东考核体系;(4)股权调整体系;(5)股东进入退出机制;(6)平台费用分摊机制。该模式为企业动态股权激励的应用实践奠定了理论基础。

第一节 动态股权理论框架

对于企业组织股权激励体系而言,它应当是企业为了实现其市场价值而建立的、用于激励利益相关者参与其中并贡献资源的利益分享平台。因此,对于企业组织做出的股权激励策略而言,如何让公司股权激励"动"起来,而不是"静"下来,才是实现不同发展阶段的企业能够吸引并激励利益相关者投身到企业价值实现过程中来的工作重点。因此,本章构建了一个动态股权激励"4+2"模式,包括六个部分内容,如图6-1所示。

上述四个体系和两个机制在动态股权激励模式落地上主要是解决以下几个问题:

1. 股权池股份蓄存体系的确定。

2. 启动激励程序的时间间隔的确定。

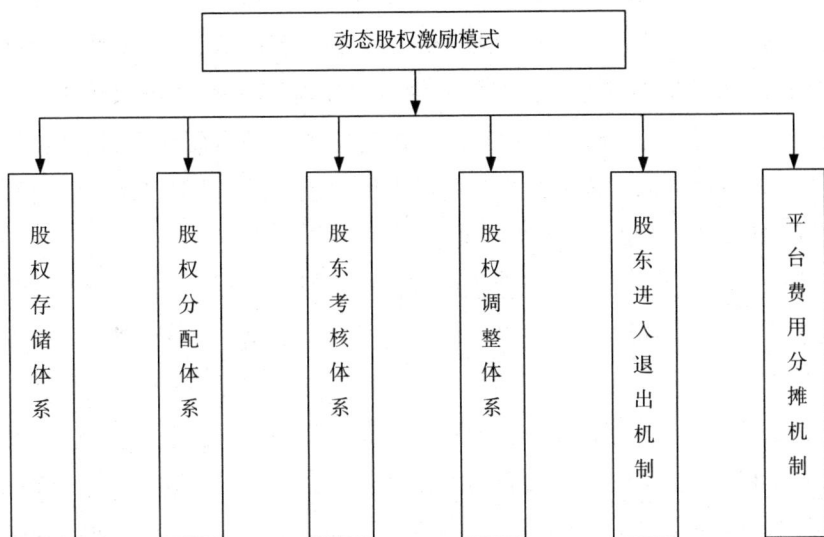

图 6-1　动态股权激励模式

3. 哪些人能够进入/需要退出激励程序?

4. 进入激励程序的人能获得多少股份权利,如何获得?

5. 激励对象的股份比例如何进行调整? 依据是什么?

6. 退出激励程序的人需要归还多少股份,如何归还?

7. 平台与创客之间的利益分配机制如何设定?

为了避免上述问题解决执行过程中所引起的矛盾和纠纷,对于推动动态股权激励落地的组织及个人而言,首先需要在企业高层领导、大股东间达成对动态股权激励理念的共识,这个共识蕴含以下两个方面的重要内容。第一,这个共识应当是企业拥有大部分股权的高层管理人员和股东通过公平、公正、公开的讨论后达成;第二,这个共识应该是在国家公司法中关于股份权利的条文框架下达成。上述第一点之所以重要,是因为无论在任何时候股权池中待分配的股权都需要现有股东们拿出——直接通过将自己的股份缩减而增加股权池中的股份,或者将自己的股权份额通过增发稀释而增加股权池中的股份,另外动态股权激励的实施也需要这些人参与执行。上述内容第二点的重要作用在于,要保证公司创始人对公司的控制权。因为任何公司股权激励的约定都

107

不应该对创始人在公司中绝对的战略决策权形成挑战,这不仅是为了保证控股股东的权力,也是为了保护企业的利益。公司控制权的丢失致使公司创始人无法再依据自己的愿景将公司做大做强的教训,在一号店股权转让上表现得尤为明显,一号店创始人于刚和刘峻岭为缓解一号店面临的资金困局,于2010年以8000万的对价出让80%的股权给平安,随后平安将这部分股权让渡给沃尔玛,最终导致两人双双离职。

由于企业为了发展而使企业控制权出现变动或者受到威胁,最终导致企业发展受挫的案例很多,即使控股股东在公司中没有绝对的控制权,即使不会像一号店一样失去对企业的控制权而失去企业,但是也会由于在企业重大决策时无法避免不同声音的干扰而使最终决策无法出台,这对企业后续发展的伤害也会很大。比如2007年,真功夫在引入"今日资本(香港)""中山联动"两家知名风险投资基金(各占股3%)后,公司进行重组。重组完成后股权结构为:潘宇海与蔡达标分别持股41.74%,双种子公司持股10.52%,"今日资本(香港)"与"中山联动"各持股3%。其中,双种子公司一直由潘宇海主持工作并担任法定代表人从未变更过(潘宇海与蔡达标各持有双种子公司50%股份)。从个人持股情况看,潘宇海与蔡达标股份相同,但从实际控制的股权数量看,潘宇海直接控制52.26%股份,蔡达标实际控制41.74%股份。其后,蔡达标作为真功夫的董事长通过一系列不合适甚至违法的手段使真功夫的发展无法有效开展,直到蔡达标锒铛入狱。

因此,不论哪种股权比例安排,企业都应当对核心创始人及股权激励变革的推动者从股权或制度上加以保护,保证他们拥有企业的绝对控制权。在进行股权激励程序实施之前,激励推动者应当知晓以下的股权比例及相应的权力。比如,有以下几个关键股权比例:(1)67%的股权比例对企业有绝对控制权;(2)51%的股权比例对企业有相对控制权;(3)34%的股权比例对企业有重大事件一票否决权;(4)20%的股权比例对企业有界定同业竞争权力;(5)10%的股权比例对企业有可以申请解散公司权力。当然,对于企业的控股股东来说,如果股份比例在绝对数上无法超过50%,也可以采取类似于阿里巴巴或英国当年国企改革的经验——黄金股制度,黄金股的权利主要体现在否决权上,而不是受益权或其他表决权上。黄金股通常只有一股,几乎没有实际经济价值,但是在保证企业创始人的控股股东地位上起着很重要的作用。

当拟实施股权激励的企业内部完成以上两条共识约定后,其要做的第二个重点工作就是对企业的股东进行类型划分。这是因为在动态股权激励整体框架内,不论是存储体系、分配体系、考核体系、调整体系,还是股东的进入退出机制、平台分摊机制过程,它们都是紧紧围绕企业的股东类型展开的。企业应遵循企业价值实现的现实需要和收益与贡献对等的两个原则,来确定股东的类型及对他们进行激励性股权的分配。

对于会给企业带来贡献的潜在的股东群体来讲,它们的贡献应该有两个维度,即时间节点上的贡献与资源异质性的贡献(见图6-2)。尽管追逐利润是企业的重要目标,但是,我们不应忽略那些在企业发展过程中对企业忠心耿耿、尽职尽责、没有功劳也有苦劳的员工,他们是企业正常运作的保证。这些员工一般能够很好地保证在自己的职能性岗位上尽职尽责地完成工作,对于这些元老级别的员工,企业有可能无法单纯用业绩来考核,因此,企业需要将这些员工的工作时间年限纳入股权激励机制中来,这部分股权激励主要是为了激发员工对企业的情感依赖。

(1)依据进入公司的时间节点划分

入职时间的长短意味着相关人员对公司的贡献存在着差异。先进入企业的员工的贡献权重要比后进入员工的大,这也就意味着在他们对企业贡献同期同等经济利益的情况下,优先考虑先进入企业的员工进入激励程序,而这种激励往往是以身股的形式出现——人在股权在,人去股权无。依据时间节点进行的股权激励,给予的股权比例不应太多,因为股权激励的重点在于实现企业价值的高效增值,而企业的高效成长需要企业的核心股东来推动。因为职位工作时间无法给企业带来最根本性的利润收益,而对于企业而言,那些能够给企业带来利润的资源型股东才是股权激励的目标。那么,哪些股东才属于企业的核心呢?这就需要依据这些股东个人所持有的资源,对企业的价值实现的重要性和现时的资源贡献性上来作进一步分析。

(2)依据资源的异质性程度划分

不同个体所具有的异质性资源会给企业带来不同的利益。在不同的市场环境下,不同类型的企业会因为自身的特点而对不同的资源产生不同程度的

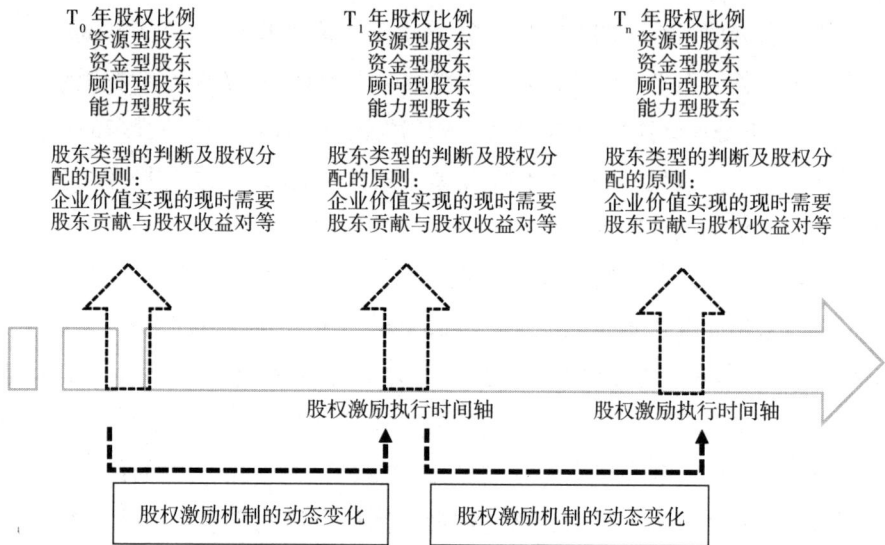

T0 年股权比例
资源型股东
资金型股东
顾问型股东
能力型股东

股东类型的判断及股权分配的原则:
企业价值实现的现时需要
股东贡献与股权收益对等

T1 年股权比例
资源型股东
资金型股东
顾问型股东
能力型股东

股东类型的判断及股权分配的原则:
企业价值实现的现时需要
股东贡献与股权收益对等

Tn 年股权比例
资源型股东
资金型股东
顾问型股东
能力型股东

股东类型的判断及股权分配的原则:
企业价值实现的现时需要
股东贡献与股权收益对等

股权激励执行时间轴　　　　股权激励执行时间轴

股权激励机制的动态变化　　　股权激励机制的动态变化

图6-2　股权分配机制的整体性框架

依赖性。比如,高新技术型企业会更在意专业性的创新人才的获取,资本密集型企业更在意能够提供低成本货币资本的人员或组织,提供咨询服务或提供企业整体运营解决方案的企业则更在意那些经验、专业知识丰富的人才,而生产性企业则更看重懂得生产运营管理及营销性人才。总之,企业往往会基于自身的特点而形成不同的资源观,企业可以基于自身的需要来对不同的人才的重要性而赋予他们不同的激励权重。

资源型股东拥有市场、社会网络、专利技术等异质性资源,这些资源往往是与某些特定的人员绑定的,无法通过市场交易获得。

资金型股东拥有企业发展过程中所需要的货币资金,这种类型的股东所持有的资源对于特定的企业或特定的企业发展时期具有重要作用。但是一旦企业发展步入正轨,资金的需求有可能就没有那么强烈,企业完全可以通过银行来取得资金的支持,此时,资金型的股东可能无法有效地参与到企业的生产和运营中。

顾问型股东,作为提供技术、管理、政府政策支持的专家,以参谋为主,着重解决企业生产运营过程中的相关技术、管理、合规性问题,主动或被动地为企业提供建议。

能力型股东，主要是指企业的员工，全程参与到企业的生产经营过程中，他们拥有企业经营所需要的实践能力，比如生产运营管理、市场营销、办公室管理等。依据企业价值实现的现时需要程度（员工能力）及员工贡献程度（工作意愿）来进行如下划分，包括高能力高贡献、高能力低贡献、低能力高贡献、低能力低贡献等类型。

当企业达成股权激励的共识，并确定好可以进行股权激励的股东类型后，便可建立起与现时企业经营状态相符的股权激励体系。以下将从股权存储、股权分配、股东考核和股权调整等四个体系，以及股东进入退出、平台费用分摊等两个机制展开阐述，并加以说明。

第二节　股权存储体系

企业实施动态股权激励的一个关键点在于在股权激励是动态的，而企业股份每股的价值也是动态变化的，这种动态变化会让每个现时的股东和潜在的股权激励对象都能够感知到公司的发展状态（好或差），进而达到动态激励的目的。对于企业而言，在形成股权激励的共识、确定股东类型之后，紧跟着应当考虑的问题是，激励股权池容量如何确定及股份如何注入和分配，企业应当着重于以下两个方面的工作。

一方面，企业应当建立一个以股权激励为主要目标的股权池。一般情况下，这个股权池在企业需要进行股权激励时，是要有股权存在的，这需要企业通过成文的股份存储机制来确保企业股权池中股权的存在。对于那些比较成熟的企业，他们的股权结构已经较为完善，股权比例相对稳定，因此，这些企业能够拿出来用于激励新进股东的股份数量相对较少。此时，企业往往会通过回购股票，以短暂项目为股权激励标的（跟投制），以及基于企业发展而对所有股东增发股票等形式来保证股权池内有足够的激励股权。对于那些正处于发展初期的企业，由于企业各方面的资源都较为稀缺且股权结构比例相对松散。因此，在保证实控人对企业的控制权安全的情况下，企业可以拿出30%—50%的股份来激励那些现有的和吸引潜在的资源拥有者进入激励程序,为企业的发展壮大贡献力量,但是这需要在公司章程或相关契约中形成条款进行明确。

另一方面,由于某个时期股权池中的股份数量是绝对的,随着企业的发展壮大,不同的企业发展阶段(阶段周期 T_0 到 T_1 的时间间隔为 2 到 3 年),企业都会评估现有资源对企业的价值实现需要和价值贡献程度。此后,企业会需要引入某些资源拥有者,也需要一些资源拥有者逐渐退出,这需要企业为了维持股权池中有足够的股权用于激励,要不断地对现时的股权进行等比例稀释,即使现有的股权池中的股份数量足够得多,也无法有效满足未来随着企业发展引入越来越多的激励对象的需要。同时,通过对现有股东的贡献度进行评估,以确定现有股东股权比例的增减。因此,基于企业发展的考虑,企业一定要形成某种股权存储分配的制度,如企业可以通过股东退出、资本公积转股份,或者通过增发股份的形式来保证股权池中股票的数量,但是应当有合适的制度安排让现有的股东在贡献股份到股权池中时,保证给予他们对等股份市值对价(溢价或折价),这样一来企业的股权池中永远都有股票可以分配给企业现时需要、能够贡献价值的股东,这不仅有利于企业的控制权不会因为稀释而变得不明确,也有利于股权池中有足够的股份用于对未来进入激励程序的个体进行股权激励。

第三节　股权分配体系

对于以进入公司的时间节点划分的员工,企业可以依据员工入职年限在 1—5 年、5—10 年、11 年以上范围内的,可以给予适当比例(比如 0.1%、0.2%、0.3%等)的股权激励。对于以所具有资源的异质性程度划分的股东,具体可以采取以下几种策略来进行激励股权的分配。

对于资源型股东,由于此类股东所拥有的资源对于企业经营期间来讲具有非连续节点(非期间)实用性,比如,企业在某一个阶段需要针对性地解决企业经营过程中的管理问题、市场问题、技术性的问题,此时这些股东发挥的作用是最大的。但是这种节点过去之后,企业会回归正常,这些股东此时的贡献度就会下降。因此,此类型的股东可以分到低的贡献收益对等、高的价值实现需要那一类型,对于此类股东,企业可以为他们设置类似于独立董事的职位,给予一定的股权比例,但是股权比例不宜太高。针对他们的节点上的资源贡献,可以采取一事一议或者基于具体贡献加以货币奖励。也可以基于股东所拥有的异质性资源特点,采用给予股东固定岗位工资加少量股权的激励方式,其中的股权份额不宜太多。由于这些异质资源具有使用的非经常性,企业可以采取一事一议的办法来对这些异质性资源在偶然性事件中的贡献进行评估,通过直接现金激励的方式来回报异质性资源的贡献。如某个资源型股东拥有企业所需要的某个专利技术,在激烈的竞争环境中,这个专利技术能够在某一个时期帮助企业获得高额的利润,那么企业可以基于专利技术的作用期来给这个类型的股东对等的现金回报,而股权的分配比例是为了让这种类型的股东投入更多的精力来为企业开发出更有竞争力的专利技术。当然,在某种情况下,企业需要某种法律或政策性的资源来帮助企业度过某些非常时期,而企业也可以对这种法律或政策性的资源,与那些具有一定存续期的专利技术一样,采取固定岗位工资加少量股权的激励方式,他们所应该分配的股权是对企业有重大影响的股权比例。但是拥有这些资源的人员更多的是涉入企业战略管理过程,最终控制权和决策权还应在公司的控股股东手中,因而10%—20%是一个合适的股权激励范围,也即这些人有参与公司重大战略事项决策的权力,但不应具有最终拍板的决策权力。

对于资金型股东,由于资金型股东一般情况下是指那些控制大量货币资金(直接持有或间接持有)的股东,货币资金的市场价格较为透明,但是由于企业自身的原因无法完全通过市场来获得资金,这就需要企业引入这种类型的股东。企业可以依据企业现时的市场价值及企业的资金缺口来与资金型股东达成股权分配比例的约定,但是这种约定不应以失去控股股东的控制地位为代价。同时,由于很多时候对于企业价值实现的现时需要程度来讲,资金型股东的贡献作用具有一定的周期性,并且这个周期相对于其他类型的股东都要短。所以,当企业在引入资金型股东,分配给他们一定比例的股权之初,就应当订立不同于资源、顾问及能力型股东的股权分配制度之外的约定,也即在约定条文中应当明确这些股东的作用及其股权持有的时间。当企业给这些股东的回报达到了市场获得资金的成本时,当然更多的时候是比较大的资金价值溢出,此时就是这种类型的股东退出之时。

对于顾问型股东,由于顾问型股东能够依据其所掌握的专业管理知识(财务、市场营销、金融、生产运营等)持续地为企业成长提供管理建议,但这些建议只能通过企业管理者才能转化为实践行为。与现在上市公司的独立董事类似,顾问型股东不能够参与企业直接经营管理过程。因此企业可以对顾问型股东采取固定岗位工资加少量股权的激励方式,其中少量股权的激励亦是为了促使这些股东对企业忠诚度的激励。

对于能力型股东,这些股东全部是活跃在企业日常经营一线的员工,尽管以往我们一再强调资本对于劳动的雇佣,但是近年来,人力资本逐渐成为一个重要的生产要素,大有盖过货币和物质资本的趋势。因此有理由相信合理的激励措施不仅有利于员工人力资本的有效提升,同时也是企业有效获得人力资本收益的一种重要途径。对于能力型股东的动态股权激励,可以基于员工贡献业绩能力的大小来作为股权分配权重的主要依据,其中企业应将大部分股权授予那些能够给企业带来直接经济利益,决定企业未来竞争力和发展的员工。而对于那些不能通过直接业绩来衡量其贡献度的员工,则可以通过岗位工资加少量与岗位绑定的股权激励的方法,这其中的股权激励则是对辅助职能岗位上的员工忠诚度的激励。

企业可以基于员工贡献的可测量性,对他们采取不同的股权激励措施,对于不同类型的员工企业可以采取不同的办法进行激励。对于高能力的员工,不论他的贡献程度如何,基于企业价值实现现实需要的原则,他们都是企业的重要资源,是企业在市场竞争中的中流砥柱,对于这些员工,企业通过累进股权授予(将股权授予比例逐年递增)的方式来增强这些员工的贡献价值意愿。由于他们是能够给企业带来价值实现的重要资源,同时他们的贡献亦是可测量的,他们具有企业全程性价值实现的能力,他们的绩效亦是可以测量的,所以企业可以对这部分员工加大股权激励的力度,在不影响企业控股股东的权力的情况下,股权比例尽量向他们倾斜。这样做既增强了高贡献价值员工的忠诚度,也绑定了那些低贡献价值员工,提高其贡献价值的意愿。但是,这并不意味着高贡献意愿的员工与那些低工作意愿的员工之间没有差异,对于那些高能力高贡献的员工,企业应当将之纳入公司决策高层,不仅给予股权激励,还给予管理权力激励。

　　总之,对于企业高能力型的员工,通过股权激励的方式将他们与企业的战车紧紧地绑在一起,不仅要让他们能够分享大部分企业成长的好处,还要让这些员工基于个人的利益为企业努力工作。对于那些具体职能性岗位上的员工,他们主要是为实现企业价值过程提供服务保障,如人力资源、行政管理、财务管理等,他们更多涉及对企业的日常经营的支持。对于此类型的员工,企业可以采取因职设置股权的激励措施,即根据不同岗位的重要程度,企业给予不同固定的股权分配,这些股权因岗而设,人动岗不动,岗在股权在。而对于那些能够参与到一线,能力很强的员工,企业可以通过"岗位股权"激励的办法来激励他们。并且他们的股权份额是要由公司高层集体评估之后决定,对他们岗位工作的考核评估每一年都要进行,股权的比例可以在考核之后进行调整。其中对于高贡献意愿的员工,"岗位股权"激励的办法有利于他们保证对企业的忠诚,而且也有利于他们努力为企业贡献效益。

　　对于达到可以进入企业股权激励的员工,企业应当建立具有稳定状态的操作程序,也即个体一旦进入激励程序,就会有一个短暂的讨论、考察、接触、执行过程,而此过程应当是公开透明的,给任何有所作为的员工们的股权预期是一致的、明确的、长久的。针对不同类型的员工,应当基于企业的需要和员工对企业的贡献度来设定相应的股权比例,同时,企业应当确定不同类型股东的股权分配及赎回体系。企业回购股票的对象包括中间退出的股东、将增发股票变现的股东等任何可以让企业持续性地赎买股票的股东,这其中不论是退出,抑或是企业对增发股票的赎买都需要企业现有的股东达成共识(见图6-3)。

　　对企业内部的员工进行股权比例确定时,可以采取海氏评估法来对拟进行股权激励的岗位加以评估。海氏评估法是美国工资设计专家 Hay 在 1951年开发出来的,实质上是一种评分法,认为所有职位所包含的付酬因素可以被抽象为三种具有普遍适用性的因素,即知识水平技能技巧、解决问题能力和承担职务的责任。每一个评价因素又分别由数量不等的子因素构成。它通过三个方面对岗位的价值进行评估,并且通过较为正确的分值计算确定岗位的等级。海氏评估法具体内容如下。

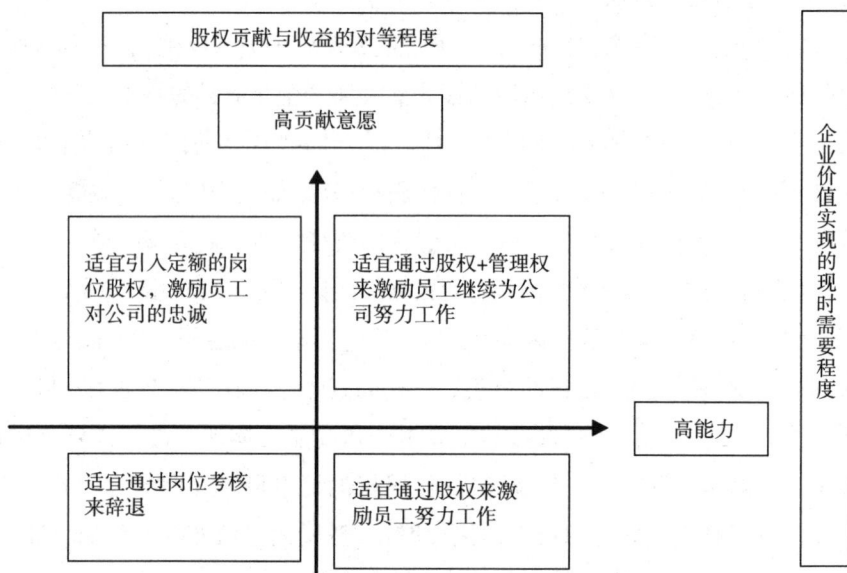

图 6-3　对能力型股东的激励

一、知识水平和技能技巧

知识水平和技能技巧是知识和技能的总称,它由三个子因素构成,即专业知识技能、管理技巧和人际关系技巧。

(一)专业知识技能

专业知识技能是指要使工作效率达到可接受的水平所需的专门业务知识及其相应的实际运作技能的总和。专业知识技能评价的等级划分及其说明,如表 6-1 所示。

表 6-1　专业知识技能评价的等级划分及其说明

等级	说明
A. 基本业务水平	熟悉简单工作程序,达到基本的工作规则要求与工作训练。
B. 初等业务水平	能同时操作多种简单的设备以完成一个工作流程。
C. 中等业务水平	对一些基本的方法和工艺熟练,需具有使用专业设备的能力。

等级	说明
D. 高等业务水平	能应用较为复杂的流程和系统,此系统需要应用一些技术知识(非理论性的)。
E. 基本专门技术	对涉及不同活动的实践所涉及的相关技术有相当的理解,或者对科学的理论和原则有基本的了解。
F. 熟悉专门技术	通过对某一领域的深入实践而具有相关知识,或者/并且掌握了科学理论。
G. 精通专门技术	精通理论、原则和综合技术。
H. 权威专门技术	在综合技术领域成为公认的专家。

注:技术型岗位由 E 等起评。

(二)管理技巧

管理技巧是指在经营、辅助和直接管理领域中,协调涉及各种管理情境的各种职能,并使之一体化的技巧。

评价关键:一是所需管理能力与技巧的范围(广度);二是所需管理能力与技巧的水平(深度)。管理技巧评价的等级划分及其说明,如表6-2 所示。

表6-2　管理技巧评价的等级划分及其说明

等级	说明
A. 起码的	仅关注活动的内容和目的,而不关心对其他活动的影响。
B. 相关的	决定部门各种活动的方向、活动涉及几个部门的协调等。
C. 多样的	决定一个大部门的方向或对组织的表现有法定的影响。
D. 广博的	决定一个主要部门的方向,或对组织的规划、运作有战略性的影响。
E. 全面的	对组织进行全面管理。

(三)人际关系技巧

人际关系技巧是指该职位所需要的激励、沟通、协调、培养和关系处理等方面的活动技巧。

评价关键:根据所管辖人员多少,同事以及上、下属的素质、要求,交往接触的时间和效率等诸多方面来综合评判。人际关系技巧评价的等级划分及其说明,如表6-3所示。

表6-3　人际关系技巧评价的等级划分及其说明

等级	说明
A. 基本的	在组织内与其他员工进行礼貌和有效的沟通,以获取信息和澄清疑问。
B. 重要的	既要理解他人的观点,也要有说服力以影响他人的行为、改变他人的观点或处境。
C. 关键的	对于理解和激励人的岗位,需要最高级的沟通能力。需要谈判技巧的岗位的沟通技巧也属此等级。

二、解决问题的能力

解决问题的能力由两个子因素构成。即思维环境和思维难度。

(一)思维环境

评价关键:遇到问题时,任职者是否可向他人请教,或从过去的案例中获得指导。思维环境评价的等级划分及其说明,如表6-4所示。

表6-4　思维环境评价的等级划分及其说明

等级	说明
A. 高度常规性的	有非常详细和精确的法规和规定作指导并可获得不断的协助。
B. 常规性的	有非常详细的标准规定并可立即获得协助。
C. 半常规性的	有较明确定义的复杂流程,有很多的先例可参考,并可获得适当的协助。
D. 标准化的	有清晰但较为复杂的流程,有较多的先例可参考,可获得协助。
E. 明确规定的	有明确规定的框架。
F. 广泛规定的	有广泛规定的框架,某些方面有些模糊、抽象。
G. 一般规定的	为达成组织目标和目的,在概念、原则和一般规定的原则下思考,有很多模糊、抽象的概念。
H. 抽象规定的	仅依据商业原则、自然法则和政府法规进行思考。

(二)思维难度

评价关键:指工作中遇到问题的频率和难度所造成的思维的复杂程度。

思维难度评价的等级划分及其说明,如表6-5所示。

表6-5　思维难度评价的等级划分及其说明

等级	说明
A. 重复性的	特定的情形仅需对熟悉的事情作简单的选择。
B. 模式化的	相似的情形仅需对熟悉的事情进行鉴别性选择。
C. 中间型的	不同的情形,需要在熟悉的领域内寻找方案。
D. 适应性的	变化的情形要求分析、理解、评估和构建方案。
E. 无先例的	新奇的或不重复的情形,要求创新理念和富有创意的解决方案。

三、承担的职务责任

(一)行动的自由度

行动的自由度是指该职位能在多大程度上对其工作进行个性的指导与控制。

评价关键:该职位受到流程制度和上级领导管理制度的影响,职位越高,自由度越大。行动的自由度评价的等级划分及其说明,如表6-6所示。

表6-6　行动的自由度评价的等级划分及其说明

等级	说明
A. 有规定的	有明确工作规程或者有固定的人督导。
B. 受控制的	有直接和详细的工作指示或者有严密的督导。
C. 标准化的	有工作规定并已建立了工作程序,并受严密的督导。
D. 一般性规范的	全部或部分有标准的流程、一般工作指示和督导。
E. 有指导的	全部或者有部分先例可依或者有明确规定的政策,也可获督导。
F. 方向性指导的	有相关的政策,但没有具体描述,需决定其活动范围和管理方向。
G. 广泛性指引的	有粗放的政策和目标,多为抽象的、概念性的描述。
H. 战略性指引的	有组织政策的指导,法律和社会限制,组织的委托。
I. 仅有一般性指引	仅有商业原则、自然法则和政策法规做指引。

(二)职位职责

职位职责是指该职位任职人员所承担的责任大小。考虑任职人员一旦出现工作失误,可能会给企业造成怎样的损失,侧重于岗位层级的纵向比较,层级越高,责任越大。

评价关键:在该岗位出现失误或犯了错误后,对公司带来的损失有多大。职位职责评价的等级划分及其说明,如表6-7所示。

表6-7　职位职责评价的等级划分及其说明

等级	说明
A. 微小	为其他部门的工作提供有限服务,一旦工作出现失误,会给其他部门的工作带来不便。
B. 略有	对实现企业的发展战略提供支持性服务。一旦工作出现失误,会造成其他部门工作效率的降低。
C. 中等	对实现企业的发展战略起到重要作用。一旦工作出现失误,会造成战略执行的偏差,或管理成本的陡增,或业务收入锐减,或重要客户资源丢失,或造成其他重大风险。
D. 巨大	制定企业的发展战略,位于企业的决策层。一旦工作出现失误,会给整个企业的发展造成重大经济损失。

(三)职务对结果的影响

说明职位对工作结果的影响是直接的还是间接的,侧重于职务类型的横向比较。

评价关键:公司出现问题,该岗位是起到直接作用还是间接作用。岗位影响评价的等级划分及其说明,如表6-8所示。

表6-8　岗位影响评价的等级划分及其说明

等级		说明
间接	A. 后勤	这些岗位因向其他岗位提供服务或者信息而对结果产生作用。
	B. 辅助	这些岗位因为向其他岗位提供重要的支持服务而对结果有影响。
直接	C. 分摊	此岗位对结果有明显的作用。
	D. 主要	此岗位对结果有直接影响和控制结果。

四、岗位评价因素权重分配

由于在现实中不同岗位对三个维度的要求程度不同,即知识水平和技能技巧、解决问题的能力、承担职务的责任对一个岗位成功的影响不一。因此需要对岗位评价因素进行权重分配,以此来完善评价结果。

一般评价因素的权重可以分为三种类型:

1. 承担的职务责任比知识水平技能技巧和解决问题能力重要。如公司副总裁、销售经理、负责生产的厂长等。

2. 承担的职务责任与知识水平技能技巧和解决问题能力并重。如会计等职能岗位。

3. 承担的职务责任不及知识技能和解决问题能力重要。如科研开发、市场分析等岗位。

基于上述的海氏评估法,企业可以有效确定企业内部拟实施股权激励的人员及其股权比例。

第四节　股东考核体系

价值贡献程度及企业价值实现需要程度不同的股东,对他们的考核也会有不同,企业可以基于企业价值实现的现时需要及资源贡献与股权收益的对等程度来作为持有股权股东的考核标准,并在此基础上加以细化和契约化。所以,企业应当对所引入的股东进行分类,将股东分为不需要考核的股东和需要进行考核的股东,同时,将需要考核的股东分为一事一议型考核、业绩型考核、海氏评估法考核等类型的股东。

首先,对于资金型股东,由于股东并不一定参与到企业的运营过程中,因此,正如之前所说的此类型股东在引入时就应当确定它们退出的时间点,此类股东是不需要进行考核的。

其次,对于那些具有异质性资源的股东(占有市场、社会网络、专利技术的个体)与顾问型股东(提供技术、管理、政府政策支持的个体),不论是市场、技术资源还是管理支持的服务,它们均具有时效性,如可能会出现市场消失、技术过时、管理失效、服务失误等。企业无法对这股东使用长时间连续的绩效考核，同时，这些股东的股权比例不会也不宜太大。因此，对这些股东最有效的考核办法就是，采取基于某个时间点的贡献进行一事一议的评估和现金奖励的方式。

最后，对于业绩容易测量的股权激励对象，可以直接使用业绩任务来加以考核。当然，市场是动态变化的，企业在使用业绩任务来对这些股东考察的同时，还应当将市场因素纳入进来，如果没有系统性的市场风险作为参照指标，那么就依据业绩任务的完成程度来对这些股东进行考核。具体来说，对于那些能力型股东，如果是以开拓市场为主的员工型股东，就可以采取直接业绩任务加市场风险来加以考察。对于那些在企业价值实现过程中主要提供服务或管理支持型的能力型股东，无法通过业绩加以考核，企业可以通过岗位的职能任务及海氏评估法加以考核。对于考核通过的员工，可以保持其现有的股权份额不变，而对于那些考核不过关的员工，则要考虑让其付出一定的代价。比如，留岗并处以现金罚款，留岗并缩减其现时的股权份额，降级并缩减其现时的股权份额，开除并全部赎回其股权份额等。

第五节　股权调整体系

企业应当基于企业价值实现的现时需要及股东贡献与股权收益对等两个原则，结合现时股东的整体情况，于某一固定时间点召开股东会。依据股东贡献度的大小，基于企业的考核体系公布动态调整事宜，对企业内部股东股份比例进行调整。

具体来说，企业动态股权调整的原理是，每个人都应该根据自己所在岗位做出与自己持股比例相符的贡献，那么，与销售相关的人员对应的主要是销售业绩，其他人员对应的是岗位职责。企业可以基于公司的经营特点，每一经营周期结束后，基本上依据审计完毕之后的企业财报，再根据股东岗位职责履行情况，对企业内部股东的股权比例进行调整。此时，企业需要明确企业内不同类型股东的不同调整方式，销售人员对销售业绩负责，其他人员对岗位职责负责，因此公司对应的与销售挂钩的股权比例不会是百分之百。比如，公司股权的百分之百,假设和直接销售有关的占50%,那么每个销售人员在公司的平衡业绩应该是,个人业绩占整体公司业绩比例除以个人股份数占销售股份数比例大于1。例如,企业业绩是5000万,个人持股1%,那么他的标准销售业绩应该是(假定是N):(N÷5000万)÷(1%÷50%)=1,计算可得N为100万。

具体如何调整可以参照如下办法。

(一)股数下调办法。具体内容包括,股东业绩所占公司总业绩比例除以该股东所持股数与销售总股数比例为1—1.5倍时,该股东持股比例不变;股东业绩所占公司总业绩比例除以该股东所持股数与销售总股数比例为0.5—1倍时,同比例减少该股东实股比例和配股比例;股东业绩所占公司总业绩比例除以该股东所持股数与销售总股数比例为0.5倍以下时,对该股东进行劝退,收回实股和配股,1年以后返还其实股金。

(二)股数上调办法。具体内容包括,股东业绩所占公司总业绩比例除以该股东所持股数与销售总股数比例为1.5—2倍时,根据持股人意愿可以增加持股比例,最高上限不超过原有股本的30%;股东业绩所占公司总业绩比例除以该股东所持股数与销售总股数比例为2—3倍以上时,根据持股人意愿可以增加持股比例,最高上限不超过原有股本的50%。

(三)上调股数来源。新进该批股东在该批股东群体中执行动态股权调整体系,比如,本次新进股东共持股18%,那么同时新进该批股东就在18%范围内执行动态调整。创始股东在剩余82%范围内执行动态调整。

(四)对专家型和学术型人才及其他社会人才,企业可以制定详细的职责履行办法和职责考核办法,按照具体职责考核情况进行股份动态调整。

(五)根据企业发展需要,有利于人力资源整合,把企业平台做大做强,可以根据企业发展情况择时发展企业股东,届时可以根据企业需求增加股份数量。

(六)执行动态股权时被下调股权或者劝退的,一年后,按照入股时缴纳的股金退回。如果公司实际处于亏损状态,则按照股份对应的净资产比例进行股金退回。如果之前违反了公司章程或者公司有关协议内容,该股金不予退回。

上述股权分配及调整体系更多是以增加或减少现有中小股东的股权比例

为主,除此之外,还有两个比较特殊的事项亟须引入特定的机制加以解决。一个是新的股权激励对象如何进入、旧的股权激励对象如何退出的问题,因为新股东的进入和旧股东的退出都会改变公司股权池中股权的数量,这就涉及股权如何定价、赎买的问题。另一个是具有独立财务核算权的事业合伙人进入退出及其股权调整问题,由于事业合伙人在企业中具有举足轻重的地位,他们往往在公司某些发展阶段做出了重大贡献,只是在公司后续的发展过程中,他们无法保证其现在的贡献度与其所占的股权收益对等,这些人的股权的调整往往无法纳入普通的股权调整体系中来实现。对于上述两个问题,我们基于动态股权激励的核心思想提出了两个解决机制:股东进入退出机制、平台费用分摊机制。

第六节　股东进入退出机制

股东的进入与退出机制是股权激励计划实施过程中的一个关键问题。一般来说,对于那些只会获得少数股权激励的股权激励对象(以企业内部的股东为主),当他们的工作绩效达到组织的业绩考核要求时,即可进入企业的激励程序。而对于有可能会以合伙人的身份进入公司,或者以合伙人的身份退出激励程序的个体,则需要企业基于他们所拥有的资源禀赋来确定具体的进入与退出机制。更为具体的实践操作,可以参照本节对股东进入和退出机制所做的描述。

一、股东的进入与退出原则

对于企业而言,确定哪些人员可以进入股权激励程序中,应当基于以下两个重要原则:一是企业价值实现的现实需要原则;二是股东贡献与股权收益对等原则。对于企业价值实现的现实需要原则,之所以将它放在第一位,是因为不论企业经营到哪种程度,都需要向社会或市场提供产品或者服务,从而获得企业价值实现。并且在企业经营的不同阶段,企业价值实现需要不同类型的股东支持的力度可能是不一样的,这不仅决定了股权调整的时间节点,也决定了在这个时间节点上哪些人可以进入或哪些人需要退出。

在经营的初期,资金需求量较大,相对于资源和顾问型股东而言,资金型股东数量会更多。在经营扩张期,相对于资金与顾问型股东,资源型股东数量会更多。在经营稳定期,相对于资金与资源型股东,顾问型股东会更多。而不论在企业的任何经营时期,能力型的股东都要比资金、资源和顾问型股东更为重要,因为他们是企业价值实现过程中的主要参与者,其中包括参与基本企业价值增值活动的一线人员。比如,企业内一线的产品或服务生产人员、市场的开发人员、生产和市场开发过程中的支持人员,其中涉及支持企业价值长期实现的个体,他们并不直接参与价值增值过程,但是他们的忠诚是价值增值实现的重要保证。通常情况,在一般企业的价值增值活动过程中,企业内部人员可以分为两类:价值增值活动(采购、生产、销售、配送等)和辅助增值活动(财务管理、人力资源管理、研发设计等)。

对于收益与贡献对等的原则,它能够明确企业股权激励的强度。对企业而言,不同时期不同的资源会带来不同的经济利益,相应的不同的资源股份权重会有所差异。企业应当基于自身的性质及现时经营的需要而提高或降低不同类型股东的比例和要求,如资本密集型企业由于货币及物质资本所有者投入的资本本身自始至终都承担着企业经营的风险,企业本身最主要的资源就是这些资本,所以作为资金所有者在企业的存续期内永远不可能逃避企业经营的风险。因此,对于这些股东而言,在股权激励程序中他们的分配权重应当是比其他型企业(技术密集型、劳动力密集型)的资金型股东要大。相对而言,在技术密集型企业,那些具有异质性资源的股东是不同于资金型股东的,他们所提供的技术或专业建议要更能影响企业价值的实现。因此,在此类企业的股权激励程序中他们的分配权重要比其他类型的股东大。

企业在进行股权激励的过程中,除了上述的两个原则之外,还需要引入企业发展阶段内的价值实现及贡献价值对等的混合原则。因前两个原则在实施股权激励过程中存在着对发展阶段内的资源拥有者的贡献无法激励的情况,这时就需要企业引入股票期权的概念。如果个体在初次股权激励之后,企业为了避免评估周期内(T_0—T_1)的激励真空,即企业不论发展到哪个阶段以后,需要时时(以年作为评估周期)对公司的控股股东对企业现状进行评估,对现有的股东结构进行调整，防止出现"一次持股，终身持股"的现象。企业可以根据企业经营的现时需要，调整减少那些贡献度降低、企业依赖度降低的股东数量，这些退出机制应当在初次股权激励实施以前就在条文中加以体现，防止那些贡献度在降低的股东因为把持股权而去搭其他人贡献的便车，即企业需要这些股东明白，享有股权激励的好处就要承担相应的责任。最有效的办法就是授予这些激励对象股票期权，分时期增加或减少他们所持有的股份数量，并且不论激励对象进入或退出，对接的股权池平台均是以现时企业的账面价值来进行股权的购买或赎回，而不是依据企业的市场价值来进行股权交易。这是因为不论是股权的账面价值对于企业的市场价值而言是高还是低，这其中均体现了企业未来的预期价值，而这种预期使得新激励对象的进入或者旧的股权持有人的退出很难就股权交易价格达成一致。

因此，企业在实施股权激励时，应当以企业的现时账面价值为交易价格的基础，对于新进入者，其激励股权份额的对价的支付应以企业的价值评估期为节点。如果个体对企业发展具有好的预期，那么他会及时尽自己最大努力将自己纳入到股权激励体系中，从而分享企业未来高的市场价值的变现。如果不看好企业未来的发展，则不会尽快履行激励程序中的股份期权。由于企业的股权池是与引入激励程序的个体之间利益分享对接唯一的平台，激励对象股权的授予及剥夺都是通过这个平台进行的，因此对接的股权池平台均以现时企业的账面价值来进行股权的购买或赎回原则在实施过程中也更容易把握。比如，股东的退出应当以企业现时的审核价值对等的货币赎买进行，这基本上可以以企业每年的年审财务数据为参照。同样，那些新进入的股东的股权也应当以企业每年的年审财务数据为参照，企业可以通过股票池这个平台来完成股份的赎回和授予。

基于上述内容，我们认为企业可以结合企业价值实现和贡献收益对等原则来完成对不同类型的股东股权分配，如图6-4所示。

基于上述的企业股权激励分配体系框架，一般来讲，公司在设计股权激励的进入和退出机制时，主要应关注以下两方面的内容的说明：一是企业合伙人股权激励的进入与退出机制；二是员工股权激励的进入与退出机制。

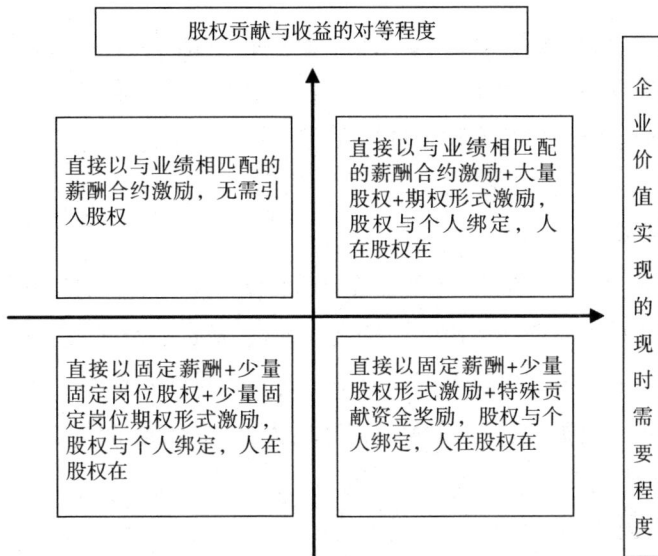

图 6-4　企业股权激励分配体系

二、合伙人进入与退出机制

(一)确定进入机制

1. 什么人可以成为合伙人

公司股权的持有人,主要包括合伙人团队(创始人与联合创始人)、员工与外部顾问(股权池)与投资方。其中,合伙人是公司最大的贡献者与股权持有者。既有创业能力,又有创业心态,有 3—5 年全职投入预期的人,是公司的合伙人。这里要着重说明的是合伙人是在公司未来一个相当长的时间内能全职投入预期的人,因为创业公司的价值是经过公司所有合伙人一起经过一个相当长时间的努力后才能实现。合伙人之间是长期、强关系的深度绑定。因此对于中途退出的联合创始人,在从公司退出后,不应该继续具有公司合伙人身份也不应再享有公司发展的预期价值。

对于创业公司来说,好的合作伙伴是创业者创业过程中的好帮手,同时也是支持创业者克服艰难险阻、一步步迈向成功的重要力量。对创业者来说,在挑选创业伙伴时主要有以下几个着眼点:一是看脾气性格;二是看兴趣爱好;

三是看其对事业的理解；四是看其过去的经历；五是看其为人如何；六是看其对钱的态度；七是看其对家庭的态度；八是看其文化修养；九是看其综合实力。这些个体特质在很大程度上会影响个体作为合伙人在后续合作过程中的行为，在此基础上，还应排除不适于进入合伙人序列的人员。

2. 哪些人不应该成为合伙人

（1）资源承诺者

很多创业者在创业早期，可能需要借助很多资源为公司的发展起步，这个时候最容易给早期的资源承诺者许诺过多股权，把资源承诺者变成公司合伙人。创业公司的价值需要整个创业团队长期投入时间和精力去实现，因此对于只是承诺投入资源，但不全职参与创业的人，建议优先考虑项目提成，谈利益合作，而不是股权绑定。

（2）兼职人员

对于提供技术、但不全职参与创业的兼职人员，最好按照公司外部顾问标准发放少量股权。如果一个人不全职投入公司的工作就不能算是创始人，任何一边干着其他的全职工作一边帮公司干活的人，只能拿工资或者工资"欠条"，但是不要给股份。如果这个"创始人"一直干着某份全职工作直到公司拿到风投，然后辞工全职过来公司干活，那么他和第一批员工相比好不了多少，毕竟他并没有冒着和其他创始人一样的风险。

（3）天使投资人

创业投资的逻辑是，一是投资人投大钱，占小股，用真金白银买股权；二是创业合伙人投小钱，占大股，通过长期全职服务公司赚取股权。简言之，投资人只出钱，不出力；创始人既出钱（少量钱），又出力。因此，天使投资人的股票购买价格应当比合伙人高，不应当按照合伙人的标准低价获取股权。

（4）早期普通员工

给早期普通员工发放股权，一方面，公司股权激励成本很高。另一方面，激励效果很有限。在公司早期，给单个员工发几个点的股权，很可能对员工都起不到激励效果，甚至认为公司是在忽悠、画大饼，起到负面激励。但是，如果公司在中后期（比如，B 轮融资后）给员工发放激励股权，很可能用 5% 股权就可以解决 500 人的激励问题，而且激励效果很好。

3. 创业合伙人扮演的角色

（1）公司的投资者

合伙人作为公司的投资者，会取得公司小额的资金股，对互联网创业公司来说，所有合伙人的资金股加起来应该不能超过 20%，从而为企业提供了更大的发展空间。

（2）公司的全职运营者

作为公司的全职运营者，合伙人可以获得公司的大额人力股，合伙人取得人力股的标准是其在公司的全职服务年限以及相关的业绩考核，当合伙人离职或者在工作中没有达到相关的业绩标准的时候，公司可以按照约定的价格回收合伙人的股权。

（3）公司的员工

公司的合伙人也是公司的员工，他们也应在工作中领取相应的工资。

4. 不同角色创业合伙人的股权进入或退出机制

（1）股权

股权是实打实的，即股东拿出资金，公司给予兑换相应的股权，投资人或合伙人持有的资金股就是这样的股权形式。

（2）限制性股权

限制性股权是实对空，公司拿出一定股权，股东承诺将来会实现的工作目标或业绩，公司合伙人持有的人力股或者激励员工就是采用限制性股权。公司会根据预先设定的条件授予激励对象一定的股票，激励对象只有在规定年限或业绩目标符合股权激励计划要求时，才可以对限制性股票进行出售，并从中获取一定的收益。

（3）期权

期权是空对空，公司采用了空头支票，员工空头承诺未来会提供一定的业绩或目标，这种股权形式适用于员工。公司授予员工在一定的期限内可以按照固定的期权价格购买一定数量公司股票的权利，员工在行使期权的时候，只需要支付期权价格，而不必在意股票的交易价，就可得到相应的股票。员工可以获得期权价格和当日交易价之间的差价。

5. 股权如何分配

（1）股权分配的本质问题

早期创业公司的股权分配设计主要牵扯到两个本质问题:一个是如何利用一个合理的股权结构保证创始人对公司的控制力,另一个是通过股权分配帮助公司获取更多资源,包括找到有实力的合伙人和投资人。

（2）股权分配规则尽早落地

许多创业公司容易出现的一个问题是在创业早期大家一起埋头一起拼,不会考虑各自占多少股份和怎么获取这些股权,因为这个时候公司的股权就是一张空头支票。等到公司的前景越来越清晰、公司里可以看到的价值越来越大时,早期的创始成员会越来越关心自己能够获取到的股份比例,而如果在这个时候再去讨论股权怎么分,很容易导致分配方式不能满足所有人的预期,导致团队出现问题,影响公司的发展。

（3）股权分配机制

一般情况下,参与公司持股的人主要包括公司合伙人（创始人和联合创始人）、员工与外部顾问、投资方。在创业早期进行股权结构设计的时候,要保证这样的股权结构设计能够方便后期融资、后期人才引进和激励。当有投资机构准备进入后,投资方一般会要求创始人团队在投资进入之前在公司的股权比例中预留出一部分股份作为期权池,为后进入公司的员工和公司的股权激励方案预留,以免后期稀释投资人的股份。这部分作为股权池预留的股份一般由创始人代持。

而在投资进来之前,原始的创业股东在分配股权时,也可以先根据一定阶段内公司的融资计划,先预留出一部分股份放入股权池用于后续融资,另外预留一部分股份放入股权池用于持续吸引人才和进行员工激励。原始创业股东按照商定的比例分配剩下的股份,股权池的股份由创始人代持。

（4）合伙人股权代持

一些创业公司在早期进行工商注册时会采取合伙人股权代持的方式,即由部分股东代持其他股东的股份进行工商注册,来减少初创期因核心团队离职而造成的频繁股权变更,等到团队稳定后再给。

（5）股权的绑定

创业公司股权真实的价值是所有合伙人与公司长期绑定,通过长期服务公司去赚取股权,就是说,股权按照创始团队成员在公司工作的年数,逐步兑现。道理很简单,创业公司是大家做出来的,当你到一个时间点停止为公司服务时,不应该继续享受其他合伙人接下来创造的价值。股份绑定期最好是 4 到 5 年,任何人都必须在公司做够起码 1 年才可持有股份(包括创始人),然后逐年兑现一定比例的股份。

（6）有的合伙人不拿或拿很少的工资,应不应该多给些股份

创业早期很多创始团队成员选择不拿工资或只拿很少工资,而有的合伙人因为个人情况不同需要从公司里拿工资。很多人认为不拿工资的创始人可以多拿一些股份,作为创业初期不拿工资的回报。问题是,你永远不可能计算出究竟应该给多少股份作为初期不拿工资的回报才合适。

比较好的一种方式是创始人给不拿工资的合伙人记工资欠条,等公司的财务比较宽松时,再根据欠条补发工资。也可以用同样的方法解决另外一个问题:如果有的合伙人为公司提供设备或其他有价值的东西,比如专利、知识产权等,最好的方式也是通过溢价的方式给他们开欠条,公司有钱后再补偿。

（二）确定退出机制

股权激励计划的约束作用可以通过有效的退出机制来体现。创业公司的发展过程中总是会遇到核心人员的波动,特别是已经持有公司股权的合伙人退出团队,如何处理合伙人手里的股份,才能免因合伙人股权问题影响公司正常经营。

1. 提前约定退出机制,管理好合伙人预期

提前设定好股权退出机制,约定好在什么阶段合伙人退出公司后,要退回的股权和退回形式。创业公司的股权价值是所有合伙人持续长期地服务于公司赚取的,当合伙人退出公司后,其所持的股权应该按照一定的形式退出。一方面对于继续在公司里做事的其他合伙人来说要更公平,另一方面也便于公司的持续稳定发展。

2. 股东中途退出,股权溢价回购

退出的合伙人的股权回购只能通过提前约定的方式完成,退出时公司可

以按照当时公司的估值对合伙人手里的股权进行回购，回购的价格可以按照当时公司估值的价格适当溢价。

3. 设定高额违约金条款

为了防止出现合伙人退出公司却不同意公司回购股权的情况，可以在股东协议中设定高额的违约金条款。

4. 公司章程中的合伙人股权分期成熟与离职回购股权的退出机制

国家有关部门通常要求企业用他们指定的章程模板，股权的退出机制很难直接写进公司章程。但是，合伙人之间可以另外签订协议，约定股权的退出机制。同时，公司章程与股东协议尽量不要冲突，如果公司章程与股东协议相冲突，可以在股东协议中约定，以股东协议为准。

5. 合伙人退出时，退出价格确定

股权回购实际上就是"买断"，建议公司创始人考虑"一个原则，一个方法"。

"一个原则"就是，通常建议公司创始人对退出的合伙人设立相应的限定，一方面，可以全部或部分收回股权；另一方面，必须承认合伙人的历史贡献，按照一定溢价或折价回购股权。这个基本原则，不仅仅关系到合伙人的退出，更关系到企业重大长远的文化建设，这是很重要的。

"一个方法"是指，对于如何确定具体的退出价格，建议公司创始人考虑两个因素，一个是退出价格基数，一个是溢价或折价倍数。比如，可以考虑按照合伙人掏钱买股权的溢价回购或退出合伙人按照其持股比例可参与分配公司净资产或净利润的一定溢价，也可以按照公司最近一轮融资估值的一定折扣价回购。至于选取哪个退出价格基数，不同商业模式的公司会存在差异。比如，京东上市时虽然估值约300亿美金，但公司资产负债表并不太好，很多互联网新经济企业都有类似情形。因此，一方面，如果按照合伙人退出时可参与分配公司净利润的一定溢价回购，合伙人很可能兢兢业业干了几年，退出时却会被净身出户；但另一方面，如果按照公司最近一轮融资估值的价格回购，公司又会面临很大的现金流压力。

总之，对于具体回购价格的确定，需要分析公司具体的商业模式，既让退出合伙人可以分享企业成长收益，又不让公司有过大现金流压力，还预留一定调整空间和灵活性。

6. 持股合伙人离婚

近年来,离婚率上升,企业家群体离婚率又可能偏高。婚后财产的处理,包括股权,都是棘手的问题。离婚事件,不仅影响家庭,还影响企业的可持续发展。婚姻还很有可能导致公司实际控制人发生存续变更。

原则上,婚姻期间财产是夫妻双方共同财产,但是夫妻双方可以另外约定财产的归属。因此,配偶之间可以签署"土豆条款",约定配偶就公司股权放弃主张任何权利。但是,出于对配偶婚姻期间贡献的认可,也为了取得配偶的认可,不至于夫妻关系由于股权关系亮红灯,可以实行由他们自己改造设计的"土豆条款",一方面,确保离婚配偶不干涉影响到公司的经营决策管理;另一方面,保障离婚配偶的经济性权利。

7. 持股合伙人犯罪

如果合伙人中有一人犯罪,被追究刑事责任,其不能或者不适合再继续参与公司管理,则应强制其退出,他的股权由其他合伙人溢价或折价回购。

三、员工进入与退出机制

(一)员工股权激励的不同制度

1. 基于产权制度

在产权制度上,对企业"关键人",包括企业董事会成员、经理人员以及生产、技术、销售、财务等关键岗位人员,设立岗位股、风险股和贡献股,形成"劳动者有其股,关键人多持股,经营者相对持大股"的股权结构。岗位股是根据关键人所在岗位的重要程度而设置的数额不同的股份,最终产权仍归实际控制人,在岗期间享有岗位股表决权和收益权,离岗退还当初所交押金。风险股是关键人按不少于岗位股的数量以改制时每股净资产的价格出资购买的个人股,拥有完全产权。操作上,风险股资金可由关键人向银行或地方财政贷款,用年终个人收益分期偿还。贡献股是从企业当年新增所有者权益中按比例提取对关键人及其他有特殊贡献员工的奖励股份,归个人所有,享有完全产权。

2. 实行按劳、按资和按贡献大小综合分配的制度

按劳的标准等同于现行工资中的基本工资,按资是指按员工持有股份分得的红利,实行按月预分,年终决算。按贡献分配是根据员工履行岗位职责和

所作贡献大小将净资产的增值按比例(一般为 20%—30%)奖励给员工的贡献股,如果是亏损则按相应原则扣减原有贡献股。

3. 实行依法选举和竞争上岗的人事和劳动用工机制

除选举产生董事会、监事会,董事会聘任总经理,其他关键岗位全部公开竞争择优。员工与企业双向选择,以买断身份的补偿金入股。

(二)确定进入机制

在对员工进行股权激励时,具体的进入机制如下。

1. 定时

有的创业者,在公司初创阶段,就开始大量发放股权,甚至进行全员持股。我们的建议是,对于公司核心的合伙人团队,碰到合适的人,经过磨合期,就可以开始发放股权。但是,对于非合伙人层面的员工,如果过早发放股权,一方面,股权激励成本很高,给单个员工三五个点股权,员工都可能没感觉;另一方面,激励效果很差,甚至会被认为是画大饼,起到负面激励效果。

因此,公司最好是走到一定阶段后,比如有天使轮融资,或公司的收入或利润达到一定的指标,此时发放股权的效果会比较好。发放股权时,要控制发放的节奏与进度,为后续进入的团队预留股权发放的空间。全员持股可以成为企业的选择方向,但最好是先解决第一梯队,再解决第二梯队,最后普惠制解决第三梯队,形成示范效应。这样既可以达到激励效果,又可以控制好激励成本;股权激励是中长期激励,对于激励对象的选择,最好采取先恋爱再结婚的方式来进行,与公司经过一段时间的磨合期后再确定。

2. 定人

股权激励的参与方,包括合伙人、中高层管理人员、骨干员工与外部顾问。合伙人主要拿限制性股权,不参与股权分配。但是,如果合伙人的贡献与其持有的股权不匹配,也可以给合伙人增发一部分股权,来调整早期合伙人股权分配不合理的问题。一般情况下,中高层管理人员是拿股权的主要人群。

3. 定量

定量一方面是定公司股权池的总量,另一方面是定每个人或岗位的量。公司的股权池,10%—30%之间较多,15%是个中间值,股权池的大小需要根据公司情况来设定。

在确定具体到每个人的股权时,首先要考虑到不同岗位和不同级别人员股权大小,然后再定具体个人的股权大小。在确定岗位股权量时可以先按部门分配,再具体到岗位。公司总股权池确定下来,再综合考虑个人的职位、贡献、薪水与公司发展阶段,员工该取得的激励股权数量基本就确定下来了。另外,公司也可以给员工选择,是拿高工资加低股权,还是拿低工资加高股权。

4. 定价

在给员工授予股权的时候的定价机制:一是员工必须掏钱。掏过钱与没掏过钱,员工对待的心态会差别很大;二是与投资人完全掏钱买股权不同,员工拿股权的逻辑是,掏一小部分钱,加上长期参与创业赚股权。因此,员工应当按照公司股权公平市场价值的折扣价取得股权。

股权发放的过程,是要让员工意识到,股权本身很值钱,但他只需要掏一小部分钱即可获得。之所以他掏钱少,是因为公司对他是有预期的,是基于他会长期参与创业的情况考虑,他打个酱油即跑路,公司把他的股权回购是合情合理,员工也是可接受的。

5. 定兑现条件

授予员工的股权成熟的时间,即员工行权的时间(成熟机制),有三种选择:一是四年成熟期,每年兑现25%;二是四年成熟期,满二年后成熟兑现50%,以后每年兑现25%,四年全部兑现;三是第一年兑现10%,第二年兑现30%,第三年70%,第四年全部兑现。

(三)确定退出机制

导致员工股权激励计划调整或终止的因素很多,主要包括业绩因素、岗位因素和公司经营因素等。在业绩方面,员工业绩考核不达标,按照要求可能退出股权激励计划;在岗位方面,员工晋升、降职、离职、辞退等都会导致个人激励计划的调整或终止;在经营方面,如果公司股权结构发生重大变化,出现兼并、收购、重组等,都可能导致股权激励计划的调整。

在创业公司实施员工股权激励时,激励股权的进入机制能够让激励方案发挥效果,而激励股权的退出机制,即约定员工离职时已行权的股权是否回购、回购价格等,避免在员工离职时出现不必要的纠纷。

1. 回购股权的范围

已经成熟的员工股权和已经行权的股权要不要回购？怎么回购？

第一，已经行权的股权，是员工自己花钱买的股权，按理说不应该回收。如果公司已经被并购或已经上市，一般情况下不去回购员工已行权的股权。但是对于创业公司来说，离职的员工持有公司股权，是公司的正式股东，因此建议提前约定在员工离职后公司有权按照一个约定的价格对员工持有的股权进行回购。

第二，已成熟未行权的股权，是员工通过为公司服务过一段时间后赚得的，即使员工在决定离职时没有行权，但员工仍具有行权的权利。这个时候应该给员工选择是否行权，如果员工选择行权，则按照协议的行权价格继续购买公司股票。

第三，未成熟的股权，公司应该全部收回，放入公司股权池。

2. 回购股权的定价

在对员工持有股权进行回收定价时，一般可以按照公司当时的净资产、净利润、估值来确定。

若按照估值来算，因投资人的估值是按照公司未来一段时间的价格来计算的，即公司估值是代表着公司未来一段时间的价格，此时定价是在对公司估值打个折扣后，再根据员工持有的股权比例，来确定价格。而且如果按照公司的估值来算的话，也会影响公司的现金流。若按照净资产和净利润，应该有相应的溢价，原因是公司回收了员工手里股权未来的收益权。

针对未成熟股权而言，股权不存在回收问题，因为这部分股权仍归公司所有，员工没有达到行权条件，公司可以直接放回股权池。但是为了避免员工误解，降低沟通成本，可以用一块钱回收员工所有的未成熟的股权，以便于操作。

综上所述，股权激励是将员工变成创业型老板，是让员工发自内心地忠诚奉献、主动承担责任的真正动力源头。良好的股权激励的进入和退出机制能够充分发挥股权激励的作用，充分调动员工的热情和积极性，实现公司的可持续发展。总之，不论是新股东的进入、老股东的退出抑或是现有股东之间股份比例的调整都应当有相应股权动态调整的约定也即在股权授予之前，就应当以条文的形式明确未来股权调整或退出的规则约定,这才能够形成企业高效成长的永久动力。

第七节　平台费用分摊机制

平台费用分摊机制从实践上来看,由于它不直接涉及对股东份额比例进行调整,而是基于贡献与收益对等的原则来让这些股东承担一定比例的(与股权份额相称)企业费用,进而形成一种倒逼机制,当股东的能力无法保证其收益与费用责任对等时,他们会由于费用高于自己股权所能获利的收益,从而主动来调低自己的股权份额。具体来讲,与平台对接的团队领导作为股东,其所控制的部门具有独立财务核算权,他们与企业的关系更多以"平台+团队""平台+企业"经营模式体现,这些人是企业的另一种类型的事业合伙人。由于是企业重要的决策参与人,他们的股权比例往往很大,且往往掌控着企业某一个核心部门(研发、销售)。这些部门完全可以独立于公司之外运行,同时这些部门也是公司利润的重要来源,可以认为公司与这些部门之间是一种合作的关系而不是隶属关系。对于这些股东,公司强行调整他们的股权比例会引起公司在生产和经营上的波动,对于这部人,一旦他们的能力无法保证他们的贡献与股权收益对等时,他们的股权比例的调整可以采取费用分摊机制来加以解决。

费用分摊是指将各部门、各产品之间的共同费用进行分摊,便于各生产成本的科学计算。在平台上的管理费用要分摊至具有独立核算资格的团队层面。

一、费用平摊法

由平台上的财务部门核算本周期内产生的所有费用,并将其平均分摊到每个团队中。以团队为单位提交给平台需要分摊的费用,不涉及团队表现等其他衡量指标。这种方法的优点是,简洁明了,便于计算。但是这种方法有较大的局限性。首先,因为平台发生的很多共同费用都不能单纯地平均划分到每个团队中,比如最基本的水电用量等。团队中人员的个数,以及个人习惯的差异性，水电用量与这些情况息息相关，不能排除在外；其次，无差别的费用平摊将致使平台上各团队效率低下，低收益团队面临巨大的压力，不利于调动团队积极性。

二、销量分摊法

把一定时间内在平台上发生的费用平均摊到每个产品的成本中，由团队销量决定团队分摊的比例。多则多摊，少则少摊，没有销量就不摊。这种方法的优点是，它使费用的发生比较稳定、平均。缺点是没有销量的情况下，团队仍然在平台上产生一定的费用，这种情况下反而使表现良好的团队超额支付实际的费用，不利于达到通过费用分摊而对各团队进行激励的目的。

三、"上限+下限"分摊法

在按照销量分摊法进行股权调整的基础上，设定分摊费用上限和分摊费用下限。费用分摊上限，表示当团队表现优异时，按照总费用的一定比例进行费用的摊销，比如约定此次分摊不超过总费用的10%；费用分摊下限，即平台上的团队至少要分摊平台上产生的总费用的一定比例，比如约定不低于总费用的2%。在此基础上，按照多销多摊、少销少摊的原则进行费用的分摊。这种方法综合了前两种方法的优点，弥补了一定的缺点。企业如果运用得好，可以达到事半功倍的效果。这种方法最为灵活。特别是当平台上各团队的经营不太稳定，造成各团队的利润每周期内差别很大时，该方法可以起到平衡的作用，利润高则多摊，利润低则少摊。

对于该机制，随着互联网技术的不断进步，新的企业经营模式不断涌现，诸如"平台+团队"形式的经营方式由于能够很有效地整合企业资源，有利于企业多元化经营，而平台费用分摊法在一定程度上既遵循了"收益与贡献对等的公平"原则，也由于使用了更加合理的成本核算，从而形成了一种倒逼机制对平台上的各团队起到持续的激励作用，这不仅可以为平台企业带来更加丰厚的利润分成，也为平台企业接入更多的有能力的股东创造了股权分配机会。

第七章　动态股权激励机制实施

本章主要通过介绍设计股权激励方案必须用到的9个步骤，来指导企业实施股权激励方案。一般来说，设计股权激励方案的逻辑是：首先，根据企业的行业特性、发展阶段、股权属性和未来的资本战略提炼出企业的需求。其次，按照"定目的、定对象、定模式、定来源、定数量、定价格、定时间、定业绩、定条件"的顺序，依次确定明确的激励目标、确定合适的股权激励对象、确定适合企业的股权激励模式、确定股票的来源和购买股票的资金来源、确定股权激励的数量、确定行权价格、确定股权激励计划中的时间安排、确定衡量贡献度的业绩评价体系、确定股权激励的业绩标准。最后，形成三份重要的文件：股权激励合同、股权激励方案和业绩考核书。至此，企业可根据上述步骤和文件来指导和实施企业的股权激励计划。

第一节　设定目的

要设计一个科学、适用的股权激励计划，并期望在实施中实现预期的目标，首先要明确股权激励的目的。因为目的决定着我们的行为方式，只有确定了股权激励的目的，在下一步才能据此选择恰当的股权激励方式，进而决定最后的实施效果。企业实施股权激励一般有如下几种目标。

一、提高业绩

在代理人变为委托人或者获得相应股权权益的过程中,一方面要为了达成行权条件而努力达成业绩目标,另一方面为了行权后获得更大的利益,也会更努力地提升业绩。总的来说,股权激励能够提高人的主观能动性和积极性,能够有效地提升业绩水平。但是我们在将业绩提升作为股权激励的目标时,不能一味地为了冲业绩而设计假大空的目标,从而失去长远激励的目的,要在授权期、行权期和持有期等不同阶段都具有良好的阶段规划性。

二、解决历史和转型问题

很多企业发展到一定程度,会遇到很多困境,如传统市场的饱和与新市场的开发、人员队伍的老化与年轻员工的引进等,这些困境的消除需要企业进行改革和转型,首先要做的就是在经营管理层面开展一系列变革。

其中在人员的新老更替方面的改革势在必行。此时,有过汗马功劳的老员工成为人员改革之要。他们一起经过了企业的成长阶段,但时间、精力、知识储备等方面无法适应企业新的形势要求,往往很多占据要职,对企业决策和文化改革造成负面影响。尽管从企业本质上来说他们的退出问题是一个正常的机制,企业没有义务和法律上的规定要给予适当的股权权益作为退出路径。但是企业家往往会对这一问题非常重视,一是出于企业家情怀,做企业本身就是造福别人,对一起艰苦创业的员工的关怀是其办企业的目的之一;二是可以让年轻的员工看到希望与温情所在,从而起到无形的激励效果。所以股权激励成为解决很多历史问题的一种途径。

三、降低成本压力

不同的激励模式有着不同的优势和劣势,同时,每家公司因为所处的阶段不同、所处行业不同、自身经营的特征不同,激励方式自然也不同。尤其是在企业资金的充裕程度方面,现金流的多少对于激励模式的选择显得更为重要。因此,对一些资金不充裕或者现金流不足的企业来说,设计激励模式的目的之一就是减缓企业资金压力。

这可以从两个角度理解,一是企业设计股权激励的长期激励模式,势必完善整体的薪酬体系。那么对于很多企业而言,短期的工资、奖金等现金支付可以降低额度,这样就能在阶段内降低成本,减缓资金压力;二是不同的激励模式对现金的要求程度不同,比如,股票股权、员工持股计划等,都能在很大程度上缓解公司的资金压力。

四、激励人才

吸引和保留人才是公司成功的关键。尽管现在的经理人市场有待完善,但将来随着一系列改革的展开,人才流动会变得更加容易和频繁。对于企业来讲,人才的吸引和保留会变得更加困难,依靠传统的激励方式竞争力肯定是打折扣的,而股权激励方式是能够有效吸引人才的方式。因此企业选择股权激励的目的也在于吸引和保留人才。

五、完善治理结构

健全、有效的公司治理结构可以促使企业更加有效地进行资源配置,更好地实现公司的目标。治理结构的问题往往表现为两种形式,一是在所有权与经营权分离的情况下,由于利益取向不一致或者信息不对称,一旦经营层出现道德风险或者逆向选择,那么会给股东和企业带来实质伤害;二是在企业经营决策过程中,治理结构中的决策机构如果不能吸纳优秀的专业人士,则不能形成良好的决策,因此又需要部分专业人员参与到公司的投票权等决策机制中去。股权激励也能够在一定程度上解决治理结构中的以上两个问题,部分公司选择股权激励的目的意在于完善公司的治理结构。

第二节　设定对象

一、激励对象范围选择

股权激励计划的目的是通过授予股权的方式,将激励对象的利益与企业的长期发展保持一致,从而共同达到利益的最大化。原则上来讲,只要是对企业的发展起关键作用的人员,都可以是股权激励对象的选择范围。但同时,国家法律法规也对股权激励对象范围进行了一定的法规政策限定。

(一)上市公司股权激励对象范围

对于上市公司来说,股权激励对象范围的确定需要依照《上市公司实施股权激励管理办法》等法规的规定。上市公司实施股权激励的激励对象范围一般包括:董事(不包括独立董事)、高级管理人员、核心技术(业务)人员及其他董事会特批的员工。

(二)非上市公司股权激励对象范围

对于非上市公司而言,因为没有上市公司关于股权激励对象的相关法规的限制,所以在确定股权激励的激励对象范围方面有相当的灵活性,可以根据自身实际需求来确定激励对象。一般来说,非上市公司的激励对象应该是公司董事、高管;中层管理人员;核心技术或业务骨干;其他公司董事会认为对公司长远发展有重要作用的人员。

《中华人民共和国公司法》规定,在非上市公司有限责任公司情况下,获得股权的总人数及公司原有股东的人数(包括法人)总计不能超过50人。如果企业的激励对象范围较广的话,受人数的限制,很多企业采用间接持股的方式来解决此问题,一种形式是成立一个法人组织,实行法人持股,另一种形式是自然人代持和信托方式。如此一来,也就无限放大了激励对象的范围。原则上,从高管到核心人员,再到普通员工都可以纳入其中。

二、激励对象的选择

根据上文所述,只要是对企业的发展起关键作用的人员都可以作为股权激励对象。但从股权激励实施的效果考虑,如果激励对象范围过于狭窄,容易造成公司内部贫富差距悬殊,降低员工对企业的忠诚度;而如果过于宽泛,则使股权激励成为一种变相福利,削弱了股权激励的效果。

三、激励对象的确定原则

对激励对象的类型进行选择后,企业就要对激励对象人选进行评价,挑选出符合要求的股权激励对象。企业通常基于企业的职位体系、任职资格体系、考核体系等制度对员工进行评价。股权激励对象的确定要遵从以下原则：

（一）未来价值原则

企业在选择股权激励对象时，要侧重于对企业未来发展有可能做出重要贡献的员工。针对已经为企业做出重要贡献的员工，企业往往通过发奖金褒奖员工已做出的业绩；而股权激励与奖金激励不同，更偏向于考虑员工未来能给企业预期带来的价值。事实上，企业考虑员工的历史贡献，也应该从其历史贡献推断其未来对企业发展的价值的角度来考虑。因此，当企业需要的某类人员暂缺时，甚至要给这类人员预留股权激励份额。也就是说，企业股权激励计划既要考虑现在的骨干，又要将未来的人才考虑在内。

（二）公平原则

相对调薪调职的公平选拔，股权激励对象选拔的公平性需要考虑更多问题。

一方面，董事会在确定股权激励对象时，一定要持公平公正的原则对待每位员工。如果某类岗位被纳入股权激励计划，应该是该类岗位上的员工全部被纳入股权激励计划，同等条件下给予同等待遇，原则上应一视同仁，不能厚此薄彼，而且也没有给出区别对待的充足理由。在这种情况下，没有充足理由的区别对待，很容易导致企业内部员工之间对立情绪的产生，更不利于企业的经营管理。

另一方面，需要明确的是，股权激励不是发福利，而是为实现企业战略目标的一种长期激励手段。因此股权激励的公平性还体现在不搞平均化，企业需要将合股权激励份额合理地给予那些未来能给企业带来价值的核心员工。

第三节　设定模式

根据选用的股权激励模式的不同，股权激励计划的内容、可能达到的激励效果、企业的激励成本支出也存在较大的区别。因此，股权激励计划中重要的一个环节就是选择合适的股权激励模式。企业应该根据自己的激励目的、行业特征，以及客观情况灵活选择适合的激励模式或激励模式组合。对于企业来说，没有最好的股权激励模式，只有最恰当的股权激励模式。企业应首先考虑几个可供选择的股权激励模式，再由企业根据自身战略规划和发展的需要，根据专业人士的建议，反复论证最终确定采取什么类型的股权激励模式。

股权激励模式可概括为 11 种：股票股权、期股、业绩股票、限制性股票、虚拟股票、股票增值权、优先股、管理层收购、员工持股计划、延期支付、干股。

一、股票股权

股票股权是指激励对象在交付了股权费后即取得在合约规定的到期日或到期日以前按协议价买入或卖出一定数量相关股票的权利。简单地说，公司给予企业高级管理人员和技术骨干在一定期限内以一种事先约定的价格购买公司普通股的权利。在合约规定时间，只要股权买方要求行使其权利，股权卖方必须无条件地履行股权合约规定的义务。股票股权是对员工进行激励的众多方法之一，属于长期激励的范畴。股票股权的行使会增加公司的所有者权益。

二、期股

期股是指企业出资者同激励对象协商确定股票价格，在任期内由激励对象以各种方式（个人出资、贷款、奖励部分转化等）获取适当比例的本企业股份。股权作为股份投入，激励对象对其具有所有权、表决权和分红权，激励对象的表决权和分红权从一开始就是有的。但是，激励对象的分红的红利不能立即拿走，得先用来偿还期股的贷款。只有把购买期股的贷款还清后，激励对象才能实际拥有所有权。所以，期股能够改变公司现有的产权格局和控制权现状。

三、业绩股票

业绩股票是指公司普通股作为长期激励性报酬，在完成规定的业绩指标后将其支付给经营者，股权的转移由经营者是否达到事先规定的业绩指标来决定。若激励对象完成考核指标，则获得约定的业绩股票。业绩股票不能转让和出售，激励对象只拥有企业收益的分配权，没有所有权、表决权。业绩股票的流通变现通常有时间和数量限制：激励对象在若干年内的业绩经过考核达标后,可以获准兑现规定比例的业绩股票,反之,如果未能通过业绩考核或出现有损公司的行为、非正常离任等情况,则其未兑现的业绩股票将被取消。有的公司还会设置风险抵押金,达不到业绩指标的激励对象不仅得不到业绩股票,而且还将面临处罚。

四、限制性股票

限制性股票是指公司按照预先约定的条件授予激励对象一定数量的公司股票,只有在业绩目标或工作年限符合股权激励计划规定条件时,才可出售限制性股票以从中获益。如果激励对象未达到相关条件,就不可随意出售股票。除此之外,公司有权收回这些公司股票或者以确定的价格回购。购买股份的资金主要由激励对象个人出资,在激励对象现金支付能力不足支付时,由企业资助一部分现金购买股份,这部分现金可视为企业对该激励对象的部分奖励。

五、虚拟股票

虚拟股票是指公司授予激励对象一种"虚拟"的股票,通过其持有者分享企业剩余索取权,将他们的长期收益与企业效益挂钩。激励对象可以通过所享有的虚拟股票享受一定数量的分红权和股价升值收益,但没有所有权和表决权,不能转让和出售,在离开公司时自动失效。在虚拟股票持有人实现既定目标条件下,公司支付给持有人收益时,既可以支付现金、等值的股票,也可以支付等值的股票和现金相结合。

六、股票增值权

股票增值权无须实际购买股票,经理人直接就期末公司股票增值部分(期末股票市价-约定价格)获得一笔报酬,经理人可以选择增值的现金或购买公司股票,通常与认购权配合使用。此外,由于经理人并未实际购买股票,故可避免"避险行为"等不利于企业发展行为的发生。

七、优先股

优先股是介于普通股票和债券之间的一种混合证券,是相对于普通股而言的。所谓的"优先"，主要指在利润分红及剩余财产分配的权利方面优先于普通股。对公司来说，由于股息相对固定，优先股并未对公司的利润分配产生较大影响。优先股股东不能要求退股，但大多数优先股股票都附有赎回条款，可以依照优先股股票上所附的赎回条款，由公司予以赎回。优先股的赎回方式主要为以下几种：一是溢价方式，即通过加上一笔"溢价"赎回优先股；二是基金方式，即公司在发行优先股时，从所获得的资金中拿出一部分创立基金，专用于定期赎回优先股；三是转换方式，即优先股按规定转换为普通股。

八、管理层收购

管理层收购是指公司管理层利用高负债融资买断本公司的股权，使公司为私人所有，进而达到控制、重组公司的目的，并获得超常收益的并购交易。属于杠杆收购的范畴，但其收购主体是管理层。与一般的企业买卖和资产重组强调收益权即买卖价差和资本运营的增值不同，除了强调收益权之外，还强调控制权、共享权和剩余价值索偿权。收购对象既可以是企业整体，也可以是企业的子公司、分公司甚至一个部门。

管理层收购是一种股权激励手段，通过收购使企业的经营者变成了企业的所有者，使激励对象与公司利益、股东利益趋于统一。管理层收购最重要的目标是将"蛋糕"做大，管理层在"蛋糕"的增量中利用资产杠杆获得超额利润，同时也使融资的一方在增量"蛋糕"中获得高额回报，以达到激励的目的。

九、员工持股计划

员工持股计划是指为激励员工而通过让其持有本公司股票或股权的一种长期绩效奖励计划。这一种制度安排使企业所有者与员工分享企业所有权和未来收益权。员工获得激励的方式主要是通过购买企业部分股票（或股权）而拥有企业的部分产权，并获得相应的管理权。

实施员工持股计划的目的是使员工转变身份成为公司的股东，分享公司发展的成果，以此提高员工的干劲和热情。在具体的操作应用中，往往是企业内部员工出资认购本公司的部分股权并委托员工持股会管理和运作，而员工持股会也代表持股员工进入董事会参与表决和分红。

十、延期支付

延期支付是指公司将管理层的部分薪酬,特别是年度奖金、股权激励收入等按当日公司股票市场价格折算成股票数量,存入公司为管理层人员单独设立的延期支付账户中。在既定的期限后再以公司的股票形式或根据期满时的股票市场价格以现金方式支付给激励对象。

激励对象通过延期支付计划获得的收入来自于既定期限内公司股票的市场价格的上升,即计划执行时与激励对象行权时的股票价差收入。这表明,如果折算后存入延期支付账户的股票市价在行权时上升,则激励对象可以获得收益;但如果该市价不升反跌,激励对象的利益就会遭受损失。

十一、干股

干股是指在公司的创设过程中或者存续过程中,公司的设立人或者股东依照协议无偿赠予非股东的第三人的股份。干股由发股人无偿赠送,持股人不出股金,只拥有分红权。在公司盈利后可以获得分红,反之,公司出现亏损则不受损失。

十二、11 种模式的对比分析

上述 11 种股权激励模式的对比分析,如表 7-1 所示。

表 7-1　11 种模式的对比分析

模式	优点	缺点	激励对象	适用范围
股票股权	实现了经理人和股东利益的高度捆绑;锁定经理人的风险,经理人不行权就没有任何额外损失;有利于降低企业激励成本;激励力度比较大	过分依赖股票市场的有效性;可能导致经理人的短期行为;经理人与员工的收入差距拉大	一般为公司高管、核心员工和技术骨干等	市场有效性较好的资本市场上的上市公司;人力资本依附性较强、处于创业期和快速成长期的非上市公司

模式	优点	缺点	激励对象	适用范围
期股	需要有偿购买,加大了对经理人的约束;其余优点同股票股权	需要花钱购买,行权是强制性的,经理人投资风险较股票股权大	一般为公司高管、核心员工和技术骨干等	适用于人力资本依附性较强、处于创业期和快速成长期的非上市公司
业绩股票	能够激励经理人努力完成业绩目标,实现股东和经理人的共赢;规避了市场有效性的影响	业绩目标的科学确定比较困难,容易导致经理人弄虚作假的行为;对上市公司而言激励成本较高,公司有现金支出的压力	经营者、业绩指标量化明显的业务负责人等	适用于业绩稳定型的、处于成长后期和成熟期的上市或非上市公司
限制性股票	低价或有可能免费获得;激励力度大;约束性也更强	会使得经理人放弃对高风险、高回报项目的投资;业绩目标的科学确定比较困难	一般为公司高管、核心员工和技术骨干等	适用于上市或者非上市公司,尤其适用于对关键人才的留住或是用于金色降落伞计划
虚拟股票	不影响企业的所有权分布和控制权安排;不需要证监会批准,股东大会通过即可;激励性和约束性都比干股强;激励对象选择可以更加广泛	激励对象可能因考虑分红而导致过分关注企业的短期利益;公司的现金支付压力较大	一般为公司高管、核心员工和技术骨干等	适用于现金流量比较充裕的非上市公司或上市公司
股票增值权	操作监督;无需激励对象现金支出;审批流程简单。如果采用账面增值权方式,上市公司不需要证监会审批,股东大会同意即可	对资本市场依赖性较大;可能导致经理人操纵股价的行为;公司的现金支付压力较大。如果采用账面增值权方式,则不受股票市场有效性影响	一般为公司高管、核心员工和技术骨干等	适用于现金流量比较充裕且比较稳定的非上市公司或上市公司要求是在有效性较好的资本市场上市的。如是采用账面增值权,则适用于我国的上市公司
优先股	减轻企业财务负担,提高偿债能力;收回灵活;财务风险较小;不减少普通股票权益和控制权;不改变原有股东控制权	资金成本高;股利支付的固定性	内外部皆可	如银行、电力等规模较大的上市企业;符合相关规定的非上市企业

模式	优点	缺点	激励对象	适用范围
管理层收购	避开诸多问题的限制,保证持股方案的实施;既能保证激励又保证约束;转让的法人股相对成本比较低;易获得管理部门认可	若监管不力则会使资产流失	目标公司的经理和管理人员	目标公司的经理和管理人员
员工持股计划	增强企业的凝聚力;国有法人股减持的有效通道;可用于抵御恶意收购;具有普遍福利的作用;解决了高管和员工收入不均衡的问题	导致股权过于分散;激励力度不足		国有企业实行"国退民进"改制时;用于解决对高管层进行股权激励造成的高管层和员工收入差距过大的矛盾
延期支付	锁定时间长,减少了经理人的短期行为,有利于长期激励,留住并吸引人才;可操作性强;应用前景非常广泛	激励力度相对较弱;股票二级市场具有不确定性,经理人不能及时地把薪酬变现。如果采用现金支付,则公司会有现金流的压力		比较适合业绩稳定型的上市或非上市公司
干股	简单直观,便于实施	业绩目标的科学确定比较困难;对公司现金流压力较大;不是真正的股份,激励和约束效果比业绩股票差		适用于业绩稳定、现金流状况较好的上市或者非上市公司

十三、11 种股权激励模式的差别

从这些股权激励的比较中,我们会发现以下差别。

(一)从激励力度来看,股票股权、业绩股票、限制性股票、管理层收购以及期股在激励力度是最突出的。如果企业想要实行最大力度的股权激励计划,这些股权激励工具可以成为重要的参考对象。相比而言,虚拟股票、股票

增值权、账面价值增值权处于中等水平的激励力度，而其他股权激励工具的激励力度还要更低一些。

（二）从对激励对象的约束性来看，业绩股票、限制性股票、期股都是对激励对象的约束性较强的股权激励工具。企业如果选择这些工具能够更大程度地管控股权激励政策的风险，促进股权激励计划目的顺利达到。而股票股权、股票增值权、账面价值增值权处于中等水平。相比较而言，业绩股票、虚拟股票、优先股、干股对激励对象的约束性都较差。

（三）从股权激励工具对现金流的影响来看，优先股、股票增值权账面价值增值权激励工具对现金流的影响都比较大，它们可能对公司的现金流产生较大的影响。所以在运用的时候需要选择适合的时机。除此之外，业绩股票和股票股权也会对公司的现金流产生一定的影响，但影响相对来说较小。其他的股权激励工具对现金流没有什么影响力，如果公司的现金流压力长期较大的话，不妨选择其他的股权激励工具。

（四）从股价对股权激励的影响力来看，股票股权和股票增值权因股价变化会受到较大影响。而业绩股票、虚拟股票、限制性股票、期股也会因股价变化受到影响，其他的股权激励工具受股价变化影响较小。

（五）从股权激励对激励对象的风险来看，业绩股票、股票股权、虚拟股票、股票增值权、账面价值增值权的风险性是比较小的，因为持有这些股权的激励对象可以选择放弃行权。尤其是当股票出现贬值的时候，可以放弃行权以避免承担股权贬值的风险。而像限制性股票、期股等股权激励工具，激励对象需要承担更多的风险。

（六）从适用性来看，账面价值增值权、干股、期股对于非上市公司来说更加具有针对性和更加适用。当然，像虚拟股票、股票增值权、业绩股票、股票股权、限制性股票、优先股、延期支付不仅仅适合上市公司，也适合非上市公司。而员工持股计划、管理层收购更多运用在国有企业改革中。

（七）从操作方式来看，业绩股票、虚拟股票、股票增值权、账面价值增值权是一次性授予的，而像股票股权、期股、优先股一般会分批授予。

当然，这些区别只是一种参考。人们在区别各种股权激励工具的差异性的同时，还需要考虑到公司内部的发展情况。只有把两者结合起来才能找到最适合企业发展的股权激励工具。

一个理想的股权激励模式具有其内在特性,主要表现为短期和长期的激励性都较强,对经理人有较强的约束性,而且不易造成企业现金流压力,受股票市场风险影响较小。但事实上任何一种激励模式都不能同时满足这样的要求,每种模式都有明显的优点和不足。因此,对任何一家企业而言,这些模式中没有一种适合自身企业的最优模式,这就要求企业在最优模式的设计过程中,应根据企业自身的特点和需求,从以上 11 种模式中选择几种基本模式,再考虑企业的相关因素后,创新出适合自身的激励模式。

第四节　设定来源

设定来源指的是确定激励股票(股份)的来源和购股资金的来源问题。激励股票来源的设计直接影响原有股东的权益、控制权、公司现金流压力等。而购股资金的来源对股权激励计划的激励对象也是非常现实的问题。因此,激励股票(股份)来源与购股资金来源的设计是否合理直接关系股权激励计划的成效。

一、上市公司的激励股票的来源

《上市公司股权激励管理办法》(试行)规定了股权激励标的的来源:"拟实行股权激励计划的上市公司,可以根据本公司实际情况,通过以下方式解决标的股票来源:(一)向激励对象发行股份;(二)回购本公司股份;(三)法律、行政法规允许的其他方式。"

我国上市公司股权激励的股票来源方式主要有定向增发、回购股票、股东转让、留存股票等四种。一个理想的激励股票来源方案,应该具有可行性、经济性和持续性的特点。可行性指的是激励股票的来源符合现有的法律法规的要求,执行和操作的难度低;经济性是指在同等情况下,企业付出的成本越低越好;持续性是指激励股票来源必须是长期而稳定的,受外部因素的干扰较少。

而事实上单独选择任何一种激励股票来源方式,都各有其优缺点,因此要实现股票来源的可行性、经济性和持续性，需要多种方式组合使用。

（一）定向增发

定向增发是指上市公司向证监会申请一定数量的定向发行的股票额度，以满足激励对象将来行权的需要。具体操作程序可以不通过发审委的审批，直接向证监会申请获得批准后，召开股东大会审议，同时按照交易所规则进行及时公告。

（二）回购股票

回购股票指的是公司直接从股票二级市场购回股权激励所需数量的股票，将回购的股票放入库存股票户，根据股权激励计划的需要，库存股将在未来某个时间再次出售转让给激励对象。回购股票是美国上市公司股权激励计划中最常用的一种股票来源方式。2000 年，我国开始实施新的《公司法》，虽然允许将回购股票作为股权激励计划中正常的股票来源，但是存在时间的限制。《公司法》第 143 条规定，在公司不得收购本公司股份的例外情况中，增列了"将股份奖励给本公司职工除外"一项，并规定在此用途下，公司收购的本公司股份不得超过本公司已发行股份总额的百分之五，且所收购的股份应当在一年内转让给职工。这种时间限制使得上市公司不能按照其实际需求来灵活安排股权激励计划的等待期。

（三）股东转让

股东转让是一种比较常见的方式，往往在大股东控股的企业中更常见。在不影响控股地位的前提下，大股东会向激励对象让渡股权性利益。美国上市公司进行股权激励计划的股票来源主要是库存股和回购股份两种渠道，这两种渠道都是以上市公司为主体来实施，而大股东转让是以大股东为主体来实施其承诺的激励，这对激励对象的股票来源持续性没有保障。

这是因为股权激励是一个长期的过程，如果在行权期内，大股东作为激励股票来源的提供者，自身财务状况出现问题，导致其将部分或者全部股份抛售，那么股权激励计划的股票来源就失去了依托。为了规避这种风险，我国证监会在《股权激励有关事项备忘录 2 号》中规定："股东不得直接向激励对象赠予（或转让）股份。股东拟提供股份的，应当先将股份赠予（或转让）上市公司，并视为上市公司以零价格（或特定价格）向这部分股东定向回购股份。然后,按照经证监会备案无异议的股权激励计划由上市公司将股份授予激励对象。"

(四)留存股票

上市公司在发行股票之初,就预先保留一定数量的股票以备未来多种需要,这部分股票即形成留存股票,可以作为将来实施股权激励计划所需股票的主要来源。在美国,通常公司在成立时都有留存股票,不同类型公司留存的股票数量不同。一般来说,新上市的高科技公司留存的股票比较多,老派公司留存较少。

我国相关法律法规规定"上市公司如无特殊原因,原则上不得预留股份。确有需要预留股份的,预留比例不得超过本次股权激励计划拟授予权益数量的10%。"但我们在实际操作中,可以将公司预留变通为大股东预留。例如,在公司上市第一次公开发行股票时,由大股东多认购一些股份,其中多出部分的股份就预留下来用于将来的股权激励计划。

二、非上市公司股权激励股份来源

对于非上市公司来说,虽然没有二级市场可供回购股份来用于股权激励,但相对的,非上市公司同时也没有上市公司的诸多监管限制,股权激励操作较简单。只要原有股东协商一致,符合《公司法》的要求就可以,这是非上市公司实施股权激励的一个很重要优势。非上市公司激励股权的来源主要有以下三个渠道。

(一)原有股东转让

原有股东转让部分股权作为股权激励,各公司可根据自身实际情况予以确定是由大股东直接转让还是由多个股东按比例转让。

(二)公司预留股份

公司在成立之初可以预留一部分股份用于股权激励,预留股份可由大股东或董事会指定股东先行代持。

(三)增资扩股

公司经过股东大会2/3以上持股股东决议同意后,采用增资扩股的方式进行股权激励,行权后公司进行注册资本的变更。这种方式可以扩大注册资本金的规模,是较好地解决股权激励标的来源的方式。

三、股权池的预留

创业公司为了获得长足的发展,吸引优秀骨干员工或者战略投资者,稳定员工的凝聚力会预留出一部分股份,按照不同的职务、工龄等标准分散到各个员工的岗位上,分到股权的不仅仅是公司的高层,公司基层人员也可以享有公司的股权。这部分股份统称为股权池。股权池中预留股份的数量过大会使创始人的利益受到影响,过小则会在后续吸引或激励新的核心员工时显得吸引力不足,且稀释原有股东和投资者的股权,具体预留多少股份还需与企业的实际情况相结合。

(一)设计预留股权池

1. 设立公司时由创始人多持部分股权(对应于股权池),公司、创始人、员工三方签订合同,行权时由创始人向员工以约定价格转让也可在几名合伙人之间平均分配,分别代持。这种方法合伙人更容易接受一些,但是不足也很明显,将来有新人进入时,每个合伙人都要做一次股权转让,程序过于太烦琐。

2. 关于谁代持的问题作出的规定是,谁出这部分资金谁代持或者合伙人先认缴出资,等新人进来时,用以激励的股权转让到谁名下,谁负责出这部分资金。

3. 在分出去之前,股权池中股权的表决权由大股东享有;分红权在几名合伙人之间分配,具体分配方法要看合伙人之间如何协商,最保守的方法是利益平分。

以上需要合伙人之间另行通过订立代持协议进行协调。交给工商局的章程完全不用提及股权池由谁代持,谁出资,以及谁分享权利的问题。但是私下里合伙人之间要说清楚、白纸黑字写明白,按照约定的方式进行股权池的设立。

(二)股权池的作用

1. 延期激励的作用。股份预留主要是对企业的高科技技术人员以及业绩突出者等的一种长期激励方式。

2. 吸引人才的作用。越来越多的企业通过股份预留的方式吸引更多的优秀人才,使企业能够在当代以人力资本结构为主的市场竞争态势中站稳脚跟。

3. 完善激励机制。预留股权的奖励体系将对于完善企业的激励机制起到重要的作用,一般来说企业的激励机制应该是动态的,对未来引进的新人才预定激励约束方案,以应对人才的不断流动和更新。

（三）股权池的应用方式

用于员工股权激励的股权一般都先放在股权池中。不过我国公司法规定股权必须与注册资本相对应,所以没办法直接预留股权。一般情况下,预留的股权由以下方式进行处理。

1. 创始人代持。设立公司时由创始人多持部分股权(对应于股权池),公司、创始人、员工三方签订合同,行权时由创始人向员工以约定价格转让。这样便于大股东创始人掌握控制权,也方便将来新合伙人进入时做股权转让。

2. 将预留的股权放在一个股权实体中。把员工股权所对应的股权也设一个持股实体,将这个持股实体在目标公司所对应的表决权也放在创始股东手下,这样可避免员工直接持有公司股权所带来的不便。大股东作为有限合伙人,成立一个有限合伙企业来持有股权池的股权。将来新人进入时,直接进入到合伙企业里面。这种方法一劳永逸,就是成本高一些,需要另外注册一个持股公司。

四、股权激励购股资金来源

不同的股权激励模式,对购股资金的需求不同。有些激励模式并没有购股资金筹集问题,如虚拟股票和股票增值权等;有些激励模式可以用获得的收入来购买一部分股份,如业绩股票;有些模式会牵扯到激励对象的购买资金问题,如管理层收购、员工持股、股票股权和限制性股票、期股等模式。激励对象在行权时不但要准备行权资金,还要准备缴纳个人所得税的资金,如果股权激励数量比较大,激励对象的现有能力可能非常有限,必须在股权激励方案设计中考虑这个因素。一般而言,激励对象在获得股权激励后的购股资金来源主要有以下六种形式。

(一)自筹资金

不管是上市公司还是非上市公司,为了体现股权激励中的"风险与收益对等原则"和"激励与约束对等原则",在购股资金的来源中最好要有自筹部分。激励对象通过签订协议约定价格、时间等,最后完成支付与结算,以自有资金购入对应的股份。如果激励对象的支付能力有限,也可采取分期付款的方式。

(二)工资或奖金扣除

从激励对象的工资或者奖金中扣除。在很多情形下,激励对象不愿自掏腰包购股,在取得激励对象的同意后,公司可以考虑从其工资或者奖金中扣除一部分,作为购买股权激励标的资金,在公司采用这种方式实施股权激励计划。

(三)公司贷款

公司或者股东借款给激励对象或者为激励对象的借款提供担保。但是此种方法不适合上市公司,《上市公司股权激励管理办法》第十条明确规定:"上市公司不得为激励对象依股权激励计划获取有关权益提供贷款以及其他任何形式的财务资助,包括为其贷款提供担保。"而且,我国商业银行的相关规定也明确不得向个人提供贷款用于股权投资。

(四)激励基金

激励基金是从企业净利润中提取的,换言之就是股东同意与激励对象进行"利润分享"。公司在等待期过程中,设置业绩指标,提取激励基金,分配给激励对象用以股权激励的行权。这种方式会增加公司现金流的压力,而且许多公司是将激励基金作为经营成本列支,这就涉及企业的税收问题,还需国家有关政策的支持。

根据相关法规规定,在定向增发的模式下,上市公司提取的激励基金不得用于资助激励对象购买限制性股票或者行使股票股权。

(五)行权方式

在行权方案设计中,可以将现金行权改为非现金行权或部分现金行权的方式来解决激励对象购股资金来源问题。如果是按照非现金行权的方式,激励对象行权时,由指定的券商出售部分股票获得收益来支付行权所需的费用

（购买股票的价款和欠付公司的预付税款等），并将剩余的股票存入激励对象的个人账户中。

如果是按照部分现金行权的方式，激励对象行权时，由指定的券商出售激励合同中约定好的一定数量的股票，获得的收益用以购买剩余股票，不足部分由激励对象自行补足。

（六）信托方式

一般而言，主要通过以下三种方式利用信托机构解决激励对象用于购买股份的资金问题。

1. 信托垫资用于行权。激励对象与信托公司签订贷款融资协议，由信托垫资进行行权，被授予的奖励股票抵押给信托，利用持有的股份的分红偿还本息，偿还完毕后信托将股票过户给激励对象。

2. 公司将资金委托给信托机构，信托机构与激励对象签订贷款融资协议，将用于行权的资金贷给激励对象。当激励对象偿还本息且扣除相关费用和报酬后，信托机构将资金返还给公司。

3. 公司将资金委托给信托机构，并指定该资金专门用于购买公司股票，公司是委托人，公司和激励对象是共同受益人。在激励对象等待期内，信托机构是公司的股东，行使股东权利，享有股东收益。等待期结束之后，如激励对象行权，信托机构将股票过户给激励对象；如没有达到行权条件，信托机构出售股票，在扣除相关费用和报后将资金返还给公司。

第五节 设定数量

确定股权激励计划的数量有两层含义：股权激励计划的总量和每一位激励对象所获得的股权激励数量。如果是多次授予计划，还要根据公司战略和未来业绩目标来确认公司留存的股权激励数量。

一、确定股权激励总量的考量因素

（一）法律的强制性规定

确定股权激励总量应该遵守法律的强制性规定。一般而言，法律法规政策对于股权激励总量的下限没有规定,但是对上市公司股权激励的上限有规定。上市公司授予激励对象的股权激励股份的总额度不得超过公司总股本的10%。对于非上市公司而言,法律并没有强制性规定股权激励的总额度,因此非上市公司可以根据自身情况酌情决定股权激励的总额度。

(二)企业的整体薪酬规划

激励对象的股票股权收益是激励对象整体薪酬的一部分,在考虑股权激励额度时要考虑到企业现有薪酬及福利水平。一般而言,规模较大、处于成熟阶段的公司,工资、奖金及福利待遇都比较好,股权激励数量就不会太大;而规模小,处于初创阶段或快速成长阶段的企业,工资、奖金及福利待遇相比成熟企业不会太好,而且未来的发展前景也不明朗,这时授予的股权激励数量就需要多一些。

另外,如果拟激励的激励对象比较多、为保持一定的激励力度,则可以扩大股权激励的激励总额;如果拟激励的激励对象比较少,则可以相应减少股权激励的激励总额。

(三)企业控制权及资本战略

实施股权激励,必然会稀释原有股东的控制权,因此在确定股权激励总量时,一定要注意企业控制权的问题(股东能够忍受的控制权稀释的最高限)。同时还要为企业未来的资本战略入股权融资、并购重组等预留空间。

(四)企业的规模与净资产

同等比例的股权,规模大、净资产高的企业肯定比规模小、净资产低的企业收益高,因此,企业确定股权激励总量要根据自身企业规模与净资产状况确定合理比例的额度,既起到激励作用,又不过度激励。比如,一家大型房地产公司如果要实施股权激励,拿出5%的股份就足够了;而对于一家创业期的软件公司,5%的股份是远远不够的。

(五)企业设定的业绩目标情况

如果行权条件设置的业绩目标比较高,则可以在激励额度方面适宜加大。因为更高的业绩目标需要激励对象付出更多的努力,而且激励对象如果实现了行权业绩目标,公司也会获得更大收益。

二、确定股权激励总量的方法

股权激励数量的确定直接涉及激励力度和企业控制权的问题。如果股权激励数量过少,就起不到激励的效果;但如果股权激励的数量太高,必然影响公司控制权的安排,从而影响公司后续的资本运作。因此,科学合理的股权激励数量决定着股权激励计划的成败。下面介绍用于确定股权激励总量的三种常用方法。

(一)将留存股票的最高额度作为股权激励总量

这种方法最为简便易行,但也存在以下缺点:一是额度一旦确定,企业将很难再从现有股东手上争取到更多股权(因为留存股票的额度通常已经是现有股东能忍受的股权稀释的最大程度),激励计划的拓展空间有限,企业用完这一额度就无法继续使用股权激励来吸引新员工;二是因为额度有限,不同时期进入公司的员工,获得的股权激励数量往往差异很大,老员工获得较多股权激励,而随额度减少,后来的员工获得的股权激励数量越来越少,这就造成企业无法从员工对公司的贡献或自身价值的角度进行解释,从而缺乏公正性和说服力。

(二)以员工总薪酬水平为基数来确定股权激励总量

企业可以以员工总体薪酬水平作为基数乘以系数来决定股权激励的总量,计算公式为:股权激励总价值=年度总薪金支出×系数。至于系数的确定,可根据行业实践和企业自身情况来决定。有研究表明,在实行股权激励的公司中,工作 10 年以上的员工所拥有的公司所有权价值是其年薪的 1.5 倍;20 年以上的,是其年薪的 4 倍。实行股权激励的公司一般每年的股权支出是其总薪金支出的 1/10 到 2/100。采用股权激励总量与员工总体薪酬水平挂钩的方式,使企业在股权激励的应用上有较大的灵活性,同时又保证了激励总量与企业的发展同步扩大。

(三)基于企业业绩来确定激励总量

企业设立几个高低不同的业绩目标,在规定的期限内达到哪个目标,那么董事会就授予管理层和员工相应比例的股权,类似于企业收购并购中的对赌协议。这种方式更符合股权激励的目的,但要注意业绩目标的合理性,而且股权激励额度要与业绩目标的实现度相匹配,否则员工可能会因为目标过高或付出与回报不匹配而失去积极性。

三、确定股权激励个量的考量因素

(一)法规的强制性规定

对于上市公司而言,其实施股权激励的激励对象个人的授予额度在现时法律文本中有所说明,中国证监会规定"非经股东大会特别决议批准,任何一名激励对象通过全部有效的股权激励计划获授的本公司股票累计不得超过公司股本总额的1%"。除此之外,在《关于规范国有控股上市公司实施股权激励有关问题的补充通知》中规定,"在行权有效期内,激励对象股权激励收益占本期股票股权(或股票增值权)授予时薪总水平(含股权激励收益)的最高比重、境内上市公司及境外 H 股公司原则上不得超过40%,境外红筹股公司原则上不得超过50%。"

对于非上市公司而言,法律中并未强制性规定股权激励对象授予额度的限制。因此,非上市公司可以根据自身情况的需要来决定授予员工的个人激励额度。

(二)兼顾公平与效率

激励计划的公平公正主要体现在公平公正选拔纳入股权激励的员工人选,以及在激励对象之间对股权激励总额度的具体份额的分配上。各激励对象具体可获得的激励额度,应该按照其对公司的贡献和重要性来确定,需要注意的是要体现出一定的区别。

(三)激励对象的薪酬水平

一般而言,激励对象所领取的薪酬基本与其在公司内部的重要性相对应。因此,激励对象所获的个人额度一般应该与其之前的情况相适应。在考虑确定股权激励数量要考虑的因素时,应将预期股权收益与未纳入激励计划员工的收入差距问题考虑在内,若差距太大,则将对其他员工的积极性产生较为不利的影响,易引起公司内部的混乱。

(四)激励对象的不可替代性

激励对象的不可替代性愈强,则应对该激励对象赋予愈多的股权激励份额,反之亦然。同时公司业绩对激励对象的所拥有的人力资本的依赖程度越高,则授予的股权激励份额应该越多,反之亦然。

(五)激励对象的业绩表现

激励对象的业绩表现愈好,工作重要程度越高,则授予的股权激励份额相对愈多。

(六)激励对象的工作年限

通常情况,应将激励对象在公司工作年限的长度及学历程度,纳入确定授予股权激励份额的考量范围内。

(七)竞争企业的授予数量

要使股权激励达到激励效果,应使人才得到的收益达到或超过其期望值。与同行业主要竞争对手的授予数量做比较,本公司授予对象的授予份额将起到不同激励的效果。为了留住和激励人才,我们提供的长期激励性报酬必须具有市场竞争力。

四、确定股权激励个量的方法

在确定股权激励总量后,企业具体计算决定各个激励对象具体的股权激励数量,主要采用以下三种方法。

(一)直接评判法

这种方法比较直接,也是最简单和最粗糙的一种激励方法。即董事会综合评判后直接决定每个激励对象的股权激励数量。在这种方法中,一般都是根据可供分配的股权激励总量,直接决定每个激励对象的获授数量。

(二)期望收入法

期望收入法是通过预先设定激励对象股权激励收入的期望值,并预测股权激励到期时的每股收益,来测算应该授予激励对象的股权数量。具体计算方法是,先假定激励对象行权时应获得几倍年薪的期望收入,再预测行权时的每股收益,用期望收入除以每股收益即得出应授予的股权激励数量。当然,使用这种方法也不一定和年薪挂钩,而是可以直接改成希望经理人从股权激励中获得多大的收益。

（三）分配系数法

这种方法是通过建立相关评价模型，主要是价值与贡献的评价模型。就每位激励对象对企业的价值与贡献进行评分获得分配系数，并按照其分配系数在全部分配系数中的比例进行股权的分配。计算公式如下所示。

a. 个人激励额度＝激励总量×激励对象个人分配系数÷公司总分配系数

b. 公司总分配系数＝∑个人分配系数

c. 个人分配系数＝人才价值系数×20％＋薪酬系数×40％＋考核系数×20％＋司龄系数×20％

个人分配系数实际上代表了对激励对象的评价得分，因此需要建立一个评价模型。我们在这里建议以激励对象的人才价值、薪酬水平、考核成绩、司龄四个维度作为评价模型，同时不同的评价维度赋予不同权重，建立如下个人分配系数公式。

个人分配系数＝人才价值系数×20％＋薪酬系数×40％＋考核系数×20％＋司龄系数×20％

关于人才价值的评价标准，企业可以根据本企业的情况具体制定，激励对象的学历、工作能力、其工作的重要性等都可以作为评价依据。然后根据评分结果赋予其人才价值系数，具体内容如表7-2所示。

表7-2　人才价值的评价标准表

分数段	等级	人才价值系数
95分以上	A	3
85—95分	B	2.5
75—84分	C	2
75分以下	D	1

薪酬系数反映激励对象在授予年度的实际工资水平，可将最低工资的激励对象的薪酬系数标准设为1，其余激励对象的薪酬除以最低工资的激励对象的薪酬即可得到各自的薪酬系数。

考核系数可以根据激励对象的年度考核等级确定，如表7-3所示。

表7-3 激励对象的年度考核系数表

考核等级	优秀 A	良好 B	中等 C	合格 D	不合格 E
考核系数	1.2	1.1	1.0	0.9	0.8

司龄系数反映激励对象已经在公司工作的年限,以授予日为基准,参与计划的激励对象入职年数增加1年,司龄系数增加0.05,具体如表7-4所示。

表7-4 激励对象的年度考核系数表

入职年数	1<=Y<2	2<=Y<3	3<=Y<4	4<=Y<5	……
司龄系数	1	1.05	1.1	1.15	……

第六节 设定价格

价格和数量是直接决定股权激励力度的两个关键要素,在具体确定过程中必须要放在一起考量。行权价格与股票市场价格之间的差价是股权激励制度关键所在,因此行权价格是否合理关系到整个股权激励计划的成败。其中,行权价格是指股权激励计划中确定的激励对象在未来行权时购买股票的价格。

一、上市公司股权激励行权价格的法律规定

上市公司股权激励计划要遵守法律的强制性规定。

根据《上市公司股权激励管理办法》(试行)的规定,上市公司在授予激励对象股票股权时,应当确定行权价格或行权价格的确定方法。行权价格不应低于下列价格较高者,一是股权激励计划草案摘要公布前1个交易日的公司标的股票收盘价;二是股权激励计划草案摘要公布前30个交易日内的公司标的股票平均收盘价。

上市公司以股票市价为基准确定限制性股票授予价格的,在下列期间内不得向激励对象授予股票,一是定期报告公布前30日;二是重大交易或重大

事项决定过程中至该事项公告后 2 个交易日;三是其他可能影响股价的重大事件发生之日起至公告后 2 个交易日。

鉴于明确限制性股票的最低授予价格的重要性,《股权激励有关事项备忘录 1 号》做出相关规定。如果标的股票的来源是增量,即通过定向增发方式取得股票,其实质属于定向发行,则参照现行《上市公司证券发行管理办法》中有关定向增发的定价原则和锁定期要求,以确定价格和锁定期,同时考虑股权激励的激励效应。

具体规定如下两条标准,一是发行价格不低于定价基准日前 20 个交易日公司股票均价的 50%;二是自股票授予日起 12 个月内不得转让,激励对象为控股股东实际控制人的,自股票授予日起 36 个月内不得转让。若低于上述标准,则需由公司在股权激励草案中充分分析和披露其对股东权益的摊薄影响,相关部门提交重组审核委员会讨论决定。

二、上市公司股权激励行权价格的确定方法

(一)确定公平价格

各国资本市场监管部门一般都要求行权价格要根据"公平价格"来确定。"公平价格"指的是对股东和激励对象都公平的价格,"公平价格"一般有以下五种算法。

1. 授予日的最高价格和最低价格的平均值。

2. 授予日的开盘价和收盘价的平均值。

3. 授予日前一个月的收盘价的平均值。

4. 授予日前一个月的开盘价的平均值。

5. 授予日前一个月收盘价和开盘价的平均值。

(二)确定行权价格

在公平价格确定之后,行权价格的确定有以下四种方法。

1. 等现值法

等现值法也叫作平值法。行权价格等于当前股票的公平价格。这种行权价格相对比较适合股权激励的本意,也是绝大多数上市公司采用的方法。行权价格等于当前股票公平价格的情况下,股权激励方案的内在价值是零,但是

拥有时间价值。

2. 现值有利法

现值有利法也叫作实值法。行权价格是当前股票价格的一个折扣,这种方法的激励力度是最大的。在行权价格小于当前股票公平价格的情况下,股权激励方案的内在价值是正的,而且还拥有时间价值。但是这种方法对股东是不利的,会稀释公司原有股东的权益。而且对激励对象的约束也比较小,他们只要维持现有股价,就可以在股权激励到期的时候获得股权激励的收益。一般对于陷入困境、发展潜力不大的公司会采用这种方法。

3. 现值不利法

现值不利法也叫作虚值法或溢价法。行权价格是当前股票公平价格的一个溢价,也就是行权价格高于当前股票的价格。这种行权价格对股东有利,而对激励对象不利。这种方法用得不多,只适用于那些公司盈利状况和成长性都很好的公司。

4. 可变行权价格法

前三种方法确定的行权价格都是依据股权当前的市场价格确定的,行权价可能因为授予的时期不同差别很大,尤其是在公司公开上市前后所授予的股权的市场价格。为了体现对股东和激励对象双方的公平,尽量避免不科学、不合理的行权价格确定方法,美国上市公司更倾向于设置一个可变的行权价格,主要以业绩的变化和同行业股票的变化作为约定变化参数的参考。比如,业绩加速股票股权、业绩生效股权、指数股权、可再定价股权的行权价格就是可变的。

可变行权价格产生激励作用的逻辑是:激励对象的表现愈佳→其导致的特定财务指标增长愈快→其股权的行权价愈低→其股权市场价格与行权价的价差愈大→其获利愈多→其激励效果愈好。

三、非上市公司股权激励行权价格确定方法

因为股权行权价没有相应的股票市场价格作为定价基础,非上市公司在制订股权激励计划时确定难度比上市公司相对要大得多。

美国的非上市公司通常的做法是,对企业的价值进行专业的评估来确定企业每股的内在价值,然后以此作为股权行权价与出售价格的基础。确定公

平价格的具体做法是，首先在对公司的每项资产进行评估后得出各项资产的公允市场价值，然后将各类资产的价值加总得出公司的总资产价值，再减去各类负债的公允市场价值总和，就得到公司股权的公允市场价值。再用公允市场价格除以公司总股本，就得到股权激励授予时的公平价格。

国内的非上市公司在实施股权激励时，每股净资产值通常作为确定行权价与出售价的主要甚至是唯一的依据。按照每股净资产为依据的定价方式虽然简单易行，但是其客观性、准确性与公正性存在一定的局限性。

我国非上市公司股权激励行权价格通常采用以下四种方法来确定。

（一）以注册资本金为标准

注册资本金与净资产相差不大的企业，可以以注册资本金为标准来确定股权价格。例如每份股权激励的行权价格可以直接设定为 1 元，这是一种最简单的定价方式。

（二）以评估的净资产的价格为标准

企业的净资产与注册资本金相差较大的情况下，就需要对每股净资产值进行评估，以评估后的每股净资产值作为股份授予时每份股权激励的行权价格。

（三）以注册资本金或者净资产为基础进行一定的折扣

在这种情况下的企业根据实际的经营状况，以注册资本或者每股净资产为基础，选择适当的折扣来确定行权价格。这种方式较前两种激励方式力度更大，激励对象可以以低于企业净资产的价格获得股份。

（四）以上市公司股价为参考

比如高科技企业，可以以同行业同类型上市公司的股价为参考，进行一定的折扣后作为股权激励的行权价格。由于企业价值的计算方式是各种各样的，因此，非上市公司股权激励标的行权价格的确定也有多种方法，企业应根据公司的实际情况和战略需要确定。

第七节　设定时间

股权激励计划作为一种由不同的时间点组成的长期的员工激励制度，要使得股权激励计划达到很好的效果,股权激励计划中设置的时间点必须要经过巧妙的设计,既要达到企业长期激励的目的,又不会使员工感觉到遥不可及,要确保员工的努力能够得到激励的回报。一般而言,股权激励计划中会涉及以下时间点,包括股权激励计划的授权日、有效期、等待期、解锁期、行权日、行权窗口期和禁售期等。

一、授权日

授权日又称授予日,即公司向激励对象授予股权激励的日期,是股权激励的实施方履行股权激励计划而为激励对象所接受的重要时点,诸如等待期、行权期、失效期等时间段,一般以股权激励计划的授权日为起算点,而不是以股权激励计划的生效日为起算点。股权激励计划的生效日段是指非上市公司股东大会审议通过之日,或者上市公司报中国证监会备案且中国证监会无异议,公司股东大会审议通过之日。而授权日是在股东大会通过后再召开董事会,由企业董事会制定的一个具体日期,授权日应在生效日之后的 30 日内确定。

对于上市公司而言,授权日必须是交易日,且不能是下列日期。

·上市公司定期报告公布前 30 日。

·重大交易或重大事项决定过程中至该事项公告后 2 个交易日。

·其他可能影响股价的重大事件发生之日起至公告后 2 个交易日。

对于非上市公司而言,不存在交易日与非交易日的区别,在分批集中对股权激励对象集中授权的前提下,授权日的确定应考虑以下因素。

·授权日应当是工作日,在非工作日授权会引起不必要的麻烦。

·授权日与企业考核日期相适应,最好在考核日期之后或者之前。

·授权日与企业战略目标的起始日相一致,这样会使企业的战略目标与股权激励计划在时间的安排上相对应。

针对激励对象而言,具体授权日的确定可以参考以下日期。

·激励对象受聘日。

·激励对象确定晋升之日。

·激励对象的业绩评定日。

·激励对象取得技术成果之日。

·激励对象负责或者接管公司重要项目之日。

二、有效期

有效期是指获授人可以行使股权所赋予的权利的期限(涵盖股权激励计划从经过股东大会或者中国证券监督管理委员会审批生效起,直至该激励计划涉及的最后一批激励标的股份行权或者解锁完毕、股权激励计划终止的时间段),超过这一期限就不再享有这种特权。

三、等待期

股权激励计划的等待期是指激励对象获得股权激励标的之后,需要等待一段时间,达到一系列事前约定的约束条件,才可以实际获得对激励股份或者激励标的的完全处分权。这一段等待的时限就叫作股权激励计划的等待期。

设立等待期是为了更好地发挥激励计划留住和激励员工的作用,实际上也就是增加激励与约束措施,能对授予对象长期捆绑,防止激励对象获取投机性的利润。如果激励对象离开公司,所有未行权的股权通常将作废。只有留在公司,并且保持高效率,将来才会获得收益。

我国《上市公司股权激励管理办法》规定,授权日与首次可以行权日之间的间隔不得少于1年。也就是说,我国上市公司股权激励计划的最短等待期是1年。

股权激励计划等待期的时间长度并不是随意设定的,也不是单纯的耗费时间的延期支付,而是要求激励对象在这段时间内达到约定的业绩目标。因此,股权激励计划等待期的长短实际上与激励对象为完成业绩目标所需要的时间是密切相关的。原则上最长等待期限一般应该和公司阶段性战略目标的完成时间相一致,而最短的和分批行权所间隔的股权激励计划的等待期,一般不低于1年。一般来说,对于10年有效期的股权激励计划,建议最短等待期为3—5年;对于5年有效期的股权激励计划,建议等待期为1—2年。

股权激励的等待期大体有以下三种设计方法。

(一)一次性等待期限

如果股权激励计划授予激励对象在一次性的等待期满后,可以行使全部权利,那么就是一次性等待期限。例如,某公司股权激励计划约定激励对象有权在股票股权授权日起 3 年后,一次性就其获得的股权激励总额全部行权,这 3 年等待期就是一次性等待期限。这种等待期的激励效果比较显著,适合特别希望在既定时间内改善业绩的公司。

(二)分次等待期限

如果股权激励计划授予激励对象分批行权、分次获得激励标的完全处分权,那么就是分次等待期限。例如,某公司股权激励计划约定激励对象在满足行权条件时分四批行权,每次的行权比例为激励标的总额的 25%,等待期限分别为 1 年、2 年、3 年和 4 年。由于分次等待期限设置能长期定位激励对象且有效避免激励对象的短期获利行为,因此此种方式在实践中应用比较多,特别是股权激励专家一般建议采用"一次授予,多次加速行权"的方式。

分次等待的期限和分次行权的数量可以是不均衡的,企业可以根据具体情况来拟定。

(三)业绩等待期

业绩等待期指激励对象只有在有效期内完成了特定的业绩目标,才可以行权。即依据特定的业绩目标如特定的收入、利润指标等是否实现来确定等待期是否期满。在此种情况下,等待期的长短是不确定的。这种等待期一般是在公司业绩和发展前景遇到困难时使用。

四、行权期与窗口期

行权期是指等待期满次日起至股权有效期满之日止这一时间段,在此期间每一个交易日都是可行权日,满足条件的员工可进行行权。有效期满,仍未行权的股份将由公司按规定注销或者予以回购。

理论上,只要进入行权期,激励对象都可以行权。但是,对于上市公司来说,激励对象有可能通过控制信息披露来操纵股价,为自己牟取私利。因此,各国证券监管部门纷纷设置了窗口期,激励对象只能在窗口期内行权。因此,对于上市公司的股权激励对象来说,当经过等待期,进入行权期之后,公司授予了一个可以在任意交易日行权的权力,但是法律法规又在行权期内设置了窗口期,激励对象只能在窗口期内行权。

非上市公司虽然没有法律法规对窗口期的限制，但是鉴于股权变更均需要到工商登记部门予以注册，如果激励对象不能在一段时间集中行权则会增加工商股权登记办理的烦琐程度。因此非上市公司也可以在行权期内设立小段时间为每年的行权窗口期，例如每年6月为行权窗口期，激励对象达到行权条件后在行权窗口期内统一行权。

五、禁售期

禁售期又称强制持有期。为了防止激励对象以损害公司利益为代价抛售激励标的进行短期套利行为，公司会按照国家相关法律法规的规定，设立一个时间段，在此期间，激励对象持有的股票不得转让、出售，期满后才能自由流通。

关于禁售期的长短，各国的标准不一，各大公司也不尽相同，但大多在半年到3年之间。实施股权激励的公司，可以依据自身的需要和实际情况在相关规定的指导下，协商确定合适的禁售期时限。

对于上市公司而言，我国法律法规对禁售期有所规定：公司董事、其他高级管理人员，每年转让其所持有的公司股票不得超过其所持有的公司股票总数的25%；在离任信息申报之日6个月内，不得转让其所持有的全部公司股票；在离任信息申报之日起6个月后的12个月内，通过证券交易所挂牌交易出售股票数量占其所持有的本公司股票总数的比例不得超过50%。

对于非上市公司而言，虽无法律法规强制规定，但也是可以通过公司章程或相关协议设置禁售期的，目的是为了实现激励对象与公司利益的长期捆绑。

六、失效日

失效日是指过了这一天，如果激励对象还没有行权，那么股权激励计划就作废，不能再行权。

第八节　设定业绩

科学合理的业绩确定是股权激励能够达到有效激励的前提。也就是说，激励经理人的目的在于让经理人更有效地完成公司制定的工作目标或任务,为自己、老板和公司创造更大的价值。所以有效的股权激励一定要以完成一定的业绩目标为前提的。如果没有明确的目标,股权激励就不能达到目的。

在确定股权激励股票数量的时候,一方面要根据绩效和预期的呈现来计算总量,另一方面要根据个人的绩效目标和结果表现来核算个人数量,当然也要根据绩效综合结果来兑现股票数量;在确定股权激励行权价格的时候,要在绩效基础上估算公司价值进而计算价格;设置行权条件的时候当然是基于公司业绩目标和个人绩效目标;在设置行权时间尤其是限制期时依据来源也是限制期的绩效预期;在股权激励实施结束后仍然要用绩效呈现来衡量整体方案的有效性。绩效无处不在,它充斥在股权激励管理的整个循环链条中。企业在选择运用的时候可以参考或者交叉使用以下三种业绩评价方式。

一、基于 EVA 的业绩评价法

EVA 是经济增加值(Economic Value Added)的简称,指税后营业净利润中扣除包括股权和债务的所有资金成本后的经济利润。

计算公式为:EVA = NOPAT−WACC×TC

其中,NOPAT 为经过调整后的税后营业净利润;WACC 为企业资本结构中资本各个组成部分以其市场价值为权重的加权平均资本成本;TC 为企业资本投入,包括股东投入的股本总额、所有的计息负债及其他长期负债的总和。

EVA 的真实含义是企业只有在其资本收益超过为获得该收益而投入的资本的全部成本时,才能为股东带来价值。当 EVA 大于零时,说明企业对在某一时间内所创造的价值弥补了资本成本后仍有结余,增加了股东价值;当EVA 小于零时,说明股东的价值没有增加反而受损。

(一)EVA 评价方式的优点

EVA 通过考虑企业全部投入的资本成本,将资本使用成本引入企业价值衡量体系,扩展了传统会计角度成本的内容,更加真实地考核出企业在经营过程中资金使用的机会成本。资本是经济社会运转最原始的动力,资本的成本和使用效率决定了企业的效率。这种评价方法相当于从企业所有者的角度重新定义了利润。

EVA 打破了传统的仅仅由单纯的收入利润、资产回报等指标组成的业绩考核方式，将业绩考核提升到了多维度，扩展到整个企业的价值衡量，使得对企业价值的考核更加全面和客观。同时正是这种多维度衡量，使得经营者基于 EVA 的考虑而选择采取更加谨慎的投资与决策，避免无效扩张或者其他不经济行为。EVA 的适用范围很广，不仅适用于上市公司，也适用于非上市公司；不仅可以应用于公司一级层面，也适用于部门层面。

（二）EVA 评价方式的缺点

EVA 仍然是一种财务导向的业绩评价指标，财务导向的评价在于，对过去的评价只反映了过去某阶段的创造价值的能力，无从判断未来创造价值的能力，具有一定的滞后性。同时 EVA 也无从兼顾企业的战略，在战略方向的确定和路径选择上，并非每个财务周期一定是资本增值的，布局和坚守或许价值更大；还有当前的企业竞争，创意、品牌等无形的东西的价值占据着重要地位，这些价值很难准确地计量，因此 EVA 也难以较好地把握这些无形价值。EVA 计算过程中的平均资本成本也是难以计算的，它对实际经济状况的影响敏感度不高，比如，经济周期的不同阶段、通货膨胀或紧缩情形下资金成本是差距很大的，这就会影响到 EVA 核算结果的差异性。

（三）EVA 与股权激励

EVA 与股权激励的结合表现在两个方面，以股票股权为例：一是用于股权激励的所有股票成本与 EVA 相结合，意思是成本纳入到 EVA 核算中，这样保证了股东权益不受损；二是行权价格与 EVA 的结合，随着每个阶段的行权，成本不断增加，在保证 EVA 的前提下，行权价格会不断地上升，这种情况下只有努力提升业绩，使得股票价格的上升幅度超过股权资本成本时，才能获得股权带来的收益，当然风险在于出现仅仅为提升股票价格采取的各种造假等行为。

二、基于相对绩效的业绩评价方式

相对绩效是指高层管理者所管理公司的自身绩效与同行业其他公司相比后，在其所在行业中表现出来的相对状况。它可以排除高层管理者无法控制的行业或市场风险因素或有利因素。

相对绩效评价是通过对一系列具有可比性的公司的绩效进行相互比较,并在此基础上进行排序,从而提供一个公司经营绩效状况相对优劣的评价结果。

相对绩效评价可以从不同的层次和不同的角度展开。它可以采用同一人在不同时期的业绩表现作为相对绩效,也可以采取同岗位两个人之间的业绩对比作为相对绩效,其他相对绩效评价指标有预算标准、同业标准等。企业的业绩除了受管理人员个人能力和努力程度的影响外,还受许多不可控因素的影响,比如,宏观经济环境、市场波动等,这些因素的存在使得管理人员的努力同公司业绩之间的关系较为模糊。企业业绩的降低可能是因为管理人员工作不努力,也可能是由那些不可控因素造成的,因此在对管理人员进行业绩评价的时候,就引入了一个相对绩效的概念。

相对绩效评价的优缺点包括:通过剔除更多的外部不确定因素的影响,增加高管努力程度与公司业绩之间的相关度,从而能够更为有效地激励高管努力工作;实施的成本较低,有利于被评价者持续改进,降低代理人的代理成本和道德风险。

采用相对绩效评价参考的选择本身就是一个难题。此外,相对绩效评价可能会引起诸如采用苛刻的工作标准从而破坏团队合作气氛,影响工作效率等问题。

三、基于平衡计分卡的业绩评价方式

哈佛商学院教授罗伯特·卡普兰(Robert S. Kaplan)和复兴全球战略集团总裁大卫·诺顿(David P. Norton)于 1900 年开始,在总结十几家绩效管理处于领先地位公司经验的基础上,向全球范围开始推广平衡计分卡(Balanced Scorecard)的方法,此后平衡计分卡在全世界的管理实践中得到了广泛的运用。

(一)平衡计分卡模板的内容

平衡计分卡是从财务、客户、内部营运与学习发展等四个方面来平衡设定目标和考核企业各个层次的业绩。

1. 财务维度。围绕着满足股东和投资者、实现股东价值的最大化的目标而设定的财务类绩效指标。这类指标能全面、综合地衡量经营活动的最终成

果以及公司创造股东价值的能力。

2. 客户维度。围绕着顾客或者利益相关者、实现顾客满意的市场类指标。如时间、质量、性能和服务、成本等。

3. 内部营运维度。围绕着企业内部营运、创造自身优势的营运类指标,这类指标关注的是哪些方面拥有竞争优势,如何更加完善企业机能。

4. 学习发展维度。围绕组织学习与创新、提升长远能力的支持类指标,如人才梯队、信息系统与企业文化建设等。

平衡计分卡理论认为财务、客户、内部营运及学习发展的四个维度是相互支持、相互关联的,各个指标是彼此相互制衡、相互作用。

(二)平衡计分卡体系的优缺点

首先,平衡计分卡体系使得企业内部战略的沟通变得顺畅;其次,平衡计分卡强调战略中心组织建设,强调战略管控流程、制度与表单的设计,能够确保企业通过清晰的战略管控流程与组织体系监督战略执行,及时根据竞争状况的变化做出相应调整,使战略管控变得适时、具有动态性。

平衡计分卡不可避免地也存在一些缺点。比如,在实施方面有一定难度,平衡计分卡的实施要求企业有明确的组织战略;高层管理者具备分析和沟通战略的能力和意愿;在指标体系的建立方面有一定难度,表现在非财务指标的采集和量化问题,指标数量较多的问题;当今环境变化剧烈而平衡计分卡的建立需要较长一段时间;等等。

第九节　设定条件

没有一定的约束条件股权激励计划只是成了单纯的奖励计划,而这并不是激励计划建立者的本意,显然是不可取的。股权激励计划的约束条件实际上是规定为了让公司及原始股东满意,取得股权激励这种长期的且可能是巨额的报酬所需要达到的一种业绩标准。股权激励计划在以下两方面设立约束条件,一是股权激励计划的授予条件;二是股权激励计划的行权条件。

一、定股权的授予条件

授予条件是指激励对象获授股权时必须达到或满足的条件,达不到条件就不能获授股权。授予条件除涉及激励对象的资格条件,还涉及公司的主体资格。

对上市公司来说,发生下列任一情形即丧失了实施股权激励计划的主体资格。

·最近一个会计年度的年报被注册会计师出具否定意见或者无法表示意见的审计报告。

·最近一年内因重大违法违规行为被中国证监会行政处罚。

·中国证监会认定的不能实行股权激励计划的其他情形。

上市公司激励对象发生下列任一情形即失去股权激励计划的法定获授条件。

·最近三年内被交易所公开追责或宣布为不适当人选的。

·最近三年内因重大违法违规行为被中国证监会予以行政处罚的。

·具有《公司法》规定的不得担任公司董事、监事、高级管理人员情形的。

除了以上法定条件,企业还可将学历、工作年限、岗位级别等作为授予条件;亦可附带业绩条件作为授予条件,即业绩考核合格后,才可以获授股权,这一点与股权的行权条件较为相似。

二、定股权的授予方式

股权的授予方式主要有一次性授予与分期授予两种。

(一)一次性授予

公司一次性授予员工股权,可以在员工被聘用之日授予,以吸引人才加入本企业。可以在员工任职一段时间后授予,如3—5年,以此提高员工离职成本,有效保留人才,也可以在其他特定日期授予。一次性授予的方式相对分期授予易于操作和管理,但对于人才的绑定作用弱于分期授予方式。

(二)分期授予

公司分期授予员工股权,可以按时间条件分批次授予,比如,每两年对激励对象授予一定数量股权,8 年内全部授予完毕。也可以按阶段性业绩目标条件分批次授予,每达到一阶段目标则授予一次,直至全部份额授予完毕。分期授予股权,管理起来比较烦琐,但能有效地长期绑定人才。

三、定股权的行权条件

行权条件是指激励对象对已获授的股权行权时必须达到或满足的条件。行权条件主要落实为具体的要求与指标,通常体现为业绩考核,即只有激励对象在公司的业绩考核为合格的情况下才能行权,业绩考核是根据公司制定的《股权激励计划实施业绩考核办法》进行的。业绩考核在公司层面上主要体现为总量指标和财务指标,如净利润增长率、净资产收益率等必须达到标准;激励对象个人则是根据考核办法考核为合格。

四、定股权的行权方式

常用行权方式有以下四种。

(一)现金行权方式

这是最为常见的行权方式,员工用现金支付行权价格,并持有购入的股票。如果在行权时要确认税收人,员工需要一并缴纳相关税费,不同的公司对于税费和行权价格的管理有不同的规定。

采用这种方式最常见的做法是:要求员工将税费和行权价格合并或者分别支付给公司。这种方式要求员工有充足的现金,且行权后持有公司股票,而员工将由此承担股价下降的风险。事实上这是公司所期望的结果:一是员工支付了行权价格,相当于对公司股票进行了投资,因此将切身利益与公司发展联系起来;二是员工作为公司的一员,通过努力工作可以为公司创造价值,从而提升自身收益,降低股价下降的风险。

(二)经纪人当日出售

这是一种比较常见的行权方式,是指员工在行权后立即出售股票以兑现所获得的资本收益。从理论上来讲,经纪人当日出售的程序是:员工首先支付行权价格购入股权股票,然后立即对证券经纪人发出指示,要求其售出全部或部分期权股票,并获得资本收益。但在实际操作中这两步是合二为一的,即员工对经纪人发出指令以当日出售方式行权,经纪人会用出售期权股票所得的收入支付行权价格和应缴税费,再返还给员工剩余的净收益。

该过程中,经纪人主要发挥融资或融券的作用。如果是先行权再售出,经纪人将提供融资服务;相反,如果是先售出再行权,经纪人将提供融券服务。事实上,一旦激励计划允许员工以经纪人当日出售方式行权,为便于经纪人融资给员工,公司将会事先选择几家经纪人公司,签署委托协议,并存入一定的公司股票到经纪人指定的账户上。

(三)股票互换行权

这是一种比较复杂的行权方式,通过使用已经拥有的公司股权作为支付方式来购买股权股票。其中,互换比率的确定要按照现行股价与行权价格之间的关系来确定。这种行权方式多为高层管理人员采用,其原因有以下两个方面:一是高层管理人员一般都拥有一定的公司股票,可用于交换;二是他们获授的股权数量一般较大,用现金行权可行性不高。

这种行权方式有一个问题是,被员工作为支付等码而交回的股票应当如何处理。一般而言,公司可以将收回的股票凭证交给转让代理人注销,也可以转为库存股,留待以后使用。但是,无论如何,都会使公司在外流通的总股票数量下降。为解决这一问题,有些公司在股票互换行权条款后加上了复载条款,要求在员工以股票互换方式行权时,公司将按其交回的股票数授予员工新的股票股权,从而保持在外流通的总股票数不变。

(四)本票或贷款行权

这是一种公司帮助员工融通行权所需资金的方法。公司允许员工使用本票或向银行借款来筹集行权所需的资金,借款金额不仅包括行权价格,还包括相关税费。在设计贷款行权时,公司应当注意对贷款利息的规定。一般而言,贷款利息不能过低,否则将会被视为给员工的额外优惠。利息的确定可以参考外部的基准贷款利率,也可以参考公司在其他方面提供给员工的贷款的利息水平。

五、激励对象达不到行权条件或者未及时行权的处理办法

一般而言,若激励对象或者公司业绩未能满足行权条件,则当期的股权激

励标的不得行权，该部分股权激励标的由公司注销或者按照原授予的价格予以回购。若激励对象符合行权条件的同时公司业绩也达到了行权条件，但激励对象未在行权期内全部行权的，则未行权部分的股权激励标的应由公司予以注销或者按照原授予的价格予以回购。

通常情况下，即使激励对象达不到行权目标，公司一般也不愿给激励对象造成损失。在限制性股票的前提下，一般公司约定激励对象不能行权或者放弃行权的，公司会以激励对象支付的成本价以及相应的利息予以回购。这种做法主要是为了使股权激励计划能够顺利地实施而不至于导致激励对象的反对，因为激励对象一般不愿意参加有可能给自己带来经济损失的激励计划。

第八章 公司控制权

公司控制权是从股东所有权中派生出来的经济性权利。它在本质上是一种新的利益存在方式,是利益冲突的产物。公司控制权的正当行使,对公司企业的产生和发展发挥了关键的推动作用,有利于建立股东之间的信任基础,有利于提高公司运行的效率。它是一种表征公司运行状态的评价体系,其真正价值就是维护各方相关主体的现实利益和期望利益的平衡。

采取何种方式能够拥有企业的控制权?一般是由持有企业大多数股权的持有人通过表决来决定。但是,在实际的商业经营中,可以通过多种方式达到控制企业的目的,主要有三种方式来获得控制权:章程控制、协议控制和股权布局控制。

第一节 章程控制

公司章程是公司设立的最基本条件和最重要的法律文件,其规定了公司组织和活动的原则和细则,对于整个公司的股东、董事、监事、经理人都具有约束作用,也是公司控制权配置的重要武器。

《公司法》第四十三条规定,"股东会会议由股东按照出资比例行使表决权。但是,公司章程另有规定的除外。"这就意味着,可以通过协议修改公司章程,对股东出资额对应的表决权进行特别设计,包括引入复数表决权,给予创业管理层出资额多倍的投票权,进而放大其对公司重大决策的控制权。或者，还可以直接在公司章程中协议约定，明确特定的股东拥有公司的财务和经营政策的权利，即明确控制权归属人。但是，修改公司章程属公司的重大事项变动，需要通过股东大会通过才可实行。所以，能否通过修改章程掌握公司控制权也取决于控制人在股东大会的影响力，能否取得三分之二表决权这一点至关重要。

第二节　协议控制

协议属于股东自治文件，它主要约束签订协议的股东行为，对股东利益的分配和权利行使会有不同程度的影响，也是公司控制权配置的重要武器。

协议的效力不如公司章程，只约束协议当事人，当其与公司章程发生冲突的时候，一般以作为"宪法"的公司章程的约定为准。常见的协议控制的方式有：一致行动人协议、投票权委托协议、有限合伙持股协议、股权代持协议、对赌协议等。

一、一致行动人协议

"一致行动人"即通过协议约定，某些股东就特定事项采取一致行动。意见不一致时，某些股东跟随一致行动人投票。这相当于在股东会外设了一个有法律保障的"小股东会"，对外形成一个一致表决意见，加大对小股东群体的控制权。一致行动人协议内容通常体现为在行使提案权、表决权等股东权利时做出相同的意思表示。比如：创始股东之间、创始股东和投资人之间就可以通过签署一致行动人协议来加大创始股东的投票权权重。一致行动人协议内容通常体现为一致行动人同意其作为公司股东期间，在行使提案权、表决权等股东权利时做出相同的意思表示，以其中某方意见作为一致行动的意见，以巩固该方在公司中的控制地位。

例如，腾讯公司的招股书显示，公司各创始人与 MIH（南非）在公司上市前分别持有公司 50% 的股份，双方在 2004 年股东协议中有一致行动人协议的约定：双方向腾讯集团各公司任命等额董事，而且在上市公司主体中双方任命的董事人数总和构成董事会的多数。从而实现了双方共同对上市公司和下属各公司的共同控制。

二、投票权委托协议

"投票权委托"是指公司部分股东通过协议约定,将其投票权委托给其他特定股东(比如创始股东)行使。比如,京东发行上市前,有 11 家投资人将其投票权委托给刘强东行使。刘强东在京东持股仅为 20% 左右,通过老虎基金、高瓴资本、今日资本以及腾讯等投资人的委托投票权,却掌控了京东上市前过半数的投票权。

三、有限合伙持股协议

在全球投资界领域,有限合伙企业是非常普遍的一种企业形式,这也是我们做股权激励时最为常用的一种员工持股模式,可以在把股权分给员工的同时牢牢掌握住控制权。有限合伙企业的合伙人分为普通合伙人和有限合伙人。普通合伙人(GP)承担管理职能,承担无限连带责任。有限合伙人(LP)做出资方,不参与企业管理经营。所以,合伙股东群体可以通过成立有限合伙企业间接持有目标公司的股份,实际控制人做普通合伙人,哪怕只占到0.01% 的股权也能实际控制有限合伙企业从而行使合伙企业所持有的目标公司的股权。其他股东做有限合伙人,只享有经济收益而不参与日常管理。我国的房地产巨头绿地集团,就是采用层叠的有限合伙企业架构,以一个注册资本 10 万元的公司控制约 190 亿元资产的绿地集团。

四、股东代持协议

股权代持又称委托持股、隐名投资或假名出资,是指实际出资人与他人约定,以该他人名义代实际出资人履行股东权利义务的一种股权或股份处置方式。在此种情况下,实际出资人与名义出资人之间往往仅通过一纸协议确定存在代为持有股权或股份的事实。

将一个团体的股份代持在一个人身上,保证了股东人数"简洁"的同时,还能缩短工商程序的变更周期、便于员工管理,并保证公司核心人员控制权不分散。另外,对于有些持股人员的身份可能比较敏感(例如一些外部资源方),这时候这些人员就会选择其他人来代其持有股权,这样既能避免不必要的麻烦,又能取得相应的收益。

五、对赌协议

对赌在股权融资条款中极为常见,是投资方为应对被投资企业未来发展前景的不确定性而签订的。投资方与融资方事先达成协议,如果被投资方未能按照约定实现对赌条件,如目标业绩、挂牌上市、财务指标等,就会触发对赌条款,投资方可以行使条款中规定的权利,进行估值调整、要求融资方进行业绩补偿、回购股权等;反之,如果约定条件按时达成,那么融资方则可以行使条款权利。约定条件的出现意味着权利的可执行,因此,对赌和期权具备一定的相似性,金融界多将对赌视为期权的一种。

第三节　股权控制

一、股权比例

股权是公司权力最直接的凭证,股东权力的大小取决于持股比例大小。一般描述公司控股权主要有四条界线,分别是绝对控股权、相对控股权、重大事项一票否决权和临时会议权。

1. 绝对控股权是指持股比例达到67%,也就是股份占比三分之二以上,完全掌握公司所有事项的决策权。

2. 相对控股权是指持股比例达到51%,也就是股份占比二分之一以上,对公司拥有绝对控制权,除了一些涉及修改章程、增资减资、并购兼并等重大事项外的一切经营决策都拥有决策权。

3. 重大事项一票否决权是指如果某一股东的股份为33.33%以上时,那么其他股东的股份加起来也不会达到66.7%。如此之下,持有大于等于34%股权的便控制了生命线,具有"一票否决权"的性质。

4. 临时会议权指当股东的持股比例达到1/10以上时,就可以提请召开临时股东会、临时董事会。

股权布局是自上而下对企业整体的股权结构进行规划的过程,规划不仅应该符合人性的需要,还要跟企业的发展阶段相匹配,根据企业的不同发展阶段,采用不同的激励方式。对于企业来说,在不同的发展阶段,股权布局的重点也是不同的。

在初创期,企业创始人的股份最好在 67% 以上,以保证其拥有绝对控股权,这样可以顺利地贯彻相关的政策,确保企业运行顺畅。

在发展期,企业的所有权和经营权通常要分离,即企业经营权要交给职业经理人。创始人要做到相对控股,需要拥有企业股份比例在 51% 以上。根据企业发展需要,对员工激励的股权稀释比例应控制在 10% 以内,上市企业要控制在 5% 以内,投资人稀释的股权比例大约在 10%—20%。

在扩张期,在扩大公司规模的过程中释放的股权比例一般在 10%—15%,这个范围比较合理,经过这个阶段对外释放的股权,创始人最好拥有公司 1/3 以上的股份,这意味着老板拥有企业重大事件的否决权,以保证公司的安全。

在成熟期,随着企业已经实现公众治理,创始人无需掌握 1/3 以上的股份。这个时期企业已经形成了相对稳定的规模和市场影响力,强化独占鳌头的寡头势力是重中之重,其关键是要掌握好股权的控制权及其稳定性,并保证公司战略方向的稳定。

股份比例大小代表着股东对企业掌控的程度。除此以外,特定的股权结构也可以实现对企业的控制,比如:金字塔式股权结构、交叉持股、类别股份等。

二、股权结构

(一)金字塔式股权结构

金字塔式股权结构指公司实际控制人通过间接持股形成一个金字塔式的控制链实现对该公司的控制。在这种方式下,公司控制权人控制第一层公司,第一层公司再控制第二层公司,以此类推,通过多个层次的公司控制链条取得对目标公司的最终控制权。金字塔式股权结构是一种形象的说法,就是多层级、多链条的集团控制结构。这个结构中的公司分为三种,最上面的集团是实际控制人,中间的公司是持股公司,最下面的公司是经营公司。对于企业来说,往往会利用金字塔式股权结构来获得对公司的控制权。

用金字塔式股权结构来实现控制权的一个比较典型的案例是鸿仪投资在ST张家界起死回生的例子。鸿仪投资通过简单的单链条金字塔结构,以较小的现金流权掌握了对上市公司的绝对控制权,先后在国光瓷业、上海凌云、安塑股份、酒鬼酒等上市公司的股权上频频出手,最后实现了对嘉瑞新材、国光瓷业和张家界三家上市公司的控制。通过在股权结构上的金字塔式的布局,可以实现以较小的现金流权掌握上市公司绝对控制权的目的。

(二)交叉持股

交叉持股又称相互持股,是指作为法人的企业互相进行投资,你持有我的股份,我持有你的股份,最终形成一种你中有我、我中有你的股权结构。

交叉持股之后,由于相互之间形成一种联盟关系,在面对外部收购的时候,被收购方可通过交叉持股方式中表决权传导机制让联盟一方拒绝以收购方价格抛售,形成事实上的"白衣骑士"。比如,A、B两家上市公司相互持有对方各20%的股份,A公司的第一大股东持有25%的股份,当A公司沦为恶意并购的目标时,B公司会对A公司进行保护,潜在收购者要获得控制权,就必须获得45%以上的投票权,这基本是不可能的,从而防止A企业被恶意收购。另外,当企业集团子公司进行交叉持股行为时,即使参与交叉持股的各个企业所持有的特定公司股份仅属少数,但集团整体所持该特定公司股份却已可能使其经营控制权屹立不倒。

交叉持股对企业最大的作用是通过交叉持股,可以稳定公司的股权结构,防止企业被恶意收购。但是,交叉持股也会产生虚增资本、对证券市场助涨助跌,有内控失灵、非法利益输送等问题。我国在有关交叉持股方面的法律几乎处于空白状态。

(三)类别股份

类别股份指因认购股份时间、价格不同,认购者身份不同,交易场所不同等而在流通性、价格、权利及义务上有所不同的股份。类别股份的三种典型的方式包括优先股、无表决权股份和一股多票。在这三种方式中,较常见的保护创始人的方式是"AB股计划"。

　　"AB股计划"也称双股权结构,实际上就是"同股不同权"制度,将公司股票分为A序列普通股(由投资人与公众持股)与B序列普通股(创业团队持股),核心在于A、B序列普通股可以设定不同的投票权。比如,Facebook、Google与百度等企业都将其A序列普通股每股设定为1个投票权,B序列普通股每股设定为10个投票权。这样创业团队虽然持股比例不高,但由于这种双层投票结构保护,其投票权能确保在股东会上的重大议案有绝对发言权。

　　目前,国内公司法不支持股份制公司"同股不同权",因此AB股计划多用于国外的上市公司,近些年上市的京东、聚美优品、陌陌都是采取的这种AB股制度。根据京东的股东协议,刘强东及管理层持有的股份每股代表20份投票权,其他股东持有的股份每股只能代表一个投票权,这样刘强东及其管理团队虽然只持有20%左右的普通股,但是由于有双层投票结构保护,其投票权能确保股东会上重大议案有绝对的发言权。

　　而在这方面做得不好的一个例子是发生在2010年的国美之争。国美是在香港上市的公司,黄光裕完全可以在上市之初利用类别股份对自己家族进行完美的保护,但是由于股权结构设计的问题,黄光裕家族终于经历了2010年的一劫。

　　综上所述,公司控制权问题是企业重中之重,保持公司控制权的稳定对于公司的文化传承和可持续发展具有重要意义。2016年,宝能举牌南玻集团并最终挤对走了以曾南为首的创始人团队,以及宝能恶意收购万科而创始人王石奋起抗击等故事都例证了企业控制权的重要性。上市公司控制权不牢固的,创始人股东可能会被驱逐出公司,其实在非上市公司结局也一样。比如,著名影视文化公司小马奔腾因为对赌失败,创始人李明家族最终被逼出售股权并被清除出公司股东队伍。

　　凡事预则立,不预则废。在企业的发展过程中,企业应当在创业期就思考和考虑控制权问题,提前设定合理的股权结构和控制机制,包括引入投资人的股权分配和创业合伙人的退出回购机制,未雨绸缪,这可能会在危机时刻成为解救公司的锦囊妙计。

　　【实例】控制权争夺的案例

　　2015年,著名的"宝万之争"轰轰烈烈持续了半年之久,最终以万科、深铁各占3席,郁亮当选董事会主席,宝能、安邦均无人入选而告终。此次事件背后呈现的是,万科股权架构的分散和股东控制权不占优势的巨大危机。

从此次"控制权之争"的动因来看,控制权争夺前万科的股权结构一直比较分散,第一大股东华润合计持股仅有15%,公司无实际控股股东。因此,从2015年7月开始,宝能系不惜通过动用高杠杆的资管计划等资金在二级市场大量收购万科股份,其持股一度超越华润成为万科第一大股东。并在2016年6月向股东大会提请改组董事会,罢免董事会成员王石、郁亮等核心管理层,使得万科"控制权之争"进入白热化。

在此次"控制权之争"中万科采用的"毒丸计划""白衣骑士"等并购防御措施并未奏效,传统的控制权维护措施很可能打破公司原有股东与管理层形成的长期和谐共生的利益格局,会遭到公司原有股东的强烈抵制。公司在进行控制权的维护时应当有下列举措:(1)不断进行管理层专用性人力资本投资,巩固和加强管理层与股东之间和谐共生关系,提高公司控制权争夺的壁垒。(2)构造"双重股权结构"制度,使管理层在控制权和所有权的分离条件下,实现对外部控制权争夺风险的防御,设计合理的"合伙人制度",发挥其控制权风险防御和管理层股权激励的双重作用。

第 四 篇

实 践 篇

第九章　动态股权抑制创业成员社会惰性

　　在当代创业群体中,创业团队股权分配合理与否关系到团队的稳定性,对创业企业能否成功起着至关重要的作用。现有研究表明,传统静态股权分配模式弊端明显,无法持续调动创业股东的工作积极性。基于此,在总结动态股权激励与社会惰性相关理论研究的基础上,选取组织支持感作为中介变量,构建了动态股权激励、组织支持感与社会惰性三者关系的理论模型,从理论分析的角度对三者关系进行论述,并提出相应理论假设。在对调查问卷数据进行初步分析的基础上,合理筛选出发放给创业团队成员的533份调查问卷,运用SPSS软件对问卷数据进行处理分析,对提出的理论假设作了实证检验。

第一节　研究背景

　　创业合伙人的利益分配制度反映在公司治理层面就是股权分配制度。在传统股权分配制度下,创始股东的股份占比由其最原始的资金投入或者其他方面的投入换算而来,占比一旦确定,股东的股份额以及利益分红就以此为标准,直至公司停摆或倒闭。在这种静态股权激励模型下,参与经营的股东无论对公司成长做出多少贡献,其利益分配不会因此而增加或减少,必将导致其社会惰性逐渐增强,从而影响到创业团队内的其他人,进而激化内部矛盾,可能导致团队不欢而散。基于此,有学者开始着手展开对动态股权激励的研究,但较少关注创业企业的股权激励问题，尤其在实证研究方面。具体而言，现有研究成果中尚未关于动态股权激励对创业成员社会惰性的影响研究。

在模型构建过程中，关于中介变量的选取，集中探索了动态股权激励与社会惰性的内在逻辑关系。由于股权激励是一种组织对个人的工作动机的刺激，进而转化为个人的一种自我激励并削弱其自身的社会惰性。因此，选取组织支持感作为模型研究的中介变量，以解析其在动态股权激励对社会惰性影响过程的中介效应，具有一定的理论价值和实践价值。理论方面，当前关于企业动态股权激励的研究还存在着不足之处，仅有的相关研究更多的是探讨企业如何进行动态股权设计的，比如具体的制度设计。本章的研究内容是动态股权激励对创业成员影响的内在机理，引入了组织支持感和社会惰性两个变量，对动态股权激励理论研究作了补充，同时也丰富了创业团队理论的研究。实践方面，在"双创"的浪潮下，如何增强创业团队的凝聚力，提高创业企业的存活率成为业界关注的焦点问题。对创业团队动态股权激励机制的研究，在解决团队内部的分配问题，即创业成员劳与得之间的不平衡问题具有较强的实践意义，为创业企业的发展提供一定的参考和借鉴，对实现创业企业的持续性发展具有十分重要的意义。

根据知网关键词关注的指数分析可知，关于动态股权的关注度自 2000 年至 2018 年最高峰值仅为 3，甚至自 2010 年至 2017 年仅为 1，具体详情如图9-1 所示。由此可见，关于动态股权激励的理论研究还存在较大的提升空间。

第二节　理论基础

一、动态股权激励

（一）股权激励

股权激励是指在公司治理过程中，为缓解代理权冲突，刺激公司高层管理者为实现企业业绩持续增长而努力工作的一种长期激励机制（Jensen，M. 等，1976；Edmans，A. 等，2017）。股权激励对公司绩效的影响一直是公司治理领域探讨的热门问题。Hongyan Fang 等（2015）人研究发现，实行股权激励的公关注度指数分析（检索范围：源数据库，包括期刊库、博士论文库、硕士论文库、报纸库、会议库）　　　　　　　　　　查看更多指数分析结果

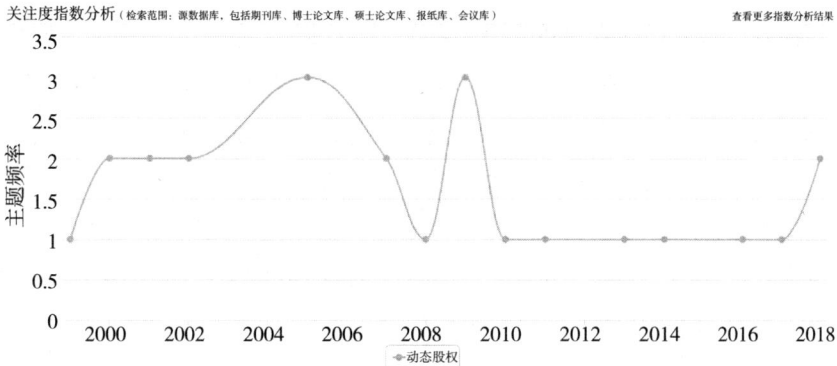

图9-1　动态股权关注度指数分析图

司高绩效来源于对员工的激励而不是利润操纵，现金薪酬的替代，以及员工对高管的约束或者博弈的归属期。Efraim Benmelech 等（2010）人的研究表明，由于信息的不对称，公司使用股票期权会引诱高层管理人员，为了自己的利益而隐瞒一些对于公司发展不利的信息，以此骗取投资者的投资，这导致公司的股票严重高估和股价暴跌，对公司业绩的提升及其自身的发展造成极为不利的影响。Kuo，C. S. 等（2013）人在研究中发现，过度的股权激励对于公司的业绩没有好处，股权薪酬对于低利润的初创企业则更为有效。上述研究，对本研究具有一定的基础性作用，它表明股权激励将更有利于利润较低的初创企业。

我国于2006年实行《上市公司股权激励管理办法（试行）》，时隔十年之后，证监会于2016年发布并实施《上市公司股权激励管理办法》，这表明中国的股权激励有了规章制度的约束，企业有充分的自主权在股权激励的方案设计中。顾斌（2007）认为股权激励作为一种长期激励的机制，其最终目的便是要实现公司业绩的增长。国内研究主要集中在股权激励对于公司绩效的研究上，此外还有一些其他领域，比如赵新杰（2019）研究的结论得出实行股权激励的公司，投资者参与调研的次数更多，规模更大，而且公司的私有信息套利空间更低。徐经长（2017）研究企业高管的风险承担态度对于股权激励的方式的选择存在一定影响，高管的风险规避倾向越强，企业越倾向于将风险较大的股票期权授予高管。陈文强（2018）在研究中指出股权激励的效果存在动

态性,对公司的长期追踪性研究得出股权激励在实施后存在两年的滞后期,在实施后的五年,公司绩效呈现先升后降的"倒 U 形"特征。对于实施一期股权激励的公司不如实行多期的公司激励效果好,且后者的激励效应更持久稳定。基于此研究,动态股权激励可以很好地使用动态股权激励来持续性地刺激激励对象,从而使股权激励机制的实施更具持续性和稳定性。

(二)动态股权激励

孙楚寅(2001)在对于襄樊市国企改革调查中首次提出了动态股权制。李海舰(2001)在此基础上对动态股权制进行分析比较,提出了十大理论创新之处。郑玉刚(2007)提出动态股权激励模型,并认为动态股权激励模型是继动态股权制之后的一种新的实现股权和分配动态的激励体系。郑玉刚(2007)先后分别提出动态股权激励的动态模型和动态股权激励的静态模型。他认为动态股权激励静态模型能够有效将按资分配和按绩分配两种方式融合,动态股权激励动态模型考虑公司内部人员的变动和层级的因素对于静态模型的影响,从而使该模型更好地适应企业的实际情况。郑玉刚(2015)研究发现,在捐款激励型新型互助保障体系的构建中,可使用动态股权激励模型作为个人所应承担的爱心互助捐款及所能相应享受的爱心保额的分配,更能发挥激励效果。

二、社会惰性

(一)社会惰性的概念

德国心理学家 Ringelmann 在 1927 年的实验研究中提出了社会惰性(social loafing)的概念。他的研究结果显示,团队成员的平均贡献率和个人努力程度都会随着参与人数的增加而减少或降低,这种现象被称为"社会惰性"。

1972 年,Steiner 对这种现象做了进一步的研究,研究发现,过程丧失(process loss)即团队活动中存在着不恰当的互动过程是社会惰性产生的主要因素,具体包括两方面内容。

第一,协调性丧失(coordination loss)即团队成员的合力作用会因为群体规模扩大,成员之间的工作联结点增多,工作协调的难度增加,出现相互干扰而无法实现。

第二,动机性丧失(motivation loss)即群体工作中,个体的工作动机水平比单独工作状态下要低,这样个体的努力与贡献程度就会下降。

Ingham(1974)和 Latane(1981)在研究中进一步证实,社会惰性主要源于动机性丧失。

(二)社会惰性的理论解释

从群体环境背景看,一是社会影响理论,该理论主要强调社会惰性的外部影响因素。在群体情境中,个人承受的压力大大减小,出现了责任扩散现象,这时个别成员表现出社会惰性现象的可能性就会增加。二是努力的可缺省性,指个体觉得他们的努力对于群体的整体表现并不重要或无足轻重,因此在团体性工作中会减少努力,采取"搭便车"行为。

从个体内在动因看,一是觉醒降低理论,该理论关注社会惰性形成的内部动机因素,认为个体在群体情境下的觉醒水平比平时要低;二是自我主义理论,该理论强调自我监控对个人行为的指导作用。

从衡量方式缺失看,评价的可能性,该理论指当群体中个体的绩效不可辨认或被评价的可能性较低时,就会导致动机性丧失,产生"迷失在团体当中"的感觉。

(三)社会惰性的影响因素

社会惰性的根源是个体内在动机的丧失,其发生可以归因为一个人无法识别自己对组织的贡献程度。虽然,目前对社会惰性的前因后果调查较少,但作为组织中持续存在的因素,社会惰性的影响因素既可以是外部的,比如任务可见性、贡献感知度和公平性,也可以是内部的,比如任务对个体的意义、组织承诺和离职意向(Colquitt et al.,2001;George,1992;Price et al.,2006)。组织公平感知作为员工个体层面上的情绪状态会影响个体的内在动机,导致团队效率低下。研究发现,分配公平和互动公平与社会惰性呈现负相关关系,它们之间的间接关系在 Murphy 等(2003)的研究中得到了证实,但是直接关系并未得到验证。除此之外,程序公平与社会惰性之间的关系并未得到研究,因此,组织公平感知与社会惰性之间的关系需要进一步探讨。

三、组织支持感

(一)组织支持感的概念

20 世纪 80 年代中期,Eisenberger 等人所提出的组织支持理论和组织支持感认为,组织支持感是员工感受到的组织重视自己的贡献和关心自己的幸福的整体认知。

Eisenberger 所提出的组织支持感的概念包含两个方面,一个是组织要重视员工的努力和贡献,满足员工的组织认可需求;另一个是组织要重视员工的幸福感,体现了员工在社会情感方面的需求。

员工之所以为组织贡献自己的劳动,是期待从组织中获取相应的回报,类似于一种互换行为,如果员工感知到组织对员工的积极对待,就会表现出积极的态度和行为作为回报。因此,组织支持感理论指出,组织应当识别出员工的需要并尽力满足,以使员工感知到来自于管理层的支持。

(二)组织支持感的维度及测量

Eisenberger 等(1986)人提出了组织支持感的一维性,从员工的整体性感知上来测量组织支持感。凌文辁等(2006)通过实证研究证明了组织支持感的多维性,并提出了中国文化背景下的组织支持感三维结构,分别是工作支持、价值认同和关心利益。

鉴于学者们在对组织支持感维度的认识上存在较大差别外,因此在组织支持感测量问卷的选择上表现出差异性。其中应用比较广泛的测量问卷有两个,一个是 Eisenberger 等人编制的问卷,另一个是凌文辁等编制的问卷。Eisenberger 等(1986)人开发的组织支持感问卷是一个包括 36 个题项的量表,在国内外广泛的应用中被证明具有很高的内部信度。凌文辁则基于我国的文化背景,在提出组织支持感三维结构的基础上,研究开发了组织支持感问卷,共24 个题项。该问卷在国内研究中同样被广泛采用,具有较好的信度和效度。本研究选取的是 Eisenberger 等人编制的被浓缩为 8 个题项的量表。

(三)组织支持感的前因变量和结果变量

1. 前因变量

(1)程序公平。组织资源的有限性要求分配组织资源的程序要公平,这是决定个体组织支持感知水平的最为重要的因素(Rhoades,2002)。

(2)组织报酬。合理的组织报酬及良好的工作条件是组织对员工价值的认可和关心,有助于提升员工的组织支持感。

2. 结果变量

(1)工作绩效。Eisenberger 等(1986)人认为组织支持感满足了员工的社会情感需求,如果员工感受到组织愿意并能够对他们的工作给予回报,员工就会为组织的利益付出更多的努力。侯莉颖等(2011)以深圳制造业员工为研究对象,通过实证研究证明了组织支持感与员工的工作绩效具有显著的相关性。

(2)工作满意度。Eisenberger(2001)认为组织支持通过满足员工的归属感、成就感等社会情感需求,促使员工产生积极情绪,进而提高员工的工作满意度。钱丹等(2013)通过对 IT 从业人员的调查研究指出,组织支持感能显著地正向影响员工的工作满意度。田喜洲等(2010)探究了组织支持感对员工工作行为的影响,研究表明感谢、正向反馈等组织支持感对员工的良好工作行为具有强化作用,能有效地提升员工的满意度,对减少员工流失具有重要的意义。

第三节　研究假设与理论模型

一、动态股权激励与组织支持感的关系

现有研究表明,动态股权激励机制可以通过实时量化股东贡献值的大小,分配给股东相应的股权份额。在动态股权激励机制下,"勤劳股东"的股权会随其持续为公司所作出的贡献的增加而相应增加,而"懒惰股东"的股权会原地踏步,甚至会被清退。此模式下,各股东的股权比例并非在公司成立之初就固定下来,而是伴随企业的发展,根据各股东的持续贡献对其股权比例进行调整。

在动态股权激励机制下,股权分配的程序公平因制度构建而得到保证。同时,股东个人的劳动投入或资金投入等都能得到组织合理的报酬分配。结

合组织支持感的前因变量进行研究,认为动态股权激励机制对成员的组织支持感将产生正向的影响,由此提出以下假设:

H1:动态股权激励对组织支持感具有正向影响。

二、组织支持感与社会惰性的关系

社会心理学家 Eisenberger 认为组织支持感,是指员工对组织如何看待他们的贡献并关心他们的利益的一种总体知觉和信念,简言之,就是员工所感受到的来自组织方面的支持。这一概念有两个核心要点:一是员工对组织是否重视其贡献的感受;二是员工对组织是否关注其福利的感受。研究表明,组织支持感的提升将通过满足员工的归属感、成就感等社会情感需求,促使员工产生积极情绪,进而提高员工的工作满意度。现有对社会惰性的测量中,工作满意度被认为是直接对社会惰性产生负向影响的主要因素之一。由此推论,成员的组织支持感越强,其社会惰性就越弱,即组织支持感对社会惰性具有负向影响,由此提出以下假设:

H2:组织支持感对社会惰性具有负向影响。

三、动态股权激励与社会惰性的关系

结合前文论述,本研究从组织支持感的角度出发,通过分析动态股权激励和社会惰性之间的关系,可以得出动态股权激励对社会惰性产生负向的影响,由此提出以下假设:

H3:动态股权激励对社会惰性具有负向影响。

四、动态股权激励、组织支持感与社会惰性的关系

现有文献研究中,关于动态股权激励影响效应方面的研究还存在着不足,尤其是从组织支持感视角开展的研究值得进一步去探索。结合前人对组织支持感的前因与后果研究的基础上,本研究对动态股权激励和社会惰性之间的内在逻辑做了深入研究,认为动态股权激励为组织分配制定了一个公平的程序,使得"按劳分配"的分配原则得到贯彻,个人的组织报酬得到保证。由于得到组织有保证的物质和制度的支持,团队成员的工作满意程度将得到提高,

其社会惰性将会减弱。由此提出以下假设：

H4:组织支持感在动态股权激励与社会惰性关系间起中介作用。

五、理论模型的构建

根据前文论述,结合本章的研究内容,将分别研究动态股权激励对组织支持感的影响作用,组织支持感对社会惰性的影响作用,动态股权激励对社会惰性的影响作用,以及组织支持感在动态股权激励对社会惰性影响过程的中介作用。具体研究模型如图 9-2 所示。

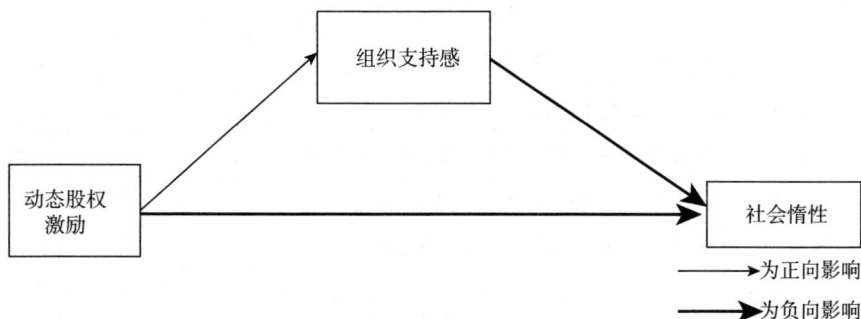

图 9-2　研究模型

第四节　研究设计

一、变量量表选取

(一)动态股权量表

动态股权量表开发,选取三个维度作为可计量指标,即激励对象、股权变动份额和股权变动频率。从员工对于动态股权的感知出发,设计题项包含员工对动态股权的认知,股东身份的意愿强度,以及公司实行动态股权激励对公司和个人的影响等方面,设计出以下 11 个题项的量表,如表 9-1 所示。

表 9-1 动态股权量表

非常不同意	不同意	不好确定	同意	非常同意		
1	2	3	4	5		
具体题项如下						

	具体题项如下					
1	我认为依据股东贡献度进行股权比例调整的做法对股东的影响	1	2	3	4	5
2	我认为公司定期进行股权比例调整的做法对股东的影响	1	2	3	4	5
3	我认为公司吸纳新股东评估标准的合理性对股东的影响	1	2	3	4	5
4	我认为个人股份比例增加评估标准的合理性对股东的影响	1	2	3	4	5
5	我认为个人股份比例减少评估标准的合理性对股东的影响	1	2	3	4	5
6	我认为公司股权调整的公平性对股东的影响	1	2	3	4	5
7	我认为公司股权激励政策的持续性对股东的影响	1	2	3	4	5
8	我认为公司股权激励政策对于您成为股东意愿的影响	1	2	3	4	5
9	我认为公司股权激励政策对公司凝聚力提升的影响	1	2	3	4	5
10	我认为公司股权激励政策对公司业绩提升的影响	1	2	3	4	5
11	我认为公司股权激励政策对其社会影响力提升方面的影响	1	2	3	4	5

(二)组织支持感量表

在现有组织支持感测量量表中,采用较为广泛的有两个量表,第一个量表由学者凌文辁等人编制而成,在结合我国传统文化背景的基础上,认为组织支持感应由工作支持、员工价值、关心利益三个维度构成,同时构建出一个由 24 个题项组成的量表。第二个量表是社会心理学家 Eisenberger 等人编制的一维量表,该量表由 36 个题项组成,之后 Eisenberger(1986)将此量表简化为 8 个题项的简化版。由于 Eisenberger 等(1986)所编制的量表被国内众多学者引用论证,因此本章选取该量表作为测量工具,具体内容如表 9-2 和表 9-3 所示。

表 9-2 组织支持感量表(英文版)

1	my organization cares about my opinions	1	2	3	4	5
2	my organization cares about my well-being	1	2	3	4	5

3	my organization appreciates any extra effort from me	1	2	3	4	5
4	my organization would ignore any complaint from me	1	2	3	4	5
5	even if I did the best job possible, my organization would fail to notice	1	2	3	4	5
6	my organization cares about my general satisfaction at work	1	2	3	4	5
7	my organization shows very little concern for me	1	2	3	4	5
8	my organization takes pride in my accomplishments at work	1	2	3	4	5

表 9-3   组织支持感量表（中文版）

1	我的团队会重视我的意见	1	2	3	4	5
2	我的团队会关心我的幸福	1	2	3	4	5
3	我的团队会奖赏我在本职工作外所付出的劳动	1	2	3	4	5
4	我的团队会忽视我的任何抱怨	1	2	3	4	5
5	即使我很可能将工作做到最好，我的团队也不会注意到	1	2	3	4	5
6	我的团队关心我在工作中的整体满意度	1	2	3	4	5
7	我的团队极少关心我	1	2	3	4	5
8	我的团队对我在工作中所做出的成就感到骄傲	1	2	3	4	5

（三）社会惰性量表

对社会惰性变量的测量采用 George 开发的量表，包含有 10 个题项，比如"我会把本应由我承担的责任推给同事"，具体内容如表 9-4 所示。

表 9-4   社会惰性量表

1	我会把自己要承担的责任推给其他人	1	2	3	4	5
2	我认为团队中的其他人工作会偷懒	1	2	3	4	5
3	我不会好好干我自己的工作	1	2	3	4	5
4	如果有其他同事在现场，我不会花更多的时间去服务顾客	1	2	3	4	5
5	在团队工作中，我时不时会偷懒	1	2	3	4	5
6	我会尽可能地不去做烦琐的工作	1	2	3	4	5
7	放下当前工作去从事下一项的工作	1	2	3	4	5
8	我不会主动去接触客户，当有另一个同事在场的时候	1	2	3	4	5

9	如果有同事也在做这些事,我就会放松一下自己	1	2	3	4	5
10	我会把服务客户的工作让其他人做	1	2	3	4	5

二、调查问卷设计

结合相关文献研究以及实地调查需要,对本次所需研究问卷进行相关设计,问卷主要包括以下三部分内容。

(一)个人信息及动态股权部分。个人信息部分,主要收集被调查者的相关个人信息,比如年龄、性别、受教育程度等。动态股权部分,由于动态股权还没有成熟的量表设计结合创业团队自身特点,本研究从四个方面对动态股权内涵进行界定并加以测量,具体包括:激励对象是否具有股东身份,股权分配是否公平,股份比例调整的幅度,以及股权比例调整的频率,并分别提出相对应的问题。

(二)组织支持感部分。主要采用简化版的 8 个测量问题对被调查者进行相关提问。

(三)社会惰性部分。主要通过 10 个测量问题对被调查者进行相关提问。

第五节　数据分析与假设检验

一、调查样本描述

根据之前设计的问卷,本章选取了以河南融瑞祥制药有限公司为代表的部分创业企业的中高层管理人员,以及龙子湖高校园区的部分创业孵化园区企业的核心管理人员,共计 553 人作为调研对象,通过纸质问卷面对面地向其发放问卷。截至 2019 年 8 月下旬,发放问卷共计 553 份,经过删减不符合调查要求的问卷,最终获得有效问卷 356 份,问卷有效率为 64.38%。对收集样本数据进行描述性统计整理,具体内容如表 9-5 所示。

表 9-5　描述性统计表

样本统计特征	分类	样本数	百分比
性别	男	191	53.70%
	女	165	46.30%
所在团队规模	5 人及以下	28	7.90%
	6—10 人	50	14.00%
	11—15 人	44	12.40%
	16—20 人	54	15.20%
	21 人及以上	180	50.60%
团队中的角色	管理人员	91	25.60%
	普通员工	265	74.40%
团队成立时长	1 年及以下	61	17.10%
	1—3 年(含 3 年)	174	48.90%
	3—5 年(含 5 年)	66	18.50%
	5—10 年(含 10 年)	33	9.30%
	10 年及以上	22	6.20%
加入团队时长	1 年及以下	149	41.90%
	1—3 年(含 3 年)	137	38.50%
	3—5 年(含 5 年)	42	11.80%
	5—10 年(含 10 年)	19	5.30%
	10 年及以上	9	2.50%

由上表可以看出,受访对象男性占大多数,占总体人数的 53.7%。在团队规模方面,以 21 人及以上的团队所占比例最高,达到 50.6%;其次是 6—10 人和 16—20 人的团队,均为 15% 左右。从团队成立时间上来看,本次调研对象分布比较均匀,涵盖了创业企业的不同阶段,其中成立时间在 1—3 年(含 3 年)的最多,占比达到 48.9%。从加入团队时长方面来看,以 1 年及以下的居多,占比达到 41.9%。在调查对象方面,团队中普通员工居多,达到 74.4%。相对来说,调查数据比较符合实际情况。

二、数据分析

(一)信度分析

进行实证分析的重要前提就是研究的可靠性和有效性,为此,本章针对本次所做调研的数据以及相关所选取的量表进行了信度和效度的检验。具体信度分析如表9-6所示。

表9-6 可靠性统计量分析

相关项目	Cronbach's Alpha	项数
动态股权	0.911	11
组织支持感	0.915	8
社会惰性	0.919	10

由上表数据看出,本章所选用的三个量在可靠性分析后均表现出较高的信度,分别为0.911、0.915和0.919,三个量均大于标准值0.7。可以看出,调研数据的内部一致性检验通过。

(二)效度分析

在对量表效度检验时,选取了学术界较为普遍运用的KMO检验和Bartlett球形检验方法。在KMO检验中,得出的结果位于0—1之间,结果越接近1说明数据越符合要求,可以用作因子分析。具体标准值为0.7,即结果大于0.7便可做因子分析。在Bartlett球形检验中,则要求其显著水平在0.01以下,如此便可以认为数据的有效性得到了检验。

1. 动态股权的效度分析

使用Bartlett球形检验与KMO检验对动态股权进行测量分析,其具体分析结果见表9-7。从表中可以看出,通过KMO检验之后的结果为0.916,则大于标准值0.7,因此数据可做因子分析;通过Bartlett球形检验后,其结果显著水平在0.001以下,因此数据有效性得到了检验。

表 9-7　动态股权 KMO 和 Bartlett 球形检验结果

取样足够度的 Kaiser-Meyer-Olkin 度量		0.916
Bartlett 的球形度检验	近似卡方	2117.714
	自由度	55
	显著水平	0.000

2. 组织支持感的效度分析

使用 Bartlett 球形检验与 KMO 检验对组织支持感量表进行测量分析,其具体分析结果如表 9-8 所示。从表中看出,通过 KMO 检验之后的结果为 0.917,则大于标准值 0.7,因此数据可做因子分析;通过 Bartlett 球形检验后,其结果显著水平在 0.001 以下,数据有效性亦得到了检验。

表 9-8　组织支持感量表 KMO 和 Bartlett 球形检验结果

取样足够度的 Kaiser-Meyer-Olkin 度量		0.917
Bartlett 的球形度检验	近似卡方	1678.596
	自由度	28
	显著水平	0.000

3. 社会惰性的效度分析

使用 Bartlett 球形检验与 KMO 检验对社会惰性进行测量分析,其具体分析结果如表 9-9 所示。从表中看出,通过 KMO 检验之后的结果为 0.935,则大于标准值 0.7,因此数据可做因子分析;通过 Bartlett 球形检验后,其结果显著水平在 0.001 以下,数据有效性亦得到了检验。

表 9-9　社会惰性量表 KMO 和 Bartlett 球形检验结果

取样足够度的 Kaiser-Meyer-Olkin 度量		0.935
Bartlett 的球形度检验	近似卡方	2001.140
	自由度	45
	显著水平	0.000

(三)相关分析

在确定因子分析之后,对各变量之间的密切程度进行相关性分析。本章所做相关性分析而得出的各变量之间的密切程度如表 9-10 所示。分析结果显示,动态股权、组织支持感与社会惰性三个变量中,任意两个之间均为显著相关。由此推出结果,三个变量之间的相关性显著,所选取的三个变量能够在一个模型内进行研究。

表 9-10　变量间相关性分析

		动态股权	组织支持感	社会惰性
动态股权	Pearson 相关性	1	0.310**	-0.118*
	显著性(双侧)		0.000	0.027
	N	356	356	356
社会惰性	Pearson 相关性	0.310**	1	-0.265**
	显著性(双侧)	0.000		0.000
	N	356	356	356
组织支持感	Pearson 相关性	-0.118*	-0.265**	1
	显著性(双侧)	0.027	0.000	
	N	356	356	356

* 在 0.05 水平(双侧)上显著相关。
** 在 0.01 水平(双侧)上显著相关。

三、假设检验

前文对相关量表以及数据进行了信度分析、效度分析以及相关分析,本章在此基础上使用回归分析法对本章第三节 H1、H2、H3、H4 四个假设进行检验,验证假设是否成立。

(一)动态股权激励对组织支持感的影响

为了检验动态股权激励对组织支持感的影响效应,把动态股权激励设为 X,组织支持感设为 Y,则构建模型公式如下。

$$Y = \beta X + \mu \tag{9-1}$$

同时,对模型进行一元线性回归分析,其分析结果如表9-11所示。

表9-11　动态股权激励与组织支持感的回归分析

模型		非标准化系数		标准系数	t	显著性	调整 R 方
		B	标准差	Beta			
1	(常量)	2.640	0.188		14.069	0.000	0.094
	动态股权激励	0.320	0.052	0.310	6.141	0.000	

从表9-11看出,动态股权激励与成员组织支持感的 T 检验结果显示,回归方程的调整 R 方为 0.094,回归 t 值为 6.141,系数 β 值为 0.310,显著水平 0.000<0.001。由此推断,假设 H1 成立,即动态股权激励对成员组织支持感具有正向影响。

(二)组织支持感对社会惰性的影响

为了检验组织支持感对社会惰性的影响效应,把组织支持感设为 X,社会惰性设为 Y,则构建模型公式如下。

$$Y = \beta X + \mu \tag{9-2}$$

同时,对模型进行一元线性回归分析,其分析结果如表9-12所示。

表9-12　组织支持感与社会惰性的回归分析

模型		非标准化系数		标准系数	t	显著性	调整 R 方
		B	标准差	Beta			
1	(常量)	3.182	0.238		13.352	0.000	0.068
	组织支持感	-0.321	0.062	-0.265	-5.169	0.000	

从表9-12看出,组织支持感与社会惰性的 T 检验结果显示,回归方程的调整 R 方为 0.068,回归 t 值为-5.169,系数 β 值为-0.265,显著水平 0.000<0.001。由此推断,假设 H2 成立,即组织支持感对社会惰性具有负向影响。

(三)动态股权激励对社会惰性的影响

为了检验动态股权激励对社会惰性的影响效应,把动态股权激励设为 X,

社会惰性设为 Y,则构建模型公式如下。

$$Y = \beta X + \mu \tag{9-3}$$

同时,对模型进行一元线性回归分析,其分析结果如表9-13所示。

表9-13　动态股权激励与社会惰性的回归分析

模型		非标准化系数		标准系数	t	显著性	调整 R 方
		B	标准差	Beta			
1	(常量)	2.490	0.238		10.469	0.000	0.011
	动态股权	-0.147	0.066	-0.118	-2.227	0.027	

从表9-13看出,动态股权激励与社会惰性的 T 检验结果显示,回归方程的调整 R 方为 0.011,回归 t 值为 -2.227,系数 β 值为 -0.118,显著水平 $0.01 < 0.027 < 0.05$。由此推断,假设 H3 成立,即动态股权激励对社会惰性具有负向影响。

(四)组织支持感在动态股权激励与社会惰性关系间起中介作用

由前文的概念模型可知,组织支持感在动态股权激励与社会惰性的影响过程起中介作用。为了验证组织支持感的中介作用,设自变量动态股权激励为 X,因变量社会惰性为 Y,中介变量组织支持感为 M,则构建模型公式如下。

$$Y = \beta 1X + \beta 2M + \mu \tag{9-4}$$

对模型进行多元线性回归分析,其分析结果如表9-14所示。

表9-14　组织支持感中介回归分析结果汇总

模型		非标准化系数		标准系数	t	显著性	共线性诊断
		B	标准差	Beta			
1	(常量)	2.490	0.238		10.469	0.000	
	动态股权	-0.147	0.066	-0.118	-2.227	0.027	1.000
2	(常量)	3.299	0.289		1.848	0.067	
	动态股权	-0.049	0.067	-0.039	-0.725	0.469	1.107
	组织支持感	-0.307	0.065	-0.253	-4.685	0.000	1.107

从表9-14看出,在共线性诊断后得出的结果均小于3,表示本次分析通过共线性诊断,由此得出结论。同时,在加入组织支持感这一中介变量后,动态股权激励对社会惰性影响的标准回归系数由-0.118变为-0.039,且不显著,组织支持感对社会惰性的标准化回归系数为-0.253,显著性水平显著。因此,组织支持感在动态股权激励与社会惰性的影响中起完全中介作用,即假设 H4 成立。

四、实证结果分析

(一)假设检验结果汇总

在现有研究分析的基础上,将组织支持感纳入动态股权激励与社会惰性的关系研究中,从而构建三者的理论模型。在理论模型的基础上,提出了三个研究假设。结合企业的实地调研与问卷调查,选取了 553 位创业人员作为调研对象,通过问卷发放与数据整理,运用 SPSS 23.0 统计分析软件对所获得数据进行检验,数据验证的结果分析,如表9-15所示。

表 9-15 研究假设验证的结果分析

序号	内容	验证结果
H1	动态股权激励对成员组织支持感具有正向影响	支持
H2	组织支持感对社会惰性具有负向影响	支持
H3	动态股权激励对社会惰性具有负向影响	支持
H4	组织支持感在动态股权激励与社会惰性关系间起中介作用	支持

(二)实证结果讨论

在对动态股权激励、组织支持感与社会惰性的关系研究中,提出了四个研究假设,结合企业的实地调研与问卷数据的检验分析,研究表明所有假设均得到了验证。

第一,动态股权激励对组织支持感产生正向的影响。相比于不实施动态股权激励的团队,实施动态股权激励的创业团队更能提升团队成员的组织支持感,从而提高创业成员的工作效率。

第二,组织支持感对社会惰性产生负向的影响。组织支持感越高的团队,其团队成员的社会惰性越弱,有利于提高创业团队成员的工作满意度和工作绩效。

第三,动态股权激励对社会惰性产生负向的影响。相比于不实施动态股权激励的团队,实施动态股权激励的创业团队,其成员的社会惰性更弱,从而有利于提升创业团队的工作效率。

第四,组织支持感在动态股权激励与社会惰性的影响过程具有中介作用。研究发现,加入组织支持感作为中介变量后,动态股权激励对社会惰性的负向影响系数会出现明显上升,完全丧失显著性,因此组织支持感的完全中介作用成立。

第六节　研究结论

本章对动态股权激励、组织支持感和社会惰性的三者关系做了深入研究与探讨,结合相关理论分析,构建了三者之间关系的理论模型,并提出相关理论假设。通过问卷调查的方式,获取相关研究数据,运用 SPSS 23.0 对问卷数据进行分析,并验证了所提出的理论假设。通过实证检验,得出以下研究结论:(1)动态股权激励对组织支持感的正向影响,验证结果是部分显著。在经营实践中,表现为实施动态股权激励的创业企业,创业成员的组织支持感会更强。(2)组织支持感对社会惰性的负向影响,验证结果显著性较为明显。在组织支持感越高的团队中,组织成员的社会惰性越弱。(3)组织支持感在动态股权激励与社会惰性的影响过程起到完全中介作用。经过检验,加入组织支持感变量后,动态股权和社会惰性之间的相关系数有了较为明显变化,解释力度增强,由此推断组织支持感具有完全中介作用。

在研究中发现,实施动态股权激励机制对企业尤其是创业企业能够产生积极的影响。在动态股权激励制度实施背景下,创业成员因为制度标准的设立以及更多股权分配的影响下,即使进入创业的相对稳定期,他们同样会为企业尽心尽力地工作,持续地贡献自己的能力和资源。从而避免了传统股权激励模式下,部分创业成员的"搭便车"行为而导致团队内部矛盾的产生。创业企业应重视创业团队成员的社会惰性问题,应尽可能降低团队成员的社会惰性,避免"搭便车"行为的出现,以保证创业企业的持续成长。研究表明,动态股权激励机制是抑制创业成员社会惰性的有效方法,实施动态股权激励有助于解决团队内部利益分配不公的问题,值得更多创业企业去尝试与应用,同时为国家"双创"政策的顺利实施提供参考与借鉴。

第十章　动态股权激发创业团队创造力

动态股权可以很好地解决创业初期股东的进入与退出,以及对核心员工进行股份激励的问题,以此来激发核心员工的创造力。动态股权激励机制使得员工、股东与公司形成利益共同体,既能有效地保留核心员工,又能提高创业团队的创造力。因此,本章从团队和个人两个层面,构建以动态股权为自变量,团队创造力为因变量,效能为中介变量,以及知识分享为调节变量的理论模型。采用文献分析法、问卷调查法和数理统计分析法等多种方法,以河南融瑞祥制药有限公司(以下简称融瑞祥)、郑州上佳食品有限公司(以下简称上佳食品)和郑州君聚商贸有限公司(以下简称君聚商贸)等作为研究对象,进行实地调研与问卷调查。选取信度较高的量表进行问卷设计,通过预发放、正式发放和回收等工作,收集问卷共计553份,其中有效问卷344份,有效率为62.2%。利用SPSS 23.0统计分析软件对问卷数据进行可靠性及回归分析,利用AMOS 17.0软件对问卷数据进行验证性因子分析,结合企业实践发展提出理论假设并加以验证。

第一节　研究背景

企业在经营过程中,人作为企业最核心的资源,如何将人的潜能开发至最大,一直是人本管理研究的核心所在。马斯洛的人本管理认为对人的管理是非常重要的,只有充分发挥人的主观能动性,激发人的潜能,才能使创业团队中每个人的力量发挥到极致,人的原创力和潜能的开发可以用创造力来衡量。当今企业竞争中,创造力占据越来越重要的地位,一切创新的开始源于创造思想。Amabile(1996)提出广义的创造力包含创新,Stein(1974)和Woodman(1993)认为创造力是指在任何领域产生新颖和有用的想法。本研究将创造力按照人员规模的大小可以划分为组织创造力、团队创造力和个人创造力三个维度,从团队和个人两个层面进行研究。因此,创业团队创造力在一定程度上决定着企业的运营状况和未来的发展。

在现有研究中,对于创造力的构成及其影响因素有大量的研究,笔者认为动态股权激励方式是团队创造力的影响因素之一。在企业经营实践中,股权激励广泛用于上市公司,目的在于使用股权等方式作为激励公司高层管理人员的方法,有助于公司运营效益的提升。同时,股权激励在实际的操作中会出现一些问题,股权激励成为公司高层管理者自我激励的手段。与上市公司股权激励有所不同,动态股权激励在激励时间、激励周期、股东进入与退出以及费用分担等方面有其自身特性。对初创企业来说,在动态股权激励机制实施过程中,股东与经营者身份的统一是较为常见的方式,通常要求股东也应该是企业的经营者,根据企业贡献度的变化,将经营不善的股东的股份稀释分配给公司的其他核心员工,使公司的核心员工拥有股份,参与公司的决策与业绩分红。该机制将企业员工的工作绩效与企业的经营状况进行绑定,构建员工与企业之间的利益共同体,使得企业能够留住真正为企业创造价值的核心人员。

相关研究表明,团队效能可以作为前因变量影响团队创造力的中介变量。Bandura, A.(1982)认为自我效能是指个人对于自己完成任务所具备能力的信心,团队效能以自我效能为基础,是指团队成员对于团队能够完成任务的共同信念。Lindsley, D.(1995)认为团队效能用来形容团队成员对于团队整体完成任务的一种认知,并不是简单地代表个人效能在团队人数上的加总,而是随着团队的发展而变化,更进一步可以说团队效能是团队创造力的一种体现。

当前，关于动态股权激励的相关研究较少，而动态股权对团队创造力的影响研究也有待进一步探索。由此，本章选取动态股权作为自变量，团队创造力作为因变量，团队效能作为中介变量，以及知识分享作为调节变量，来构建本研究的理论模型，解析上述变量之间的内在作用机理，具有重要的理论价值与应用价值。

第一，理论价值方面。现有股权激励的研究多针对上市公司，而对于未上市企业而言，尤其是中小型企业和初创企业，股权激励的研究还存在着较大的提升空间。同时，股权激励作为一种激励手段自身有一定的局限性，动态股权激励研究是对传统股权激励理论的进一步拓展与完善，丰富了股权激励理论体系。同时，将为团队创造力理论的研究提供新的思路。

第二，应用价值方面。对创业企业来说，实施动态股权激励机制对抑制企业员工的社会惰性，提升员工的工作激情与工作绩效具有重要的作用。由此形成的员工、管理者与股东之间的利益共同体，使得企业能够留住真正为企业带来效益的核心人员，从而避免了创业企业因人员股份分配不公问题造成的经营危机。

第二节　理论基础

一、创造力的研究

Amabile（1983）认为创造力是指新奇的想法、产品、过程或者服务的产生。创新是指在一个组织内部成功实施创造性的想法，该观点认为个人和团队的创造力是创新的起点。Amabile（1996）在研究中发现，创新是创造力的必要条件但不是充分条件，创造力可以引发创新，创新是将创意得以实现的结果。Kurtzberg 等（2000）人在研究中指出，团队创造力是团队成员通过团队之间的联系和活动将个体创造力转化为团队整体创造力的结果。

Amabile（1996）提出创造力的组成理论，他认为创造力由三个组成因素构成，分别是内在动机、领域内的相关技能和创造力的相关过程。2012 年，他又进一步拓展了自己的理论体系,发现任何创造性的反应都需要由四个部分组成,包括个人内部的三个部分,比如领域内的相关技能、创造性的相关过程和内在动机,以及个人外部的部分,即个人工作的社会环境。具体内容如表10-1 所示。

表 10-1　创造力的组成理论

创造力的组成理论	个人内部组成部分	内在任务动机	态度,表现
		领域内相关技能	认知风格,隐式显性知识
		创造性相关过程	领域内知识,技术技能的获得,特殊的相关天赋
	个人外部组成部分	个体所在的社会环境	社会环境

Woodman 等(1993)人提出创造力研究的交互理论,该理论强调创造力来源于人与人所处环境的相互影响。这种相互影响既可以发生于个体,也可以发生于团体。Woodman 的研究与 Amabile 的研究,在某种程度上如出一辙,他们认为创造力的产生来源于个人与环境两个方面。

国内关于创造力理论的研究主要集中于以下四个方面:(1)创造力的界定与模型构建;(2)创造力研究思路与方法和测评;(3)创造力与心理学的研究;(4)创造力与跨文化研究(芦建英,2008)。施建农(1995)在研究中,构建了创造性系统模型,认为创造力受创造性态度、创造性行为和创造性产品三个层次的相互影响。傅世侠(2005)以科技团队为研究对象,在研究中构建了科技团体创造力的评估模型。

关于团队创造力与个人创造力的关系研究,有两种分析思路:一种思路是,认为团队创造力是个人创造力的加总并且加上个人与团队的交互关系,强调了个人创造力是团队创造力的来源;另一种思路是,直接跨过个人层次,从团队的角度出发,运用团队氛围、团队反思、团队过程和团队学习等,来界定团队创造力的内涵。Drazin,G. 等(1999)人研究认为,团队创造力是团队成员共同理解、领略共同创造力的核心思想,并产生的团队互动的过程。也就是说,团队创造力是仅界定于团队层面,研究团队成员之间的一种互动过程。

通过对相关文献的梳理分析,从不同维度总结出个人创造力和团队创造力的影响因素,具体内容如表10-2和表10-3所示。

表 10-2　个人创造力影响因素

		内在动机
个人创造力影响因素(郭一蓉,2018)	动机与效能	内在动机
		自我效能感
		创造力自我效能感
		促进型调节焦点
	心理状态	心理授权
		心理资本
		心理安全
		自我控制
	工作参与	创造性工作投入
		工作沉浸
		个人技能发展
		知识共享
	下属依赖	下属依赖
		认知依赖
		动机依赖
		关系认同
	工作压力	挑战性压力
		负荷性压力

表 10-3　团队创造力影响因素

团队创造力影响因素	效能感	团队效能感
		团队创造力效能感
	知识管理	知识分享
		信息交换
		交互记忆系统
	团队反思	团队反思
		团队反省
		团队反馈寻求机制
	团队氛围	团队创新氛围
		团队创新支持氛围
		团队文化氛围
		团队凝聚力
	团队过程	相关领域技能
		与创造力相关技能
		工作动机
	工作环境	组织支持
		领导支持
		团队支持
	领导力	变革型领导
		魅力型领导
		授权型领导
		服务型领导
		家长型领导
		非传统型领导
		辱虐型领导

　　由上表分析可知,本研究的创造力只界定为团队创造力层面,而团队创造力又包含团队创造力和个人创造力两个维度。所以,团队创造力是指团队成

员在团队工作中,表现出的具有创造性的产出和利用现有资源进行创造性的产出的能力,个人创造力是指个人运用创意、发挥创意以及在工作成果具有创造性的体现。

二、团队效能与自我效能

20 世纪 80 年代,Bandura 在研究中提出了自我效能的四个重要来源,分别是社会肯定、生理状况、观察学习获得的经验和亲身经历,他认为自我效能是个人对自己完成组织布置任务的能力和信心。Albert Bandura(1982)研究发现,自我效能感是指判断一个人在处理未来情况时,能够很好地执行所需的行动步骤。Gully(2002)在研究中,将团队效能定义为:"团队成员对团队完成任务的能力的信心"。周明键(2014)研究认为团队效能不仅受到个人自我效能的影响,还取决于团队目标、团队信任、合作程度、信息交流、观点表达和沟通方式等。团队目标与办事流程清晰的团队往往具有较高的团队效能(Hu J et al.,2011)。

Gully(2002)在对团队效能和团队绩效的关系研究中发现,团队效能对团队绩效的影响较为显著。周明键(2014)在研究中认为,验证团队效能在团队任务冲突和团队关系冲突两个方面对团队创造力作用影响中起完全中介作用。Zhang 等(2011)的研究表明,团队效能在变革型领导对团队创造力的影响过程起中介作用。因此,本研究将团队效能界定为团队效能和自我效能两个层面,其中,团队效能是指团队成员对于工作任务完成状况的满意程度,自我效能是指个人对于工作任务完成能力的认知。

三、知识分享

Gibbert,M.(2002)研究发现,知识分享关注的是组织中个人与他人分享给他们已经获得或创造知识的意愿。Davenport,T. H. 等(1998)人认为,知识管理的过程被定义为获取、储存、共享和使用知识的过程,由此我们得出知识分享是知识管理中的一个过程。林东清(2005)认为知识分享是指在组织内部员工之间通过各种渠道进行知识交换的过程,其结果是为了通过知识的交流,扩大知识的利用价值进而产生知识。李广培(2017)在对绿色创新意愿与绿色创新行为的关系研究中,发现知识分享在个体绿色创新意愿转化为实际行为过程中具有正向调节作用。所以,团队知识分享有助于提升信息的利用率和知识的转化率,从而促进了团队创造力的发展。综上所述,本研究将知识分享界定为团队成员能够将个人知识传递给他人的意愿和能力。

第三节　研究假设与理论模型

一、研究假设

(一)动态股权激励与创造力的关系

依据现有研究分析,从两个层面构建理论模型,探析动态股权激励对团队创造力的个人和团队两个层面的作用影响。动态股权激励作为一种外部激励方式,必定刺激到某一个个体的层面上,即股权激励对象的最小单位是个人,那么动态股权的激励作用首先体现在个人层面。由于团队是由不同的个体构成,动态股权的激励作用进一步影响到团队层面,本章将从团队层面展开动态股权激励对团队创造力的影响研究。

既有研究表明,创造力的影响源于个人层面和外部环境两个方面,而动态股权激励对创造力产生的影响,主要体现在个人和团队两个层面。由此提出以下两个假设:

H1a:动态股权激励对个人创造力有正向影响。

H1b:动态股权激励对团队创造力有正向影响。

(二)团队效能与创造力的关系

Woodman(1993)和 Amabile(1996)研究发现,自我效能是个人创造力的重要影响因素之一,效能与动机共同构成了个人创造力的测量维度。同时,Tierney 和 Farmer(2002)在研究中发现,团队效能是团队创造力的影响维度之一。结合前文研究分析,从自我效能和团队效能两个维度可以对效能进行测量。由此提出以下两个假设:

H2a:自我效能对个人创造力有正向影响。

H2b:团队效能对团队创造力有正向影响。

(三)动态股权激励与效能的关系

根据前文的理论分析,效能不仅是对完成任务能力的信心,还是对完成任务能力的一种认知。自我效能是对自己完成任务所需要的能力即自我能力的一种认识,并且是一种积极的认知。同样,团队效能是团队成员对于完成任务能力的一种认知,并且是对所处团队拥有能力的一种积极认知。而创造力组成中包含领域内的相关技能这一构成因素,该技能与效能中完成任务所需要的技能必然存在着联系。

动态股权激励形成的目的在于刺激激励对象提升其经营能力,核心人员更加努力工作,普通员工努力向股权激励靠拢,进而学习业务知识和提高能力。由此看出,动态股权激励刺激了企业员工,提升了他们对于完成任务的能力及其信心。因此,动态股权激励对效能具有一定的影响,由此提出以下两个假设:

H3a:动态股权激励对于自我效能有正向影响。

H3b:动态股权激励对于团队效能有正向影响。

现有关于创造力的研究中,对于创造力与效能之间的关系研究比较多,效能被验证可作为多对自变量与因变量关系研究的中介变量,比如效能在领导类型对创造力影响过程的中介效应已被多次验证。在对创造力前因的研究中,外部环境可以作为创造力的影响因素,因此效能可以作为动态股权激励对创造力影响研究的中介变量。由此提出以下四个假设:

H4a:自我效能在动态股权激励和个人创造力之间起中介作用。

H4b:团队效能在动态股权激励和团队创造力之间起中介作用。

H5a:知识分享可以作为自我效能与个人创造力之间的调节变量。

H5b:知识分享可以作为团队效能与团队创造力之间的调节变量。

二、理论模型

依据现有研究与理论假设,结合对动态股权激励、个人创造力、团队创造力、自我效能、团队效能与知识分享等变量的分析,本章从两个层面,即个人层面和团队层面,完成理论模型的构建,具体理论模型如图10-1所示。

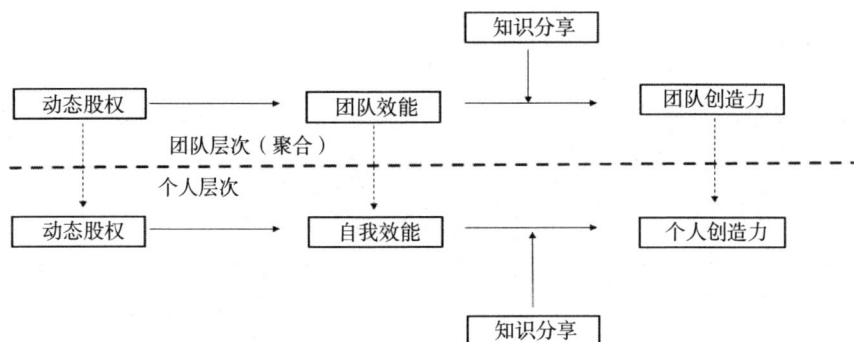

图 10-1　理论模型图

第四节　研究设计

一、变量量表

(一)创造力量表

Amabile 在 1986 年提出了创造力的量表,进而将创造力分为个人创造力和团队创造力两个维度。结合企业的实地调研与访谈,本研究将分别选取个人创造力量表和团队创造力量表。

在对现有量表论证分析后,个人创造力量表选取的是许彦妮等(2014)人参照 Zhou 等(2011)人的研究成果而开发的量表,共计 13 道题。结合企业的问卷调查,验证该问卷的内部一致性系数为 0.974,根据研究的实际需要,对原量表中的个别语句做了修正。原量表与修正后的量表,如表 10-4 所示。

表 10-4　个人创造力量表

原量表	修正量表
1. 提出新方法来实现工作目标	1. 我常常能够提出一些完成工作任务的新方法
2. 提出新的和可行的想法,改进工作绩效	2. 我常常能够想出提高业绩的、切实可行的新点子
3. 找出新的技术、流程等方面的想法	3. 我常常能找出新的工艺、流程、技术和/或想出主意

续表

原量表	修正量表
4. 提出新的途径来提高质量	4. 我常常能提出提高产品/服务质量的新方法
5. 是一个良好的创意来源	5. 我常常能提出富有创造性的想法
6. 不怕冒风险	6. 我在工作中不害怕冒险
7. 主动向别人表达自己的想法	7. 我常常会向别人宣传和捍卫自己的想法
8. 如有机会向别人表达自己的想法	8. 当有机会时,我会展现自己在工作上的创造力
9. 为实施新的想法会做好充分的计划安排	9. 我会有充足的计划和日程安排去将新想法付诸实践
10. 经常有创造性的想法	10. 我会经常提出富有创意的新想法
11. 能想出创造性问题的解决方案	11. 我经常会有解决问题的创造性思路
12. 经常有解决问题的新方法	12. 我经常有解决问题的新思路
13. 建议采用新方法来完成工作	13. 我会建议用新的工作方法去完成任务

团队创造力量表选取的是 Luo,Y. 等(2017)人开发的量表,共计 3 道题。在企业实地调研中,发放问卷对象共计 75 个团队,包括 295 名中层管理人员和 75 名高层管理人员。结合问卷数据的初步分析,验证结果显示,团队创造力量表的内部一致性系数为 0.73。量表的英文版与中文版,如表 10-5 所示。

表 10-5　团队创造力量表

英文版	中文版
1. The team output was creativity	1. 我所在团队的贡献具有创造性
2. The team output was original and practical	2. 我所在团队的贡献具有原创性和实用性
3. The team output demonstrates that the team is capable of using existing information or resources creatively	3. 我所在团队的贡献表明团队能够创造性地使用现有信息或资源

(二)动态股权的测量

从四个方面对动态股权进行测量,具体内容包括:一是激励对象是否具有股东身份;二是股权分配是否公平;三是股份比例调整的幅度;四是股权比例调整的频率。具体而言,从员工对动态股权的感知出发来开发量表,设计题项包含员工对动态股权的认知,股东身份的意愿强度,以及实行动态股权激励对公司与个人的影响等,共计 11 道题,如表 10-6 所示。

表10-6 动态股权量表

动态股权	1. 我认为依据股东贡献度进行股权比例调整的做法对股东的影响
	2. 我认为公司定期进行股权比例调整的做法对股东的影响
	3. 我认为公司吸纳新股东评估标准的合理性对股东的影响
	4. 我认为个人股份比例增加评估标准的合理性对股东的影响
	5. 我认为个人股份比例减少评估标准的合理性对股东的影响
	6. 我认为公司股权调整的公平性对股东的影响
	7. 我认为公司股权激励政策的持续性对股东的影响
	8. 我认为公司股权激励政策对于您成为股东意愿的影响
	9. 我认为公司股权激励政策对公司凝聚力提升的影响
	10. 我认为公司股权激励政策对公司业绩提升的影响
	11. 我认为公司股权激励政策对其社会影响力提升方面的影响

（三）效能

依据前文研究分析,效能可以分为自我效能和团队效能两个维度。其中,对自我效能进行测量,选取的是 Tierney 等(2002)和 Gong Y. 等(2009)的研究量表。Tierney 等人在 2002 年研究中,用的是前面 3 道题。Gong Y. 等人在 2009 年研究中使用了 Tierney 的这三道题,并加上 Tierney 在其他研究中用过的另一道题,共计 4 道题。结合企业的问卷调查,验证量表的内部一致性系数为 0.93,有较好的信度。具体量表如表 10-7 所示。

表10-7 自我效能量表

自我效能	1. 我对自己运用创意解决问题的能力有信心
	2. 我觉得自己擅长于想出新的点子
	3. 我很擅长从别人的点子中,发展出另一套自己的想法
	4. 我很容易想出解决问题的方法

对团队效能进行测量,选取的是陈伟等(2013)人研究的量表,被收录在中国人民大学出版的《管理研究量表手册》中。团队效能分为任务绩效和满

意度两个维度，结合企业的问卷调查，验证这两个维度的 Cronbach's α 值分别为 0.872 和 0.901。具体量表如表 10-8 所示。

表 10-8　团队效能量表

团队效能	1. 团队可在一定时间内高效地完成工作任务
	2. 团队可在财政预算内完成工作任务
	3. 团队成员能够高效率地进行工作
	4. 团队工作成果与预期目标基本一致
	5. 在工作中进行愉快的合作
	6. 在工作任务合作过程中得到锻炼和成长
	7. 期待与其他团队成员进行更深入和持久的合作及共同完成企业任务

（四）知识分享

对知识分享进行测量，选取的是张振刚（2016）的研究量表，该量表将知识分享分为知识分享意愿和知识分享能力两个维度。结合企业的问卷调查，验证结果显示，知识分享量表总体的内部一致性系数为 0.820，其中，知识分享意愿和知识分享能力的信度系数分别为 0.806 和 0.764。具体量表如表 10-9 所示。

表 10-9　知识分享量表

知识分享	1. 我乐意与他人分享自己的知识与经验
	2. 参与讨论时，我会尽可能提供自己的意见
	3. 对于同事提出的问题，我会尽可能地解答
	4. 同事需要帮助时，我会尽量提供他所需要的资料与文件
	5. 我认为与他人分享知识经验是一件很有成就感的事情
	6. 我能快速地找到执行工作所需要的知识
	7. 我对新观点或新事物会采取接纳的态度
	8. 我会以他人理解的方式表达我的意见
	9. 我有能力分辨对于本工作有价值的知识
	10. 我可以快速地找到执行工作所需要的特殊技巧

二、调查问卷设计

通过与多位学者的沟通交流,结合企业的实地预调研,对问卷进行了多次修改,调查问卷呈现以下五部分内容。

（一）个人信息部分。该部分包括对于调查对象的年龄、性别、学历等,以及是否是创业团队成员、工作年限、所在公司和所处行业等基本信息。

（二）动态股权部分。包括激励对象的股东身份,股权分配的公平性,股权比例调整的幅度与频率,以及加入股东的意愿。

（三）创造力部分。创造力分为个人创造力和团队创造力两个维度,比如,调查个人是否拥有创造力的能力和创造意愿,以及团队成员是否能根据已知知识进行灵活运用等。

（四）效能部分。效能分为个人效能和团队效能两个维度,比如,调查个人或者团队对于解决问题,以及完成任务能力的认知。

（五）知识分享部分。涉及调查团队成员知识分享的意愿和知识分享的能力。

第五节　数据分析与假设检验

一、调查样本描述统计

本研究选取融瑞祥、上佳食品与妙厨餐饮等多家企业的创业团队作为问卷发放的对象,经过企业的实地调研与问卷发放,收集问卷共计553份,其中有效问卷为344份,有效率为62.21%。通过对调研样本数据进行描述性统计分析,具体结果如表10-10所示。

表 10-10　描述性统计

频数分析结果			
名称	选项	频数	百分比（%）
性别	男	189	54.90
	女	155	45.10

续表

频数分析结果			
名称	选项	频数	百分比(%)
年龄	30 岁及以下	222	64.50
	31—40 岁	107	31.10
	41—50 岁	14	4.10
	51 岁及以上	1	0.30
婚否	是	225	65.40
	否	119	34.60
是否有孩子	0 个	141	41.00
	1 个	68	19.80
	2 个	124	36.00
	3 个	10	2.90
	4 个及以上	1	0.69
教育程度	专科及以下	215	62.50
	本科	108	31.40
	硕士及以上	21	6.10
团队规模	5 人及以下	22	6.40
	6—10 人	50	14.50
	11—15 人	44	12.80
	16—20 人	46	13.40
	21 人及以上	182	52.90
团队角色	普通员工	263	76.50
	管理人员	81	23.50
团队成立时长	1 年及以下	29	8.40
	1—3 年(含 3 年)	231	67.20
	3—5 年(含 5 年)	49	14.20
	5—10 年(含 10 年)	30	8.70
	10 年及以上	5	1.50

频数分析结果			
名称	选项	频数	百分比（%）
加入团队时长	1 年及以下	146	42.40
	1—3 年(含 3 年)	135	39.20
	3—5 年(含 5 年)	41	11.90
	5—10 年(含 10 年)	15	4.40
	10 年及以上	7	2.00
行业	信息传输,计算机服务和软件业	47	13.70
	制造业	116	33.70
	教育、文化、体育和娱乐业	60	17.40
	农、林、牧、渔业	37	10.80
	其他	84	24.40

由上表看出,受访对象多为男性,占总人数的 54.90%。调查人员的年龄多在 40 岁以下,受教育程度以专科及以下居多,被调查企业多处在制造业、教育文化以及信息技术与计算机服务等行业,占比分别为 33.70%、17.40% 和 13.70%。创业团队成立的时间大多是在 1—3 年之间,而创业成员加入团队的时间多集中在 1 年以下和 1—3 年之间,达到了本研究对初创企业在创业时长方面的要求。另外,创业团队规模在 10 人以下的占比为 20.90%,20 人以下的占比为 47.10%。由此来看,本次调研对象的选取较好,满足了研究的需要。

二、数据分析

通过对收集数据初步分析之后,借助于 SPSS 23.0 统计分析软件对收集数据进行描述性统计分析,分析结果中对应的方差、均值和标准差等指标,如表 10-11 所示。

（一）调查样本描述性分析

表 10-11　描述分析结果

名称	样本	方差	均值	标准差	峰度	偏度
动态股权 1	344	0.757	3.68	0.863	0.479	-0.237
动态股权 2	344	0.758	3.85	0.761	0.423	-0.342
动态股权 3	344	0.734	3.74	0.794	0.052	-0.236
动态股权 4	344	0.766	3.64	0.792	0.128	-0.281
动态股权 5	344	0.782	3.66	0.839	0.307	-0.336
动态股权 6	344	0.787	3.64	0.86	-0.139	-0.136
动态股权 7	344	0.655	3.72	0.813	0.613	-0.365
动态股权 8	344	0.874	3.86	0.8	0.206	-0.363
动态股权 9	344	0.889	3.75	0.81	0.232	-0.456
动态股权 10	344	0.923	3.71	0.873	-0.273	-0.375
动态股权 11	344	0.785	3.8	0.836	0.199	-0.289
团队创造力 1	344	0.779	3.96	0.757	0.418	-0.489
团队创造力 2	344	0.727	3.83	0.823	0.191	-0.42
团队创造力 3	344	0.674	3.86	0.842	0.326	-0.472
个人创造力 1	344	0.778	3.86	0.818	0.357	-0.508
个人创造力 2	344	0.724	4	0.781	0.012	-0.222
个人创造力 3	344	0.716	4.02	0.815	-0.508	-0.084
个人创造力 4	344	0.730	4.05	0.81	0.643	-0.504
个人创造力 5	344	0.731	4.06	0.802	-0.233	-0.048
个人创造力 6	344	0.796	4.03	0.74	-0.155	-0.422
个人创造力 7	344	0.744	4.12	0.774	0.061	-0.368
个人创造力 8	344	0.580	4.1	0.795	0.438	-0.411
个人创造力 9	344	0.631	4.11	0.852	0.36	-0.374
个人创造力 10	344	0.628	4.04	0.783	-0.36	0.065
个人创造力 11	344	0.703	3.99	0.852	-0.299	-0.096
个人创造力 12	344	0.739	3.95	0.812	0.109	-0.249
个人创造力 13	344	0.661	3.98	0.79	0.071	-0.37
自我效能 1	344	0.639	3.94	0.827	0.275	-0.466

名称	样本	方差	均值	标准差	峰度	偏度
自我效能 2	344	0.656	3.68	0.863	−0.241	−0.236
自我效能 3	344	0.762	3.85	0.761	−0.533	−0.186
自我效能 4	344	0.699	3.74	0.794	0.319	−0.536
团队效能 1	344	0.572	3.64	0.792	0.974	−0.659
团队效能 2	344	0.677	3.66	0.839	−0.112	−0.405
团队效能 3	344	0.709	3.64	0.86	0.171	−0.556
团队效能 4	344	0.669	3.72	0.813	0.412	−0.607
团队效能 5	344	0.609	3.86	0.8	0.956	−0.745
团队效能 6	344	0.664	3.75	0.81	0.665	−0.747
团队效能 7	344	0.657	3.71	0.873	0.753	−0.78
知识分享 1	344	0.644	3.8	0.836	0.363	−0.684
知识分享 2	344	0.547	3.96	0.757	0.581	−0.568
知识分享 3	344	0.599	3.83	0.823	0.243	−0.621
知识分享 4	344	0.632	3.86	0.842	0.173	−0.634
知识分享 5	344	0.726	3.86	0.818	1.245	−1.004
知识分享 6	344	0.613	4	0.781	0.559	−0.626
知识分享 7	344	0.726	4.02	0.815	1.288	−0.883
知识分享 8	344	0.659	4.05	0.81	0.711	−0.665
知识分享 9	344	0.623	4.06	0.802	0.633	−0.638
知识分享 10	344	0.684	4.03	0.74	0.17	−0.533

（二）信度分析

信度表明量表的可信程度,所选量表的信度与效度均应符合统计学的要求。量表选择与选项措辞不仅要符合中国人的习惯,也要符合所调查对象的阅读水平与习惯。为了保证数据分析的真实有效,对所选量表的信度作逐一检验。具体检验结果如表10-12所示。

表 10-12　信度分析

测量指标	可测变量数目	Cronbach's Alpha①
动态股权	11	0.914
团队创造力	3	0.850
个人创造力	13	0.937
创造力	16	0.942
自我效能	4	0.867
团队效能	7	0.910
效能	11	0.927
知识分享	10	0.932
总体	48	0.959

由上表数据分析可知,所选量表的系数均大于 0.7,说明调研数据通过了内部一致性的检验。

(三)效度分析

效度检验采用的是,被普遍认同的效度检验方法,即 Bartlett 球形检验法和 KMO 检验法。在 KMO 检验中,测量结果 KMO 值介于 0.7—1 之间,则符合要求,KMO 值越接近 1,越符合要求。在 Bartlett 球形检验中,检验结果显著水平在 0.01 之下,表明量表各维度之间存在较强的相关性,从而收集数据的有效性得到了验证。

关于动态股权的效度分析,使用 Bartlett 球形检验法与 KMO 检验法对动态股权进行测量分析,具体分析结果如表 10-13 所示。由表可知,动态股权的 KMO 值为 0.921,大于 0.7 的标准水平,而且 Bartlett 球形检验结果小于 0.01 的显著水平,因此通过了因子分析的验证。

---

　　① Cronbach's Alpha,即克朗巴哈系数法,是检视信度的一种方法,由李·克朗巴哈在 1951 年提出。通常情况下,Cronbach's Alpha 在 0.6 以上,被认为可信度较高。

表 10-13　KMO 和 Bartlett 检验

动态股权	取样足够度的 Kaiser-Meyer-Olkin 度量		0.921
	Bartlett 的球形度检验	近似卡方	2048.490
		df	55
		Sig.	0.000

　　由于动态股权是新量表的设计问题,所以要报告其 KMO 值为 0.921。同时,动态股权的成分矩阵,如表 10-14 所示。

表 10-14　动态股权的成分矩阵

名称	成分
	1
动态股权 1	0.660
动态股权 2	0.784
动态股权 3	0.712
动态股权 4	0.704
动态股权 5	0.653
动态股权 6	0.765
动态股权 7	0.799
动态股权 8	0.757
动态股权 9	0.767
动态股权 10	0.749
动态股权 11	0.717

提取方法:主成分。

　　使用 AMOS17.0 计算出动态股权的 CR 值为 0.928,AVE 值为 0.564。由于 CR 值大于 0.7,AVE 值大于 0.5,说明量表的信度良好。由此得出,动态股权量表的效度水平较为理想。

　　本研究选用的自我效能、个人创造力、团队效能、团队创造力和知识分享等变量的量表,均是发表在顶级期刊并得到多次验证的成熟量表,故不再进行 KMO 值的报告以及旋转后的因子载荷,下文将使用验证性因子分析来进行效度分析的报告。

(四)验证性因子分析

采用 AMOS17.0 对个体层面进行验证性因子分析。在个体层面,对动态股权、个人创造力、自我效能和知识分享等变量之间的区分效度与相应的测量参数进行检测。数据结果表明,四因子模型的分析结果较好,其中,$\chi^2 = 1359.135$,RMSEA = 0.058,RMR = 0.038,CFI = 0.917,TLI = 0.908,该模型显著地优于三因子模型的拟合优度,表明测量具有较好的区分效度。个体层面的验证性因子分析如表 10-15 所示。

表 10-15　个人层面的验证性因子分析

	χ^2	Df	RMSEA	RMR	CFI	TLI
四因子模型	1359.135	632	0.058	0.038	0.917	0.908
三因子模型[a]	1614.566	635	0.067	0.042	0.889	0.877
三因子模型[b]	2122.521	635	0.083	0.092	0.831	0.813
三因子模型[c]	2101.158	636	0.082	0.059	0.834	0.816
三因子模型[d]	2501.733	663	0.090	0.078	0.791	0.778

注:三因子模型 a 将自我效能与知识分享合并为一个潜在因子。
　三因子模型 b 将动态股权与自我效能合并为一个潜在因子。
　三因子模型 c 将知识分享与个人创造力合并为一个潜在因子。
　三因子模型 d 将自我效能与个人创造力合并为一个潜在因子。

采用 AMOS17.0 对团队层面进行验证性因子分析。在团队层面,对动态股权、团队创造力、团队效能和知识分享等变量之间的区分效度与相应的测量参数进行检测。数据结果表明,四因子模型的结果较好,其中,$\chi^2 = 983.603$,RMSEA = 0.063,RMR = 0.041,CFI = 0.919,TLI = 0.909,四因子模型明显优于三因子模型的拟合优度,表明测量具有较好的区分效度。团队层面的验证性因子分析如表 10-16 所示。

表 10-16　团队层面验证性因子分析

	χ^2	Df	RMSEA	RMR	CFI	TLI
四因子模型	983.603	415	0.063	0.041	0.919	0.909

续表

	χ^2	*Df*	RMSEA	RMR	CFI	TLI
三因子模型[a]	1214.726	418	0.075	0.044	0.886	0.874
三因子模型[b]	1963.087	418	0.104	0.121	0.780	0.755
三因子模型[c]	1243.031	418	0.076	0.045	0.882	0.869
三因子模型[d]	1250.353	418	0.076	0.044	0.881	0.868

注:三因子模型 a 将团队效能与知识分享合并为一个潜在因子。

　　三因子模型 b 将动态股权与团队效能合并为一个潜在因子。

　　三因子模型 c 将知识分享与团队创造力合并为一个潜在因子。

　　三因子模型 d 将团队效能与团队创造力合并为一个潜在因子。

(五)相关性分析

在确定因子分析之后,需要对各变量之间的相关性做分析。对动态股权、自我效能、团队效能、知识分享、个人创造力和团队创造力等变量进行相关性分析,从而测出变量之间的相关程度,具体分析结果如表 10-17 所示。

表 10-17　各变量之间的相关性

		动态股权	自我效能	团队效能	知识分享	团队创造力	个人创造力
动态股权	Pearson 相关性	1					
	显著性(双侧)						
	N	344					
自我效能	Pearson 相关性	.263**	1				
	显著性(双侧)	.000					
	N	344	344				
团队效能	Pearson 相关性	.251**	.704**	1			
	显著性(双侧)	.000	.000				
	N	344	344	344			
知识分享	Pearson 相关性	.308**	.645**	.720**	1		
	显著性(双侧)	.000	.000	.000			
	N	344	344	344	344		

续表

		动态股权	自我效能	团队效能	知识分享	团队创造力	个人创造力
团队创造力	Pearson 相关性	.215**	.459**	.557**	.558**	1	
	显著性(双侧)	.000	.000	.000	.000		
	N	344	344	344	344	344	
个人创造力	Pearson 相关性	.258**	.615**	.538**	.588**	.647**	1
	显著性(双侧)	.000	.000	.000	.000	.000	
	N	344	344	344	344	344	344

** 在.01 水平(双侧)上显著相关。

上表分析结果显示,动态股权与自我效能、团队效能、知识分享、个人创造力和团队创造力均在 0.001 的水平上显著相关,同时,自我效能、团队效能分别与个人创造力和团队创造力在 0.001 的水平上显著相关。以上分析结果表明,本研究所提理论模型的变量之间均具有较高的相关性。

三、假设检验

本研究从个体和团队两个层面对理论假设进行检验,个体层面的数据为团队成员的数据,团队层面的数据是将个体层面的数据进行聚合处理。因此,团队数据均是由团队成员的数据聚合而来。在聚合之前,需要进行聚合效度的检验。依据研究要求,采用 Rwg 来衡量团队中不同个体对测量整体的反应程度,采用 ICC(1)和 ICC(2)来反映其内部一致性。通常情况下,Rwg 值高于 0.7,ICC(1)值大于 0.1,ICC(2)值高于 0.5,则符合聚合的基本要求。运用 SPSS23.0 计算出团队层面的动态股权、团队创造力、团队效能和知识分享等变量的聚合值,如表 10-18 所示。其中,四个变量的 Rwg 平均值分别为 0.803、0.829、0.941 和 0.964,均大于 0.7;ICC(1)值分别为 0.344、0.177、0.139 和 0.185,均大于 0.1;ICC(2)值分别为 0.735、0.532、0.460 和 0.460,动态股权和团队创造力的 ICC(2)值均大于 0.5,而团队效能和知识分享的 ICC(2)值略小于 0.5,这可能跟样本的规模有关,不影响均值的准确性。由此推出,所使用团队数据可通过个体层面的数据进行聚合获取,具体聚合结果如

表 10-18 所示。

表 10-18　聚合效度检验

变量(团队层面)	Rwg 平均值	ICC(1)	ICC(2)
动态股权	0.803	0.344	0.735
团队创造力	0.829	0.177	0.532
团队效能	0.941	0.139	0.460
知识分享	0.964	0.185	0.460

(一)动态股权对创造力的影响

1. 动态股权对个人创造力的影响

为了检验动态股权对个人创造力的影响效应,把动态股权设为 X,个人创造力设为 Y,则构建模型公式为:$Y = \beta X + \mu$。同时,对模型进行回归分析,其分析结果如表 10-19 所示。

表 10-19　动态股权与个人创造力的回归分析

模型		非标准化系数		标准系数	T	Sig.	调整R 方	F
		B	标准误差					
1	(常量)	2.811	.183		15.378	.000		
	动态股权	.251	.051	.258	4.940	.000	0.064	24.400

a. 因变量:个人创造力。

从表中数据看出,显著水平(Sig.)为 0.000,小于 0.001,模型公式为:$Y = 0.251X + 2.811$,计算 T 值为 4.940。由此推断,理论假设 H1a 成立,说明动态股权对个人创造力具有正向影响,动态股权能促使个人创造力的提升。

2. 动态股权对团队创造力的影响

为了检验动态股权对团队创造力的影响效应,把动态股权设为 X,团队创造力设为 Y,则构建模型公式为:$Y = \beta X + \mu$。同时,对模型进行回归分析,其分析结果如表 10-20 所示。

表 10-20 动态股权与团队创造力的回归分析

模型		非标准化系数		标准系数	T	Sig.	调整 R 方	F
		B	标准误差					
1	（常量）	2.297	.425		5.408	.000		
	聚合动态股权	.410	.115	.410	3.572	.001	0.155	12.756

a. 因变量:聚合团队创造力。

从表中数据看出,显著水平(Sig.)为 0.001,小于 0.01,模型公式为 Y = 0.410X+2.297,计算 T 值为 3.572。由此推断,理论假设 H1b 成立,说明动态股权对团队创造力具有显著的正向影响,实施动态股权激励能够促使团队创造力的提升。

（二）效能对创造力的影响

1. 自我效能对个人创造力的影响

为了检验自我效能对个人创造力的影响效应,把自我效能设为 X,个人创造力设为 Y,则构建模型公式为:Y = βX + μ。同时,对模型进行回归分析,其分析结果如表 10-21 所示。

表 10-21 自我效能与个人创造力的回归分析

模型		非标准化系数		标准系数	T	Sig.	调整 R 方	F
		B	标准误差					
1	（常量）	1.597	.148		10.789	.000		
	自我效能	.556	.039	.615	14.431	.000	0.377	208.256

a. 因变量:个人创造力。

从表中数据看出,显著水平(Sig.)为 0.000,小于 0.001,模型公式为 Y = 0.556X+1.597,计算 T 值为 14.431。由此推断,理论假设 H2a 成立,说明自我效能对个人创造力具有显著的正向影响。即自我效能越强,个人创造力越强;反之,自我效能越弱,个人创造力越弱。

2. 团队效能对团队创造力的影响

为了检验团队效能对团队创造力的影响效应,把团队效能设为 X,团队创造力设为 Y,则构建模型公式为:$Y = \beta X + \mu$。同时,对模型进行回归分析,其分析结果如表 10-22 所示。

表 10-22　团队效能与团队创造力的回归分析

模型		非标准化系数		标准系数	T	Sig.	调整 R 方	F
		B	标准误差					
1	(常量)	.993	.444		2.235	.029		
	聚合团队效能	.706	.111	.625	6.361	.000	.381	40.465

a. 因变量:聚合团队创造力。

从表中数据看出,显著水平(Sig.)为 0.000,小于 0.001,模型公式为 Y = 0.706X+0.993,计算 T 值为 6.361。由此推断,理论假设 H2b 成立,说明团队效能对团队创造力具有显著的正向影响。即团队效能越强,团队创造力越强;反之,团队效能越弱,团队创造力越弱。

(三)动态股权对效能的影响

1. 动态股权对自我效能的影响

为了检验动态股权对自我效能的影响效应,把动态股权设为 X,自我效能设为 Y,则构建模型公式为:$Y = \beta X + \mu$。同时,对模型进行回归分析,其分析结果如表 10-23 所示。

表 10-23　动态股权与自我效能的回归分析

模型		非标准化系数		标准系数	T	Sig.	调整 R 方	F
		B	标准误差					
1	(常量)	2.466	.285		8.642	.000		
	动态股权	.286	.069	.343	4.131	.000	0.111	17.062

a. 因变量:自我效能。

从表中数据看出，显著水平（Sig.）为 0.000，小于 0.001，模型公式为 Y = 0.286X+2.466，计算 T 值为 4.131。由此推断，理论假设 H3a 成立，说明动态股权对自我效能具有显著的正向影响，实施动态股权激励能够促进自我效能的提升。

2. 动态股权对团队效能的影响

为了检验动态股权对团队效能的影响效应，把动态股权设为 X，团队效能设为 Y，则构建模型公式为：Y = βX + μ。同时，对模型进行回归分析，其分析结果如表 10-24 所示。

表 10-24　动态股权与团队效能的回归分析

模型		非标准化系数		标准系数	T	Sig.	调整 R 方	F
		B	标准误差					
1	（常量）	2.777	.202		13.755	.000		
	聚合动态股权	.283	.056	.263	5.040	.000	.066	25.401

a. 因变量：聚合团队效能。

从表中数据看出，显著水平（Sig.）为 0.000，小于 0.001，模型公式为 Y = 0.283X+2.777，计算 T 值为 5.040。由此推断，理论假设 H3b 成立，说明动态股权对团队效能具有显著的正向影响，实施动态股权激励能够促进团队效能的提升。

综上所述，动态股权对自我效能和团队效能均具有显著性影响，实施动态股权激励可以促进团队成员自我效能及其团队效能的提升。

（四）效能的中介效应检验

在前文理论模型中，效能在动态股权对创造力的影响中起中介作用，为了验证其中介效应，采用学术界广泛使用的中介变量验证的三步法。首先验证动态股权对效能的影响是否显著，再验证动态股权对创造力的影响是否显著，最后验证效能对创造力的影响是否显著。

1. 自我效能的中介效应检验

依据企业问卷数据进行多元回归分析，验证动态股权、自我效能和个人创造力所构建的理论模型。由前文分析可知,动态股权对个人创造力的影响较为显著,动态股权对自我效能的影响显著,自我效能对个人创造力的影响显著。由此,设动态股权为 X,个人创造力为 Y,自我效能为 M,构建模型公式为:$Y = \beta_1 X + \beta_2 M + \mu$。对模型进行多元线性回归分析,其分析结果如表 10-25所示。

表 10-25　自我效能的中介效应检验

模型		非标准化系数		标准系数	T	Sig.	共线性统计量	
		B	标准误差	试用版			容差	VIF
1	（常量）	3.753	.155		24.267	.000		
	性别	-.176	.068	-.139	-2.590	.010	.993	1.007
	年龄	.113	.058	.104	1.945	.053	.993	1.007
	教育程度	.029	.051	.031	.577	.564	.990	1.010
2	（常量）	2.978	.229		13.025	.000		
	性别	-.149	.067	-.117	-2.239	.026	.984	1.016
	年龄	.093	.057	.085	1.636	.103	.987	1.014
	教育程度	-.014	.050	-.015	-.286	.775	.954	1.049
	动态股权	.234	.052	.240	4.503	.000	.944	1.060
3	（常量）	1.396	.223		6.262	.000		
	性别	-.053	.055	-.042	-.969	.333	.967	1.035
	年龄	.053	.047	.049	1.145	.253	.982	1.018
	教育程度	-.005	.041	-.006	-.130	.896	.953	1.049
	动态股权	.095	.044	.098	2.176	.030	.888	1.126
	自我效能	.523	.040	.579	13.017	.000	.910	1.099

a. 因变量:个人创造力。

由表 10-25 分析可知,加入自我效能作为中介变量后,动态股权的标准系数由 0.240 下降为 0.098,说明自我效能的显著性明显,动态股权仍然显著。根据前文验证,动态股权对自我效能和个人创造力的影响,以及自我效能对个人创造力的影响,三者的回归分析结果均为显著。由此推断自我效能的中介效应显著,且自我效能在动态股权对个人创造力的影响过程存在部分中介作用,故理论假设 H4a 成立。

2. 团队效能的中介效应检验

依据企业问卷数据进行多元回归分析,验证动态股权、团队效能和团队创造力所构建的理论模型。由前文分析可知,动态股权对团队创造力的影响显著,动态股权对团队效能的影响显著,团队效能对团队创造力的影响显著。由此,设动态股权为 X,团队创造力为 Y,团队效能为 M,构建模型公式为:$Y = \beta_1 X + \beta_2 M + \mu$。对模型进行多元线性回归分析,其分析结果如表 10-26 所示。

表 10-26　团队效能的中介效应检验

模型		非标准化系数		标准系数	T	Sig.	共线性统计量	
		B	标准误差	试用版			容差	VIF
1	（常量）	3.730	.222		16.797	.000		
	团队规模	-.029	.043	-.084	-.671	.505	.999	1.001
	团队成立时长	.077	.067	.144	1.151	.254	.999	1.001
2	（常量）	2.350	.467		5.034	.000		
	团队规模	-.018	.041	-.052	-.444	.659	.992	1.008
	团队成立时长	.032	.064	.059	.498	.621	.952	1.050
	聚合动态股权	.393	.119	.394	3.295	.002	.948	1.055
3	（常量）	.690	.514		1.343	.184		
	团队规模	-.007	.034	-.019	-.195	.846	.988	1.012
	团队成立时长	.021	.054	.039	.389	.699	.951	1.052
	聚合动态股权	.172	.110	.172	1.561	.124	.797	1.255
	聚合团队效能	.618	.123	.547	5.040	.000	.821	1.218

a. 因变量:聚合团队创造力。

由表 10-26 分析可知,加入团队效能作为中介变量后,动态股权的标准系数由 0.394 下降为 0.172,说明团队效能的显著性明显,动态股权仍然显著。根据前文验证,动态股权对团队效能和团队创造力的影响,以及团队效能对团队创造力的影响,三者的回归分析结果均为显著。由此推断团队效能的中介效应显著,且团队效能在动态股权对团队创造力的影响过程存在部分完全中介作用,故理论假设 H4b 成立。

（五）知识分享的调节效应检验

1. 知识分享在自我效能与个人创造力之间的调节效应检验

在个体层面,为了验证知识分享的调节效应,将对知识分享作为自我效能与个人创造力之间的调节变量进行多元线性回归的检验,其分析结果如表10-27 所示。

表 10-27　知识分享的调节效应检验

模型		非标准化系数		标准系数	T	Sig.	共线性统计量	
		B	标准误差	试用版			容差	VIF
1	（常量）	3.753	.155		24.267	.000		
	性别	-.176	.068	-.139	-2.590	.010	.993	1.007
	年龄	.113	.058	.104	1.945	.053	.993	1.007
	教育程度	.029	.051	.031	.577	.564	.990	1.010
2	（常量）	2.978	.229		13.025	.000		
	性别	-.149	.067	-.117	-2.239	.026	.984	1.016
	年龄	.093	.057	.085	1.636	.103	.987	1.014
	教育程度	-.014	.050	-.015	-.286	.775	.954	1.049
	动态股权	.234	.052	.240	4.503	.000	.944	1.060
3	（常量）	1.396	.223		6.262	.000		
	性别	-.053	.055	-.042	-.969	.333	.967	1.035
	年龄	.053	.047	.049	1.145	.253	.982	1.018
	教育程度	-.005	.041	-.006	-.130	.896	.953	1.049
	动态股权	.095	.044	.098	2.176	.030	.888	1.126
	自我效能	.523	.040	.579	13.017	.000	.910	1.099

模型		非标准化系数		标准系数	T	Sig.	共线性统计量	
		B	标准误差	试用版			容差	VIF
4	（常量）	.951	.227		4.194	.000		
	性别	-.050	.053	-.039	-.952	.342	.966	1.035
	年龄	.033	.045	.031	.744	.458	.976	1.024
	教育程度	-.001	.039	-.001	-.017	.987	.953	1.049
	动态股权	.051	.043	.052	1.198	.232	.859	1.165
	自我效能	.355	.048	.393	7.337	.000	.574	1.743
	知识分享	.311	.054	.310	5.720	.000	.560	1.786
5	（常量）	.822	.225		3.655	.000		
	性别	-.059	.051	-.046	-1.142	.254	.965	1.037
	年龄	.024	.044	.022	.536	.592	.973	1.028
	教育程度	.007	.038	.007	.183	.855	.950	1.052
	动态股权	.056	.042	.057	1.338	.182	.858	1.166
	自我效能	.350	.047	.387	7.387	.000	.573	1.744
	知识分享	.333	.054	.332	6.222	.000	.553	1.808
	自我与知识交互项	.085	.022	.156	3.869	.000	.973	1.028

a. 因变量:个人创造力。

由表 10-27 分析可知,自我效能与知识分享的交互项显著性(Sig.)小于 0.001,因此知识分享的调节效应显著。由此推断理论假设 H5a 成立,即知识分享可以作为自我效能对个人创造力影响过程的调节变量。

2. 知识分享在团队效能与团队创造力之间的调节效应检验

在团队层面,为了验证知识分享的调节效应,将对知识分享作为团队效能与团队创造力之间的调节变量进行多元线性回归的检验,其分析结果如表 10-28 所示。

表 10-28　知识分享的调节效应检验

模型		非标准化系数		标准系数	T	Sig.	共线性统计量	
		B	标准误差	试用版			容差	VIF
1	（常量）	3.730	.222		16.797	.000		
	团队规模	−.029	.043	−.084	−.671	.505	.999	1.001
	团队成立时长	.077	.067	.144	1.151	.254	.999	1.001
2	（常量）	2.350	.467		5.034	.000		
	团队规模	−.018	.041	−.052	−.444	.659	.992	1.008
	团队成立时长	.032	.064	.059	.498	.621	.952	1.050
	聚合动态股权	.393	.119	.394	3.295	.002	.948	1.055
3	（常量）	.690	.514		1.343	.184		
	团队规模	−.007	.034	−.019	−.195	.846	.988	1.012
	团队成立时长	.021	.054	.039	.389	.699	.951	1.052
	聚合动态股权	.172	.110	.172	1.561	.124	.797	1.255
	聚合团队效能	.618	.123	.547	5.040	.000	.821	1.218
4	（常量）	.367	.517		.711	.480		
	团队规模	−.014	.033	−.041	−.426	.672	.978	1.022
	团队成立时长	−.007	.054	−.014	−.138	.891	.900	1.112
	聚合动态股权	.023	.125	.023	.185	.854	.579	1.728
	聚合团队效能	.323	.175	.286	1.840	.071	.374	2.672
	聚合知识分享	.521	.229	.422	2.277	.026	.263	3.803
5	（常量）	.457	.488		.937	.353		
	团队规模	−.014	.031	−.041	−.449	.655	.978	1.022
	团队成立时长	−.028	.051	−.052	−.541	.591	.883	1.133
	聚合动态股权	−.014	.118	−.014	−.119	.906	.572	1.749
	聚合团队效能	.310	.165	.275	1.876	.066	.374	2.674
	聚合知识分享	.537	.216	.435	2.490	.016	.263	3.806
	团效与知识交互	.099	.034	.266	2.904	.005	.957	1.045

a. 因变量：聚合团队创造力。

由表 10-28 分析可知，团队效能与知识分享的交互项显著性小于（Sig.）0.01，因此知识分享的调节效应显著。由此推断理论假设 H5b 成立，即知识分享可以作为团队效能对团队创造力影响过程的调节变量。

四、检验结果分析

（一）假设检验结果

依据前文分析，假设检验的结果如表 10-29 所示。

表 10-29　假设检验结果

理论假设	检验结果
H1a：动态股权对个人创造力有正向影响	支持
H1b：动态股权对团队创造力有正向影响	支持
H2a：自我效能对个人创造力有正向影响	支持
H2b：团队效能对团队创造力有正向影响	支持
H3a：动态股权对自我效能有正向影响	支持
H3b：动态股权对团队效能有正向影响	支持
H4a：自我效能在动态股权和个人创造力之间起中介作用	支持
H4b：团队效能在动态股权和团队创造力之间起中介作用	支持
H5a：知识分享在自我效能和个人创造力之间起调节作用	支持
H5b：知识分享在团队效能和团队创造力之间起调节作用	支持

（二）检验结果分析

在对动态股权、自我效能、团队效能、知识分享、个人创造力和团队创造力的关系研究中，本研究提出 10 个理论假设。结合企业的实地调研与问卷调查，数据分析结果表明，10 个理论假设全部通过验证。具体分析结果包含以下五方面的内容。

第一，动态股权对创造力的影响作用显著。在研究中发现，实施动态股权激励会对员工的个人创造力及其团队创造力产生正向影响，能够促进员工的个人创造力和所在团队创造力的提升。具体表现在，有助于提升员工的工作能力和工作积极性，激发员工的工作潜能与工作创意，进而推进团队创造力的提升。

第二,效能对创造力的影响作用显著。从个体与团队两个层面,分别验证自我效能对个人创力以及团队效能对团队创造力的作用影响。在实证研究中,效能对创造力的作用影响显著,相关系数和标准回归系数均达到良好的水平,使得效能对创造力的影响效应,在个体层面和团队层面均被证实。

第三,动态股权对效能的影响作用显著。从个体与团队两个层面,验证了动态股权对效能的作用影响。研究表明,对实施动态股权激励的团队而言,与实施之前相比,团队成员对于完成工作任务有很高的积极性,并且团队成员对于完成任务所需要的技能会主动地去学习,对于完成任务的看法亦有较大的改变。

第四,效能在动态股权与创造力之间的中介作用显著。通过验证效能在动态股权与创造力之间的中介效应发现,个体层面的检验结果为部分中介,团队层面的检验结果为完全中介。说明动态股权可以通过影响自我效能和团队效能来间接地影响个人创造力和团队创造力,由此推断,效能可以作为动态股权影响创造力的中介变量。

第五,知识分享在效能与创造力之间的调节作用显著。通过验证知识分享在效能与创造力之间的调节效应发现,在个体与团队两个层面,知识分享均能够在效能对创造力的影响中产生调节作用。说明无论是在个体之间,还是在团队之间均存在知识分享行为,并会对效能与创造力之间的关系产生促进作用。由此推断,知识分享可以作为效能影响创造力的调节变量。

第六节　研究结论

在相关理论分析的基础上,从个体和团队两个层面构建了动态股权、效能与创造力之间关系的理论模型,并提出对应的理论假设。结合案例企业的实地调研与问卷调查,运用 SPSS 和 AMOS 等统计工具对问卷数据进行分析,以验证所提出的理论假设。研究表明,实施动态股权激励机制能够激发创业团队创造力,对创业企业的高效运营产生明显的积极作用,进一步得出以下具体研究结论。

（一）动态股权对创造力有正向的影响。具体体现在两个层面,一是个人层面,动态股权正向影响个人创造力;二是团队层面,动态股权正向影响团队创造力。对实施动态股权激励的企业来说,由于核心员工成为了企业股东,他们的工作创造性被激发,个人创造力及其团队创造力均伴随动态股权激励机制的实施而得到显著提升,动态股权对企业员工产生正向的激励作用。

（二）动态股权对效能有正向的影响。在个人层面,动态股权对自我效能的正向影响显著;在团队层面,动态股权对团队效能的正向影响显著。由此说明,动态股权可以作为影响效能的一个前因变量。在实施动态股权激励的企业中,团队成员更容易将工作任务看成是提高自己甚至是证明自己的机会,他们对于完成任务的信心和能力都有了显著地提升。

（三）效能可以作为动态股权影响创造力的中介变量。验证效能在动态股权与创造力之间的中介效应时发现,个体层面的检验结果为部分中介,团队层面的检验结果为完全中介。由此说明,在个人层面,自我效能对个人创造力产生正向影响;在团队层面,团队效能对团队创造力产生正向影响。因此推断,动态股权可以通过影响自我效能间接地影响个人创造力,通过团队效能间接地影响团队创造力。

（四）知识分享可以作为效能影响创造力的调节变量。通过动态股权对创造力的影响过程,解析知识分享的作用。由数据分析表明,知识分享在动态股权对个人创造力的影响中起正向调节作用,同样,在团队效能对团队创造力的影响中亦起到正向调节作用。由于知识分享是团队成员之间在进行知识管理的交互过程,那么团队成员之间的分享与交流,可以正向促进团队创造力的提升。因此,在日常管理中,管理者应注意到团队成员之间的知识分享行为,要鼓励他们进行良好的知识交流,这对团队创造力的提升必将产生巨大的促进作用。

第十一章　动态股权激励机制的实践

——以融瑞祥企业为例

　　动态股权激励机制如何影响创业团队的创造力？现有文献尚未提出成熟的理论框架进行解释。在此研究背景下，本章以融瑞祥企业为研究对象，运用案例研究方法，构建了动态股权对创业团队创造力影响的理论模型。研究发现，在创业企业常规发展阶段，通过实施动态股权激励机制，股东身份的变化可以增强股东参与感的内在动机以促进团队创造力的提升；在快速成长阶段，由于动态股权激励的具体激励方法和目标导向的影响，增强了股东胜任感和成就感的内在动机，从而促进团队创造力的提升；在优化提升阶段，由于股权激励对象选择与考核机制的进一步优化，以及大牧创客生态圈发展战略、国际化发展战略的实施，通过强化股东使命感和责任感的内在动机以促进团队创造力的提升。该理论模型在融瑞祥动态股权激励机制实施十二年的实践历程中得到了检验。同时，研究表明，在创业企业动态股权激励机制实施过程中，激励对象的选择与考核、股权比例的调整以及股权变动的频率与幅度对创业团队创造力提升均产生较大的影响。

第一节　研究背景

在"双创"政策指引下,未来商业社会中"平台+创客"模式将会取代"公司+打工者"模式,这就要求平台必须做好自己的顶层设计,即构建一个科学合理的激励机制。否则,将会无法使创业成员的潜能发挥出来,也无法实现财富的合理分配。传统股权激励机制中存在着一个问题,就是分配上按股权分红与个人工作业绩脱节,导致激励效用弱化。也就是,个人贡献度的高低与分红额度的大小之间没有必然的关系,而是完全依靠股份的占比情况。如果长此以往这种问题不能得以解决,必然导致企业有能力的人才流失,从而影响企业的经营业绩,企业的经济效益也难有长期保证。而动态股权制是提高企业活力的现代企业管理制度,其通过具体的激励措施能够激发激励对象的工作动力。因此,将动态股权激励机制引入到创业公司的管理模式中,才能开辟出一条自主创新的道路。创业团队只有积极的发现股权激励制度的不足之处改善自身,通过激励对象的选择与考核、股权比例的调整以及股权变动的频率与幅度,以经济效益为原则,对不同阶段出现的问题进行分析和战略布局,在给企业创造经济价值的同时调动激励对象的积极性和创造性,才能为创业团队提供持续动力。

动态股权激励机制是对企业产权、分配、人事和劳动作出系统安排并实行动态管理的制度安排,是建立现代企业制度的一种有效实现形式。动态股权制利用股权激励与约束作用构建了企业的动力机制与制衡机制,为创业团队持续成长提供长效激励机制,有助于创业企业步入可持续发展的轨道。面对传统股权激励机制带来的问题,现有文献对其缺乏充分的解释,仅涉及动态股权激励机制的基本内涵及其理论模型,尚未开展动态股权激励机制对创业团队创造力的影响研究。

在激烈的市场环境下,创业企业发展的关键在于团队创造力的提升。创业企业实行动态股权激励机制,能够解决因利益分配不能和股东或员工的业绩充分挂钩而产生的激励弱化问题,可以有效避免经营者的短视行为以调动经营者的积极性,从而促进创业团队创造力的提升。同时,通过探索一种开放性创业平台的运营机制,有效地践行"双创"政策和价值共创的理念,为创业团队的持续成长提供源源不断的动力和活力。

第二节 理论基础

一、动态股权激励

(一)股权激励

股权激励是指在公司治理过程中,为缓解代理权冲突,刺激公司高层管理者为实现企业业绩持续增长而努力工作的一种长期激励机制(Jensen,M. 等,1976;Edmans,A. 等,2017)。股权激励对公司绩效的影响一直是公司治理领域探讨的热门问题。Hong Yanfang 等(2015)人研究发现,实行股权激励的公司高绩效来源于对员工的激励而不是利润操纵,现金薪酬的替代,以及员工对高管的约束或者博弈的归属期。Efraim Benmelech 等(2010)人的研究表明,由于信息的不对称,公司使用股票期权会引诱高层管理人员,为了自己的利益而隐瞒一些对于公司发展不利的信息,以此骗取投资者的投资,这导致公司的股票严重高估和股价暴跌,对公司业绩的提升及其自身的发展造成极为不利的影响。Kuo,C. S. 等(2013)人在研究中发现,过度的股权激励对于公司的业绩没有好处,股权薪酬对于低利润的初创企业则更为有效。上述研究,对本研究具有一定的基础性作用,它表明股权激励将更有利于利润较低的初创企业。

我国于2006年实行《上市公司股权激励管理办法》(试行),时隔十年之后证监会于2016年发布并实施《上市公司股权激励管理办法》,这表明中国的股权激励有了规章制度的约束,企业有充分的自主权在股权激励的方案设计中。顾斌(2007)认为股权激励作为一种长期激励的机制,其最终目的便是要实现公司业绩的增长。国内研究主要集中在股权激励对于公司绩效的研究上,此外还有一些其他领域,比如赵新杰(2019)研究的结论得出实行股权激励的公司,投资者参与调研的次数更多,规模更大,而且公司的私有信息套利空间更低。徐经长(2017)研究企业高管的风险承担态度对于股权激励的方式的选择存在一定影响,高管的风险规避倾向越强,企业越倾向于将风险较大的股票期权授予高管。陈文强(2018)在研究中指出股权激励的效果存在动态性,对公司的长期追踪性研究得出股权激励在实施后存在两年的滞后期,在实施后的五年,公司绩效呈现先升后降的"倒U形"特征。对于实施一期股权激励的公司不如实行多期的公司激励效果好,且后者的激励效应更持久稳定。基于此研究,动态股权激励可以很好地使用动态股权激励来持续性地刺激激励对象,从而使股权激励机制的实施更具持续性和稳定性。

(二)动态股权激励

孙楚寅(2001)在对于襄樊市国企改革调查中首次提出了动态股权制。李海舰(2001)在此基础上对动态股权制进行分析比较,提出了十大理论创新之处。郑玉刚(2007)提出动态股权激励模型,并认为动态股权激励模型是继动态股权制之后的一种新的实现股权和分配动态的激励体系。郑玉刚(2007)先后分别提出动态股权激励的动态模型和动态股权激励的静态模型。他认为动态股权激励静态模型能够有效将按资分配和按绩分配两种方式融合,动态股权激励动态模型考虑公司内部人员的变动和层级的因素对于静态模型的影响,从而使该模型更好地适应企业的实际情况。郑玉刚(2015)研究发现,在捐款激励型新型互助保障体系的构建中,可使用动态股权激励模型作为个人所应承担的爱心互助捐款及所能相应享受的爱心保额的分配,更能发挥激励效果。

二、内在动机

内在动机是指从事一项工作时源于对工作本身的感兴趣和喜欢,而非因为一些可分离的后果,如奖励或认可。内在动机强调的是个体为了活动和工作本身所带来的快乐和满足感,而自发主动的从事这种活动和工作。往往起因于个人对任务本身的积极反应,如好奇心、兴趣、满意度或积极挑战,这些可以看作是对工作的一种奖励。这种奖励是内在动机激励效果的体现,这个效果的产生不是基于物质奖励,而是基于个体自身的某些心理方面的需要以及工作本身特性(李伟,2013)。存在内在动机的个体参与工作的主要目的不是为了获取报酬,他们更多要求的是自身的兴趣所在、工作的自主性、胜任感等方面的满足。一些研究表明,内在动机对员工的积极的情感体验、创造性行为、工作持久性、组织承诺、工作满意度以及心理健康状况都有很好的预测作用。

Deci 和 Ryan 将内在动机划分为认知维度和情感维度。认知维度指的是认为自己能完成任务的胜任感,情感维度指的是对任务的好奇心。Vallerand(1997)将内在动机分为与外在动机相结合,将其分为获得成就感、体验刺激、探究知识三个维度。托马斯将内在动机分为四个维度:意义、胜任感、工作进度和选择。Amabile 将内在动机的维度分为:自我决定、胜任感、好奇心和工作参与。学者们对内在动机维度的划分从二维度到四维度,体现了研究视角从个体层面到社会层面的转变。

长期以来,内在动机被认为是预测员工创造力的一个关键因素。于丽娟(2009)的实证研究结果显示员工的内在动机与其工作投入和创新行为都具有显著的相关关系,且前者对后者具有一定程度的预测作用。员工对工作任务的兴趣常使他们能够寻找新的、更好的做事方法。当员工意识到工作本身是有价值的、诱人的和令人满意时,他们更可能在工作中表现出自身的创造力。此外,感知到高水平内在动机的员工往往更有毅力面对障碍,从而更加专注于自身任务和更好地利用现有知识来寻找解决问题的可替代方法以表现出更高的创造力。现有文献并未对内在动机如何对团队创造力产生影响进行系统全面的解释。

三、团队创造力

团队创造力是一系列新奇的、有益的想法、产品或服务在团队层面产生的过程。其特点为寻求突破的新颖性和有价值的实用性。汤超颖等(2011)认为团队层面的特有属性就是团队创造力。蒿坡等(2014)认为团队创造力是团队成员共同产出关于产品、服务和流程的有创造性的、有用的想法。梁冰倩等(2015)认为团队创造力是成员共同工作过程中所产生的创新想法。团队创造力可以通过两种途径获得,一是个体成员的认知特征和创造力;二是团队成员之间的互动所产生的协同效用(Pirola-Merlo & Mann,2004)。

综上所述,研究者对于团队层面的团队创造力的界定注重过程与能力,且现有研究并未关注动态股权激励如何对团队创造力产生影响的问题。本研究将团队创造力定义为团队所有成员对团队的贡献及努力程度。

第三节　企业简介

一、企业概况介绍

融瑞祥品牌创建于 2008 年 8 月 1 日，是专注满足畜牧业养殖场（集团）个性化需求的平台型企业，实行"平台+创客"发展模式，旗下有河南融瑞祥制药有限公司、郑州融瑞祥动物药业有限公司、河南天昊鸿发生物技术有限公司和郑州复兴之梦文化传播有限公司四家法人企业。目前，融瑞祥已形成了动物保健、营养、药品和微生态生物中药四大产品集群，通过自建、收购、合作等方式布局多个生产基地，与多所高校和科研单位建立了广泛的合作关系。当前，企业拥有标准化的兽药 GMP 和饲料添加剂生产基地，能够满足用户不同层级的需求。同时，拥有畜牧业公益商学院（复兴之梦商学院）、大牧创客生态圈、阳光赋能团、新媒体运营中心、河南省动物肠道疫病防控国际联合实验室、河南省益生菌生物转化中兽药产业技术创新战略联盟、动物疫病远程会诊中心、动物肠道健康管理科创中心和博士流动服务站等九大赋能平台，产品与服务惠及亚洲、非洲等多个国家和地区。

董事长赵俊强在做好企业管理工作外，结合融瑞祥企业的发展实践，融合二十年的商业经历及十五年的创业智慧，在国内畜牧行业率先提出适于创业企业发展的"动态股权激励模式"。动态股权激励机制综合利用了资格审核匹配法、自动进退法、虚实股份配比法、自主赢利计算法、项目赢利置前法、变量股本调整法、奖优惩后激励法、股东收益稳保法等十余种算法来确保公司"优胜劣汰、奖先惩后、互相激励、合理分润、有机运营、协同发展"的稳定健康态势。动态股权激励机制是融瑞祥十二年持续发展的制度保障，同时，经由赵俊强先生所辅导的五十多家公司因此机制平稳渡过了合伙人危机，使企业获得了可持续发展。该机制将改变自古以来"生意好做，伙计难搁""可以共苦，不能同甘"的中国式创业宿命。

二、企业发展历程

自创建以来,融瑞祥已有十二年的创业历程,在创业发展中,融瑞祥人披荆斩棘、艰苦奋斗。在企业发展的不同阶段,都会出现对企业发展产生重要影响的事件,具体的发展事件如表 11-1 和表 11-2 所示。

表 11-1 融瑞祥发展大事记

时间	事件
2008.07	创新性地起草了公司第一份股东章程
2009.03	初步建立自成体系的"动态股权激励机制"
2009.06	推出"鸡场环境风险测评系统"
2011.08	建立分事业部运行机制
2012.12	推出平台费用分摊机制1.0
2013.03	在行业层面率先推出公司合作伙伴粉丝节
2014.03	推出平台费用分摊机制2.0,设定费用分摊的上下限
2015.03	推出平台费用分摊机制3.0,调整奖励机制确保平衡稳定,优化大单品运营机制
2015.06	正式进入微生态生物发酵领域
2015.07	一类产品以项目形式运营,创客以动态股权形式参与
2016.05	构建大牧创客生态圈战略
2016.09	率先创建畜牧业公益商学院——复兴之梦商学院
2016.10	启动生物科技战略,聚焦于微生态生物中药的研发与应用
2017.01	成立国际贸易事业部
2017.10	开办河南牧业经济学院"融瑞祥"创新创业实验班
2018.04	启动"新时代兽医特训营"
2018.12	构建企企融合共创方案并付诸实施
2019.03	企企融合共创方案正式落地
2019.05	校企共建博士流动服务站,实现产教深度融合,完善产学研一体化机制

续表

时间	事件
2019.07	与多位事业合伙人达成融合共创协议
2019.07	成立畜牧业痛点调查与研究委员会
2019.08	推出畜牧业经销商业绩倍增系统实战研修班
2019.10	校企共建国际联合实验室,确立产品研发定位:专注于动物肠道健康管理
2020.01	在行业内率先实行 OKR 工作法

资料来源:融瑞祥企业宣传资料和内部资料。

表 11-2 不同发展阶段的重要事件表

发展阶段	重要事件
常规发展阶段 (2008—2012)	2008 年 5 月,推出第一份股东章程,明确规定了股东的进入与退出条件等,成功解决了当时业绩不达标股东的退出问题。 在公司成立之初实行赊销的担保制度,采用先款后货的方式解决赊销引发的部分股东无法及时收回货款的问题。 2009 年 3 月,结合畜牧行业的自身特性,初步建立自成体系的"动态股权激励机制"。 鉴于股东经营的不盈利以及自有资金的匮乏,部门独立运营核算在 2012 年底应运而生,即推出平台费用分摊机制 1.0。设置平台预留利润空间,将更多的利益赋予团队中实际利益创造者。各部门实施独立运营核算后,在总部指导下,各部门政策由部门经理进行制定,由总部进行管控。
快速成长阶段 (2013—2015)	2013 年,行情不好的阶段反而使部分对销售收入有贡献的股东承担了更多的费用,因而促进了管理层对于费用分摊机制的调整和改变,即为费用分摊机制设置合理的上下限区间。 2013 年,对技术服务机制进行改革:一是若技术服务人员连续三个月或六个月没有市场邀约则取消其岗位;二是降低其月薪,将降低的差额部分转为市场服务费,将原来由公司承担的服务费用通过市场邀约制由邀约人承担。 2014 年 3 月,基于公平诉求的考虑,推出平台费用分摊机制 2.0。在具体执行过程中,公司管理层给各销售部门设定费用分摊的上下限,即设置一个最低和最高的分担费用比例。 2015 年 3 月,以产品形式进行业绩奖励机制,并通过实行大单品运营机制平衡高贡献低占股股东的利益。 2015 年 7 月,成立产品项目部,一类产品以项目形式运营,吸纳多个项目合伙人,专注于蛋禽和猪类的保健品销售,公司为其专设热销单品保证项目股东的收益,合伙人以动态股权形式参与。

发展阶段	重要事件
优化提升阶段 （2016年至今）	2016年5月，推出大牧创客生态圈战略，由平台构建期、圈层演进期、闭环形成期、生态优化期、价值爆发期等五个阶段构成。 2016年9月，为解决企业员工与合作伙伴想学习而不知道去哪里学习的难题，率先创建畜牧业公益商学院——复兴之梦商学院，为畜牧人提供免费学习机会。 2016年10月，与中国发酵中药权威乔宏兴教授展开深度合作并启动生物科技战略，聚焦于微生态生物中药的研发和应用。乔宏兴教授领衔的科研团队先后荣获多项荣誉，主要包括：2015年河南省创新型科技团队，2016年郑州市益生菌发酵中药重点实验室，2017年河南省益生菌生物转化工程研究中心，2017年河南省微生物生物转化中药工程实验室，2018年河南省动物肠道疫病防控国际联合实验室，2019年河南省益生菌生物转化中兽药产业技术创新战略联盟。 2017年3月，基于市场环境的变化和部门业绩的低迷而撤销蛋禽和猪类保健品项目。 2018年12月，依据对激励对象的考核和评价标准，进一步完善动态股权激励机制的股份比例调整、股份调整频率等内容，构建企企融合共创方案并落地实施。 2019年5月，与河南牧业经济学院共建博士流动服务站，实现产教深度融合，完善产学研一体化机制。 2019年7月，为践行公司融合共创的合作理念，与多位事业合伙人达成融合共创协议，合伙人以动态股权形式参与，进一步优化动态股权激励机制。 2019年10月，与河南牧业经济学院共建国际联合实验室，确立了专注于动物肠道健康管理的研发定位。 2020年1月，为提升企业运营效率，优化各部门工作流程，在行业内率先实行OKR工作法。

三、企业文化体系

（一）"三观"文化

1. 是非观

融瑞祥人要以用户为是，不但要满足用户需求，还要创造用户需求。要以自己为非，只有自以为非才能不断否定自我，挑战自我，重塑自我——实现以变制变、变中求胜。这两者是形成融瑞祥可持续发展的内在基本特征：不因世界改变而改变，顺应时代发展而发展。

2. 发展观

"永远以用户为是,以自己为非"的观念基因要求员工个人具备两创精神。创业精神即企业家精神,融瑞祥鼓励每个员工都应具有企业家精神,从被经营变为自主经营,把不可能变为可能,成为企业的合伙人。创新精神的本质是创造差异化的价值,差异化价值的创造来源于创造新的用户资源,为实现目标应该以开放的视野,有效整合、运用各方资源。

3. 利益观

融瑞祥是所有利益相关者的平台,主要包括用户、员工、股东以及其他利益相关者。融瑞祥与所有利益相关者共同构成大牧创客生态圈,实现价值的共创、共享与共赢,把融瑞祥打造成为共富型组织。只有生态圈中所有利益相关方持续共赢,才有可能实现企业的持续成长。为实现这一目标,融瑞祥要不断进行商业模式创新,进一步优化和完善动态股权激励模式,真正实现价值共赢,大牧创客生态圈才能不断地演进和优化。

(二)企业文化体系

融瑞祥企业文化体系的构成,主要包括企业使命、企业愿景、核心价值观和基本理念,具体内容如图 11-1 所示。

· 企业使命:维护食品安全,助推用户成功。

· 企业愿景:成为亿万家庭幸福生活的缔造者。

· 核心价值观:为客户创造价值,为员工创造机会,为社会创造效益。

· 基本理念:产品理念、质量理念、服务理念、技术理念、人才理念、团队理念和合作理念。

企业的七大基本理念,具体内容如下:

· 产品理念:大美绝活,精智至美。

· 质量理念:磨好豆腐给妈吃。

· 服务理念:挖掘市场痛点,创造客户价值。

· 技术理念:创新为本,工艺领先。

· 人才理念:人人是人才,赛马不相马。

· 团队理念:打造没有血缘关系的家族企业。

· 合作理念:融合共创,价值共赢。

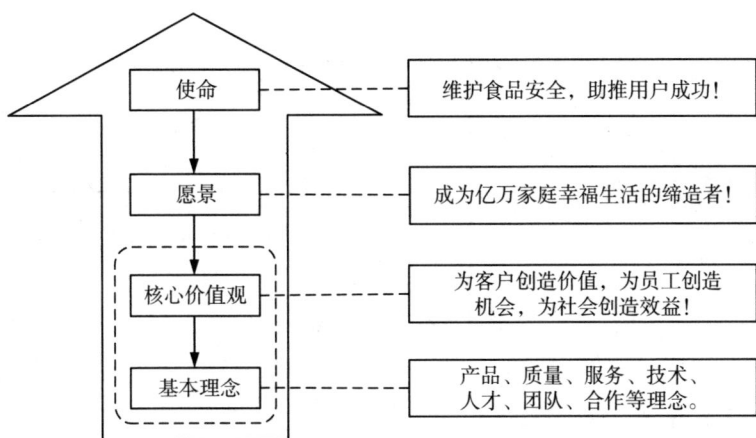

图 11-1　融瑞祥企业文化体系

第四节　研究设计

一、理论模型

现有研究成果分别从动态股权激励、内在动机与团队创造力等各自领域进行了相关研究,但却割裂了三者之间的有机联系。已有研究发现,团队成员的内在动机对团队创造力具有正向影响的关系,有利于创新行为的产生。内在动机是促使创造力产生的三种重要元素之一(Amabile,1983)。本章将三者进行融合,把内在动机划分为参与感、胜任感、成就感、使命感和责任感五个维度,探讨动态股权激励、内在动机与团队创造力之间的关系。综合以上理论回顾,本研究认为创业企业实行动态股权激励是促使其团队创造力提升的重要驱动因素,而动态股权激励通过激发激励对象的内在动机而促使其对团队创造力提升做出贡献。基于以上分析,提出如下两个假设:一是创业企业实行动态股权激励对于其团队创造力提升具有正向作用;二是创业团队成员的内在动机在两者之间起中介作用。同时,提出了本研究的基本理论分析框架,如图11-2所示。

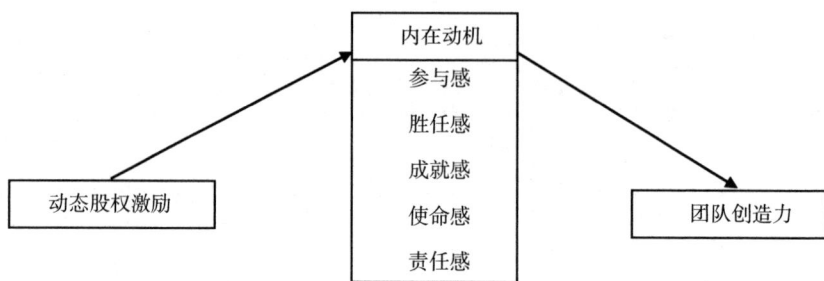

图 11-2　理论模型

二、研究方法

案例研究适用于新研究领域或现有研究不充分的问题，有助于捕捉和追踪管理实践中涌现出来的新现象，是构建理论的科学有效方法。本章采用探索性单案例研究的方法，首先是因为要解释动态股权激励如何影响创业团队创造力的问题，属于回答"如何"问题的范畴。其次，要解释动态股权激励"为什么"能够影响创业团队创造力的问题，而现有研究尚未进行深入的探讨。最后，由于本研究需要有丰富的案例数据作为支撑，而单案例研究更加聚焦于案例对象的深度性研究。基于以上三点，故采用探索性单案例研究的方法。

本研究是从动态股权激励、内在动机和团队创造力三者互动的视角进行探讨，在创业的不同阶段，动态股权激励、内在动机和团队创造力等三者各自是如何演化的，三者之间是如何动态匹配的？具体研究框架如图 11-3 所示，横轴变化代表创业发展的不同阶段演化，纵轴变化代表动态股权激励、内在动机和团队创造力三者之间的匹配关系。

三、案例选择

以河南融瑞祥制药有限公司（以下简称融瑞祥）作为案例样本，是遵循理论抽样的准则，兼顾了案例的典型性及研究数据的可获得性。从案例企业的典型性来看，融瑞祥是开展本研究的一个很好样本，自创建以来企业实施了动态股权激励机制，并实现了创业合伙人的"零危机"，且股东规模增加至三倍

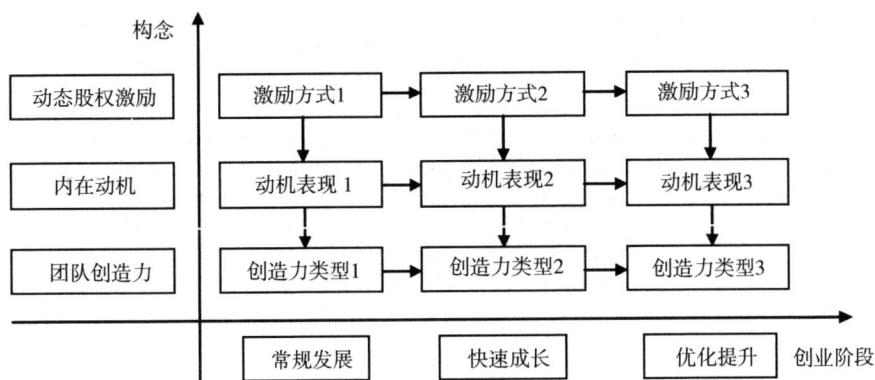

构念

动态股权激励	激励方式1 → 激励方式2 → 激励方式3
内在动机	动机表现1 → 动机表现2 → 动机表现3
团队创造力	创造力类型1 → 创造力类型2 → 创造力类型3

常规发展　　快速成长　　优化提升　　创业阶段

图 11-3　研究框架

的发展规模,成功规避了传统股权设计产生的风险。从研究数据的可获得性来看,由于长期关注融瑞祥股权激励机制的变革发展,并多次赴融瑞祥开展深度访谈和参观考察,获得了大量资料,为本研究提供了扎实又可靠的数据基础。

四、数据收集和分析

数据收集的来源主要包含两类:实地访谈和二手资料,以参观和访谈为主,档案文件为辅。首先,前往融瑞祥进行参观学习多次,并对企业核心成员进行了正式与非正式的深度访谈,全面了解融瑞祥实行动态股权激励对团队创造力产生影响的实践活动。访谈采用半结构化的形式进行,与每位访谈对象交流的时间通常持续 90 分钟至 120 分钟。访谈过程主要以录音的方式进行记录,同时以书面方式记录要点,访谈结束后立即对录音资料和书面要点进行总结整理,形成文本资料。其次,通过企业内部资料、宣传手册、网络报道以及核心领导的讲话等,收集了大量关于企业发展的数据资料,对这些资料进行初步的整理和归纳,进而从多重信息来源和多个受访者两个层面对资料进行比较并加以验证,从而筛选出可用的信息。具体的访谈情况及资料获取详情如表 11-3 所示,具体访谈内容如表11-4 所示。

表 11-3　数据来源详表

数据类型	主要来源
具体访谈	第一次访谈(时间:2019 年 1 月 17 日) 1. 融瑞祥品牌运营总监(1 人),时间长度为 90 分钟。 2. 融瑞祥营销策划总监(1 人),时间长度为 100 分钟。 3. 融瑞祥事业部总经理(1 人),时间长度为 90 分钟。 4. 融瑞祥董事长(1 人),时间长度为 90 分钟。 第二次访谈(时间:2019 年 3 月 2 日) 融瑞祥董事长(1 人),时间长度为 120 分钟。
二手资料	内部资料包括: 1. 融瑞祥内部资料 2. 融瑞祥公司宣传手册 3. 员工手册等公司其他文件 外部公开发表资料包括: 1. 融瑞祥微信公众平台的相关介绍 2. 融瑞祥领导人在公开场合的演讲内容

表 11-4　具体访谈内容

访谈对象	访谈时长/分	访谈内容
品牌运营总监	90	创业初心、障碍挫折、发展历程及关键事件与经验教训
营销策划总监	100	品牌运营的规划、设计与发展过程
事业部总经理	90	营销策略及其规划设计
董事长	120	重要事件背景、冲突、想法与行动

　　在分析方法方面,首先进行理论回顾,收集研读相关文献,确定研究问题和研究目标,其次对原始数据进行编码和分析,具体编码如表 11-5 所示。归纳出动态股权激励、内在动机与团队创造力之间的逻辑关系,同时对相关证据进行内容分析,结合相关理论进行研究,提出相应的理论命题。最后,构建出动态股权激励影响创业团队创造力的理论模型,在归纳和演绎推理的基础上形成研究结论。

表 11-5　案例数据的一级编码

数据来源	数据分类	编码
一手资料	通过深度访谈获得资料	A1
	通过非正式访谈获得资料	A2
二手资料	通过社会媒体报道与网络获得资料	B1
	通过企业内部获得的手册等资料	B2

第五节　案例分析

一、常规发展阶段(2008—2012)

(一)动态股权激励机制的理念构建

2007 年,在融瑞祥创建之前,董事长赵俊强与其他人在创业时便发现,企业股东付出多少,即价值贡献度的高低与其最后获得分红之间没有必然的联系,完全依靠其所占的股份比例大小。由此造成的后果就是占股比例高的股东对企业的贡献度可能为零,而对企业有高贡献度的股东所占股份比例可能较低,导致所占股份比例小且贡献度大的股东对于股份分配不公平的不满。在企业盈利的情况下,多数股东不愿意转让出他的既得利益,由此便会使得占股份比例低却对企业有高贡献的股东退出,从而使得大批有能力的人才流失甚至导致企业走向灭亡。这段创业经历使赵俊强认识到,股东所占股份不应是一成不变的,不应是从公司注册开始便延伸到公司的倒闭、股份的消亡,应该是结合股东对公司的贡献度来调整其所占股份的比例。通过股东的考核机制及进入退出机制,让贡献度高的股东的股份占比得到提升,而贡献度低的股东由于贡献度的不断下降,其股份比例会越来越低直至消失,这是一个动态变化的过程。其理念基础就是保证付出与回报的正比关系,体现了动态股权激励的公平性原则。

2008 年 5 月,筹资创建融瑞祥时,《股东章程》中就约定,所有股东都必须参与企业实际经营,且不允许股东家属进入企业参与经营,以及股权比例要随着个人业绩的变化进行调整。董事会在 2008 年 12 月底对不符合动态股权理念的股东进行劝退,依据便是未践行股东章程中规定的股东应承担的职责。正是由于在公司成立之初便在股东章程里面明确规定了股份调整与具体贡献挂钩才使得股东的退出机制更加合理化。

此阶段是动态股权激励机制的理念构建及实施时期。由于在动态股权激励机制下,激励对象的身份会发生改变,如普通员工会转变为公司的股东,普通股东的占股比例会上升。在融瑞祥动态股权体系下,股东必须直接参与公司的经营,只有全体股东的努力付出才能推动企业的迅速成长。这一时期的发展总体上是缓慢上升的,一是与整体的行业环境良好有关,为企业发展提供了机遇;二是与担保机制的灵活性有关,即担保机制带来的 2011 年产品销量的快速增长。在担保机制下,少数股东由于对目标客户把握准确,可以获得公司设置的一个合理的担保额度。若股东在年底无法收回货款,首先用其分红冲抵货款,不足以冲抵的,用自有现金弥补,无法弥补的,用股权对冲,自动减少其股权。这种做法对企业来说是零风险的。

(二)基于参与感的内在动机

在担保机制下股东可以促进营业额的大幅度增长,能够显著地提升股东的自信心。但是,在此过程出现的问题是,比如少数股东由于年底无法收回货款,在一定程度上提升了公司坏账风险等级,从而延缓甚至减少给客户的发货,具体表现为业绩的增速下滑。与此同时,由于部门间未进行独立的运营核算,所有机制只能依托于整个平台进行核算,从而造成管理人员和业务人员的工资、提成、奖金以及补助只能依靠专项资金进行分配,此项规定使得多数股东对其合理性产生了质疑。具体体现在以下几个方面:一是企业盈利性不好的情况下,多数股东在心理和意识上主观判定了只有拥有实实在在的盈利才是硬道理,导致他们对平台发展的关注度及其工作参与度的降低;二是在企业盈利性好的情况下,现有的平台运营核算机制,由于无法根据股东的持股比例进行精确的利益分配,使得高持股比例和高业绩贡献的股东会产生消极的情绪,从而降低他们工作的主观能动性。在这种情况下,为了更好地体现股东自身的价值,激发他们参与工作的内在动机,必须使各自的贡献与工作回报进行挂钩,以形成平台与股东的利益共同体。

(三)担保机制和独立运营核算

在 2012 年的经营过程中,公司管理层对担保机制做了进一步调整,对于原来无法收回欠款的股东取消其担保资格,付款方式由担保转为现金收款。与此同时带来的问题是,先款后货的做法会给原来业绩贡献高的股东带来直接损失,原因在于他们的担保多,而取消了担保会影响部分客户的发货,从而影响了业绩。营业额的下滑不仅打击了股东的积极性,还对企业整体业绩产生负向影响,但同时也在最大程度上消除了坏账的不良影响。鉴于各销售部门业绩不佳的状况,独立运营核算机制在 2012 年底应运而生,通过稀释平台的部分利润,将更大的利润空间预留给经营团队中实际利益的创造者,从而极大地调动了股东的积极性。各部门独立运营后,部门的规章制度在总部指导下由各部门负责人进行制定,而总部进行管控以确保其制定的客观公正。

在常规发展阶段,动态股权激励、内在动机与团队创造力的典型证据,如表 11-6 所示。

表 11-6　常规发展阶段的典型证据表

一级构念	二级构念	典型证据
动态股权激励	股东身份变化	"在传统管理模式下,非股东人员的收益来自于工资补助奖金和提升,而业绩考核对其心理压力的强度是一定的,企业做好做坏对他而言并不会产生深远和致命的影响,同时他还可以有更多的选择。区别于传统雇佣制下任用职业经理人的不同,我们的核心成员都是股东,那么企业的成长兴衰便与他们的收益有很大的关系。"(A1)
内在动机	参与感	"在担保机制下做得好的由于他对客户把握准确,一个月可以做到十几万的业绩,担保机制改了以后可能一个月只能做一两万。"(A1) "部门独立运营核算以后,那么他为了把团队打造好,那么他对他团队的每个人都会很好,有的还带着他部门的业务员去旅游,这些都是他自发的。"(A1) "在业绩的压力下,我们一个经理天天跑市场,一辆福特开了两年多,发动机坏了要自己花钱换吧,公司并没有规定他一年必须要跑多少公里,这都是他发自内心的去做。"(A2)

一级构念	二级构念	典型证据
团队创造力	业绩增长 担保机制改革 团队氛围融洽	"经理把团队打造起来后,团队业绩增加了,连带着他自己业绩的增加。"(A1) "担保机制改革以及部门独立运营以后,2012年的业绩实现了很大的增长。"(A1) "部门经理和他的业务员好的就像是亲兄弟一样,整个团队非常和谐融洽,经常在一起聚会。"(A1)

在常规发展阶段,由于股东对公司的贡献程度与他们的所得挂钩因而会激发其工作动力,促使自身为实现工作目标的完成而更加努力奋斗,即身份转变带来的相对应的态度和行为的转变。当制度环境发生改变而增强激励对象的参与感以激发其内在动机,从而促进其自身对团队的贡献。阶段模型如图11-4所示。基于以上分析,提出研究命题1:

命题1 在创业企业的常规发展阶段,通过实施动态股权激励机制,股东身份的变化可以增强股东参与感的内在动机以促进团队创造力的提升。

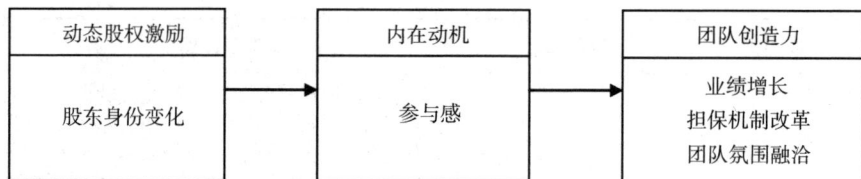

图11-4 常规发展阶段过程图

二、快速成长阶段(2013—2015)

(一)动态股权激励下的机制创新

2012—2013年,融瑞祥在技术服务机制上出现的问题是技术服务人员在日常处于无所作为的办公室环境下,其收入构成为工资补助加提成及分红,因此在其看来工作能力的强弱与其收益无关。为了调动其积极性,在技术服务人员的岗位职责上做出了改变:一是若技术服务人员持续三到六个月无市场邀约则取消其岗位;二是降低其月薪,将降低的薪酬差额转化为市场服务费用,将本由公司承担的服务费用通过市场邀约制由邀约人承担,若没有用户邀约说明其技术服务质量不合格,则技术服务人员的市场服务费用就会大幅度的削减而造成其综合收益的降低,从而督促技术服务人员自我能力的提升。

由于此阶段市场环境的恶化,行情的骤冷导致了 2013 年业绩的下滑。销售部门初始实行按销量百分比分摊的机制,在此阶段各销售战队需要共同承担平台运营的费用。在 2013 年行情不好时,导致部分对企业销售收入有贡献的股东承担了更多的运营费用,也就是说,干得越多亏损越多,不干反而没有亏损,让努力者背负了更多的压力,这严重违背了多劳多得、以贡献度为本的原则。因而,这促使管理层对于费用分摊机制的调整和改变,即为费用分摊机制设置合理的上下限区间。基于公平诉求的考量,公司管理层在 2014 年的具体执行过程中在各销售部门平均分摊的基础上,上下浮动一定比例,约定最低承担费用比例和最高承担费用比例。因此,在企业整体亏损的情况下,业绩贡献越高的部门只承担约定的最高费用比例,其余费用由其他销售部门承担。这样一来,即便行情不好,公司整体销售量不大,但是销售好的部门仍然可能盈利,但是销售不好的部门,甚至不销售的部门一定会亏损,这就极大地保障了贡献者的权益,打击了不积极贡献甚至是混日子的部门负责人。这次调整是对原有费用分摊机制的优化升级,既能与销售业绩挂钩又兼顾了行情不好时出现的问题。

融瑞祥在 2015 年 7 月成立了一个项目部门,引进了多位项目股东并在其进入之初便制定了一份完善的包含股东进入退出机制及股份变动幅度等具体内容的股东章程。项目股东平时任职于其他部门由相应负责人进行管理。该项目主要专注于肉禽和蛋禽的保健产品的研发生产及销售。融瑞祥创始人专门为该项目研发了一款热销单品用于保证该项目部门的收益,并设置年最低收益比例。在动态股权激励机制作用下,项目股东的工作态度积极性被调动起来,同时也扩大了平台的影响力。基于互惠内涵的股东们用实际行动在践行着"利益共同体"的职责,取得了新市场机会。

(二)基于胜任感和成就感的内在动机

在费用分摊机制有上下限的浮动区间时,业绩表现良好的部门会承担更少的费用,而业绩表现差的部门则会承担更多的费用甚至自费贴补亏损,基于此类情况,股东对其工作的无力感会增强,从而降低其对工作的胜任感,甚至主动要求退出平台而不是由于外因的干扰。由于平台设定的预留利润空间,而业绩贡献度高的股东所承担的费用在减少,则其会在心理上寻求持股比例的上调,在现状未发生改变的情况下,其本身会默认为公司机制僵化,同时也会调动其内在的好奇心和动力,主动去创造想法实现的可能性。

作为配合费用分摊机制运行的业绩奖励机制引发的问题是由于业绩奖励来源于平台,因而奖励费用亦需要承担。对于拥有固定客户群体的销售部门而言,奖励费用的分摊产生的压力和顾虑会促使其综合衡量促销策略的制定是否有助于业绩的增长,如果无增长且需增加客户的回馈,则在实际经营中无形地增加了运营成本并产生负担,会导致该奖励机制在初始运营时遭遇阻碍。后来由于产品奖励产生的良好收益,从部门负责人到业务人员都对总部的大单品奖励或多或少地产生依赖性,于是平台掌握控制权。对于他们而言,奖励的产品可以通过其销售渠道、个人能力而促成产品价值提升变现的转化,增加了股东和非股东人员的工作胜任感和获得成就感。通过授权管理赋予其根据市场情况变化相机处置的权力,增强了他们工作的自主性,激发了其创新意识,从而促进其在工作中贡献度的提升。

(三)大单品运营机制的创新

在高持股比例的股东比低持股比例的股东贡献度低的情况下,前者的年底分红仍然是可观的,考虑到行业背景及平台的整体发展,如果贸然调整股份比例必会产生一系列矛盾。同时,在市场中好的产品价格高,对用户来说,质量与价格往往不可兼得。为了解决这一问题,企业在2015年开始推出大单品运营机制。从产品的研发工作入手,通过对产品进行持续的优化升级,赋予产品更多的科技力量。使得产品更加注重其应用价值,不仅能够解决好产品贵的问题,而且能够解决市场中客户的实际问题,从而最大程度地满足客户的诉求。同时,以产品奖励的形式去弥补和平衡了业绩贡献度高而占股比例少的股东的利益。这是对企业产品理念"大美绝活,精致至美"的践行,是企业核心价值观的体现,为企业打造名牌产品奠定了坚实的基础,促进了融瑞祥品牌影响力的快速提升。

在企业运营层面,具体来说,一是打造爆款产品,由平台统一运营管理几类热销单品,将平台相应比例的利润用于热销单品的奖励上,同时在销售部门负责人以及业务人员的费用成本核算上设置差异化价格;二是热销单品的定价机制,结合行业定价规则,科学合理地设定产品的定价机制,把总部获得利润的一部分直接反馈给市场层面。

这种做法大大调动了企业市场人员的工作积极性,促进了他们业绩的不断提升,同时也降低了产品的价格,为客户创造更大的价值。由此看出,在大单品运营机制实施过程中,由于大单品是由企业总部运营,去中间化运营加之总部预留利润的稀释,能够有效降低产品的成本和价格。该机制的推广应用,使得融瑞祥在 2015 年的业绩翻了一番,也获得了拓展新业务的机会。大单品运营机制兼顾了客户、员工和企业等多方的利益,实现了价值创造过程中多方共赢的局面,为企业的持续性发展提供了制度保障。这不仅是融瑞祥企业核心价值观的体现,融合共创理念的践行,更是企业创始人胸怀与格局的呈现。

在快速成长阶段,动态股权激励、内在动机与团队创造力的典型证据,如表 11-7 所示。

表 11-7　快速成长阶段的典型证据表

一级构念	二级概念	典型证据
动态股权激励	产品奖励目标导向	"平台预留相应的利润空间,把更多的利益赋予经营团队,即利益的实际创造者。"(A1) "在肉禽和蛋禽项目成立之初便制定出了一份最完善的包括进入退出、股份变化的股东章程,先制定规则再办事,确保机制的运行。专门打造出大单品确保这个项目股东们的收益。"(A1) "有很多股东占比少但贡献度很高最后分红还很少,但是由于平台在不成熟的时候不能贸然的进行股份的调整,所以便推出了业绩奖励,以产品奖励的方式来平衡这部分股东的利益。"(A1) "如果某一战队在完成或者超额完成年度业绩任务的情况下,就可以从利润中划出一部分作为其奖励。实际上就是变相地降低了原有投资人以投资为目的所获得的分红。对于融瑞祥而言,注重经营弱化投资才是最为重要的。即通过业绩目标的达成来规范利益相关者的工作。"(A2)

一级构念	二级构念	典型证据
内在动机	胜任感 成就感	"人力资本都是具有隐蔽性的，他愿意干是一种状态，不愿意干也是一个状态，当他愿意干的时候，他找到所有的方法和理由，无论如何把事干成，当他不愿意干的时候，他给你汇报过来的，就这事根本就干不成，怎么调动他内在的原动力？那么就在这个机制上我们下功夫让他努力之后会有所收获，这时候每个人的内在原动力都会被激发出来。"（A2） "变成这样一个有上下限的机制之后，原来的比如说浑水摸鱼的没好好干，中间可能还要搞点其他的东西，这时候他自己受到影响就非常大，他突然之间不可能把客户数量增上来，也不可能突然之间把人的积极性给调动起来，那么时间给他的压力是非常大的，可能这时候就转变成原来他做的少可能赔的少，不做不赔钱，到后来他自己开始它是率先赔钱，这时候他替人家承担，未来可能他虽然占了股份平台也能挣钱，但是到最后可能他这个亏空多于收益，投资都是白投的，那么他就会做一个决策，就是要么他在这地方好好干，要么他就走干点其他的。"（A1） "在大单品定价机制下，产品的奖励会促使队长、业务员多开展活动，他们对于完成任务的信心会增强，而产品通过他们的销售渠道会实现升值。"（A1） "动态股权激励的软性体则是寄希望于所有股东都可以做好自己的工作以及规避自身惰性充分发挥内在的原动力。"（A2） "2014年我忙着生产基地的事情就连续几个月没有管理公司的事情，公司仍然正常运转着，全是在依靠我们其他几个股东，年底业绩也非常好。因为他们完全胜任这些工作，也能理解我的忙碌。"（A1）
团队创造力	业绩增加 费用分摊机制创新 团队凝聚力增强	"公司在2015年的业绩比2014年翻了一番。"（A1） "费用分摊机制有上下限的调整后促使业绩贡献高的战队承担的费用越来越少，产品奖励调动了负责人的积极性，开展多种营销活动提升业绩，大单品定价机制有效控制了运营成本。"（A1） "我们部门里面的人为了完成业绩目标，节假日、休息日都可能会在跑市场、为客户服务，大家心都在一起，那事情自然就好办了。我们经常会在微信群里面针对某一事件进行探讨，每个人都会很活跃地进行交流，在沟通中进行互相学习和成长。"（A1）

在快速成长阶段,企业调整了动态股权激励下的费用分摊机制,为其设置费用分摊的上下限浮动区间,并推出配套实施的业绩奖励机制,增强了股东的胜任感和成就感,从而促进了业绩增加、平台盈利、团队凝聚力的增强。阶段模型如图 11-5 所示。基于以上分析,提出研究命题 2:

命题 2　在创业企业的快速成长阶段,由于动态股权激励的具体激励方法和目标导向的影响,增强了股东胜任感和成就感的内在动机,从而促进团队创造力的提升。

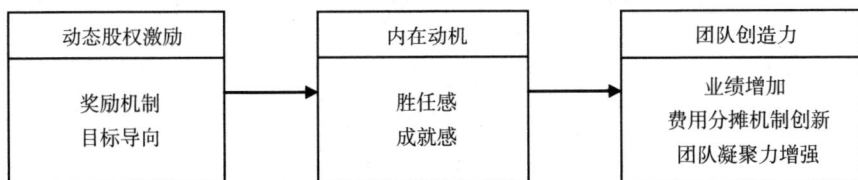

图 11-5　快速成长阶段过程图

三、优化提升阶段(2016 年至今)

(一)激励对象的选择与考核

动态股权激励机制在激励对象的选择上,主要有两个标准。一是人品,即以个人品行为前提和基础,且规则制定的受众是面向于认可并愿意执行规则的人。二是能力,即个体价值。如业绩、对公司的贡献等。针对不同激励对象,动态股权激励机制结合特定的岗位明确激励对象具体的责任和收益,使得公司对每位股东的考核都各有标准,即因岗设人、定岗定责。通过对股东的考核来评定其股权占比的上调或下降。只有通过精细考核每位股东的贡献,才能够为动态股权激励机制提供科学的依据。

(二)基于使命感和责任感的内在动机

融瑞祥的企业使命是维护食品安全、助推用户成功。在平台发展的美好前景下,会吸引更多人才的加入。他们会对平台的发展充满信心,对自身的工作感到具有意义,并在企业愿景和使命的指引下拥有努力达成目标的强烈愿望。同时,在其内心信念的强化下会促使股东的个人目标与组织目标保持一致,从而促进组织的有效发展。在公司内部,对于任何一位股东而言,出于业务需要,即使是超出其岗位职责也会予以响应,进而激发强烈的组织承诺,具体表现在低水平雇员的流动率以及优质股东的吸纳方面。

(三)大牧创客生态圈规划及新股东的引入

1. 大牧创客生态圈规划

在 2016 年 6 月推出大牧创客生态圈战略,大牧创客是中国大畜牧业中创业与创新者的简称,大牧创客生态圈是为大牧创客事业成功而服务的平台。融瑞祥目标是公司平台化、成员创客化和用户粉丝化,由平台构建期、圈层演进期、闭环形成期、生态优化期和价值爆发期五个阶段构成,如图 11-6 所示。

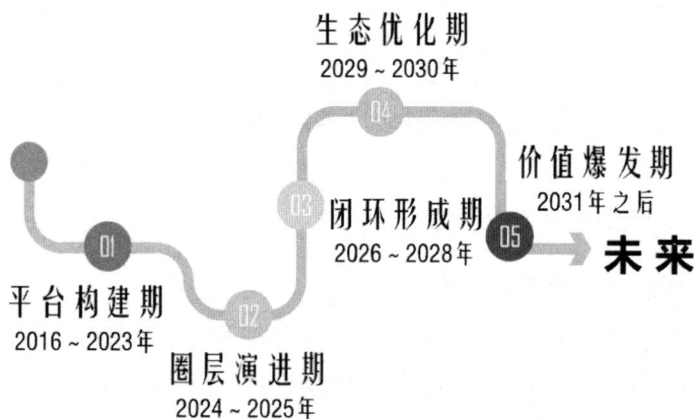

图 11-6 大牧创客生态圈规划

该规划明确了融瑞祥未来的发展方向,通过不断的挖掘潜在需求来主导拓展方向和整合模式,促进不同平台间的协同发展以获得可持续发展能力。

2. 新股东的引入

在 2017 年 3 月,由于蛋禽和猪类保健产品项目人员对于蛋禽市场行业情况缺乏认知,产品塑造也不擅长,以及业绩来源主要依靠热销单品的推动等问题,使得产品运营部的业绩增速缓慢甚至亏损,经公司股东会决议后解散该部门。但在此过程中,项目股东自身的努力在一定程度上促进了平台的升级,即依靠其股东身份对外产生和传播了正向影响力。此外,实行账目公开透明化以获得项目股东的信任和支持,并在项目结算阶段征求股东们的意见,由此确保了股东们对于机制合理性和先进性的认可。企业此项做法使得其在 2018 年底备受业界的关注,尤其得到了众多意向合作者的青睐,经严格甄选后在众多意向合作者中选择了多位事业合伙人的加盟,涵盖了企业多个岗位。这不仅扩大了股东规模,优化了股东结构,更是提升了企业竞争力,为企业的可持续发展奠定了基础,也是企业融合共创的合作理念的一次践行。

同时,从 2019 年开始,对新老股东均严格实施动态股权激励机制。具体来说,在明确企业岗位职责的基础上,参照不同岗位人员的考核体系设置量化考核线,达到考核要求则股权比例保持不变,低于考核标准线股权比例下调,高于考核标准线股权比例上调。通过精确考核股东的贡献,依约兑现激励性股权或红利,规范公司治理来保障股东权利,从而确保动态股权激励制度的严格贯彻执行。同时,伴随企业的发展壮大,持续优化动态股权激励机制,为企业的持续性发展提供制度性保障。

在优化提升阶段,动态股权激励、内在动机与团队创造力的典型证据,如表 11-8 所示。

表 11-8　优化提升阶段的典型证据表

一级构念	二级构念	典型证据
动态股权激励	激励对象的选择与考核、实施生态战略及国际化战略	"在激励对象的选择上是人品加能力。平台吸引的股东必须是认同我们的理念和机制的,和我们要有相同的价值观,才能使所有股东在平台的未来发展方向上保持一致,更增强企业的凝聚力。"(A2) "在考核标准上实行依岗定责,即根据岗位的需求确定岗位的职责,并根据岗位职责来确认贡献度的高低从而进行股份的调整。在 2016 年推出大牧创客生态圈战略,由平台构建期、圈层演进期、闭环形成期、生态优化期、价值爆发期五个阶段构成,旨在将平台建成一个融合共生且可持续发展的生态圈。"(B2) "在 2017 年 1 月成立国际贸易事业部,正式走上国际化道路。产品与服务已遍及亚洲、非洲等多个国家和地区。"(B1)

续表

一级构念	二级构念	典型证据
内在动机	使命感 责任感	"企业的发展与股东密切相关，企业的做大做强需要股东的全力付出，从股东的角度出发就必须要对平台负责对员工负责，而股东的使命感责任感的塑造有益于平台未来规划的愿景实践。"（A1） "2016年9月成立中国首家公益商学院——复兴之梦商学院，以'免费授商智，精心塑帅才'为使命，在国内畜牧业率先承担起提升畜牧从业者职业精神和专业素养的责任，为他们提供免费学习的机会，希望为行业的发展和繁荣做出贡献。"（B2）
团队创造力	业绩提升 激励机制完善 团队效能增强	"2018年业绩增长迅速，在行业间产生较大的影响力。"（A2） "2019年严格施行的动态股权激励机制，对于有历史贡献的原始股东而言，由于种种原因使其自身不再能做出更大的贡献，可以下调其股权占比但不能完全使其退出，应为他们预留和保留一小部分的股份。然后将预留部分的股份换成现金奖励的形式分年限发放，以保证对原始股东的尊重，也有利于人才的引进。"（A1） "动态股权激励机制将股东的企业贡献度作为他们股权比例变化的依据，打破传统股权激励中股份一经注册定终身的局面。在动态股权激励体系下，业绩贡献度低的股东，其股份比例要下调；业绩贡献度高的股东，其股份比例要上调。比如，当股东的贡献度所占百分比在100到120之间，则股份占比不动；当贡献度占比在120到150之间，股份可以有上调的比例；当贡献度占比在150到200之间，股份可以有上调更高的比例。同时要设置，股东股份的上调不是无止境的，而是有额度限制的，且以一年作为变化周期。但是，一旦股东的贡献度低于所持股比例的50%，则可按照协议进行劝退。"（A2） "我的团队可以在规定时间内高效率地完成工作，甚至会超额完成工作。我们部门经常是销售冠军，同事间在工作中可以进行愉快的合作，我们对完成任务非常有信心。"（A2）

在优化提升阶段，企业利用动态股权激励下激励对象的选择与考核标准，严格甄选新进股东，强化使命、价值观的共鸣和一致，强化股东的使命感和责

任感,促进利益相关者对于企业整体发展的贡献,同时也扩大了企业的对外影响力,注重开拓新业务和新市场兼备的组合型机会,并获得了创业平台的生态创新优势,在此基础上使得平台构建日趋完善并注重发展生态战略,促使平台规划前景广阔,从而使动态股权激励机制日趋完善,阶段模型如图 11-7 所示。基于以上分析,提出研究命题 3:

命题 3　在创业企业的优化提升阶段,由于股权激励对象的选择与考核机制的进一步优化,以及大牧创客生态圈发展战略、国际化发展战略的实施,通过强化股东使命感和责任感的内在动机以促进团队创造力的提升。

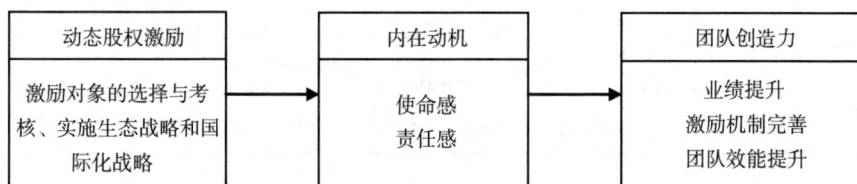

动态股权激励		内在动机		团队创造力
激励对象的选择与考核、实施生态战略和国际化战略	→	使命感 责任感	→	业绩提升 激励机制完善 团队效能提升

图 11-7　优化提升阶段过程图

第六节　研究结论

在理论模型构建的基础上,结合对融瑞祥企业发展实践的探索性分析,本章得出以下三个研究结论。理论模型如图 11-8 所示。

在企业常规发展阶段,通过实施动态股权激励机制,股东身份的变化可以增强股东参与感的内在动机,从而促进团队创造力的提升;在快速成长阶段,由于动态股权激励的具体激励方法和目标导向的影响,增强了股东胜任感和成就感的内在动机,从而促进团队创造力的提升;在优化提升阶段,由于股权激励对象选择与考核机制的进一步优化,以及大牧创客生态圈发展战略、国际化发展战略的实施,通过强化股东使命感和责任感的内在动机,从而促进团队创造力的提升。

在动态股权激励方面,激励对象的选择上要注意考核其个人品质和能力的状况,因为股东个人能力差异化的呈现是一个动态的过程。企业的发展由股东推动,只有严格把控股东的进入与退出机制,才能使得融瑞祥动态股权激

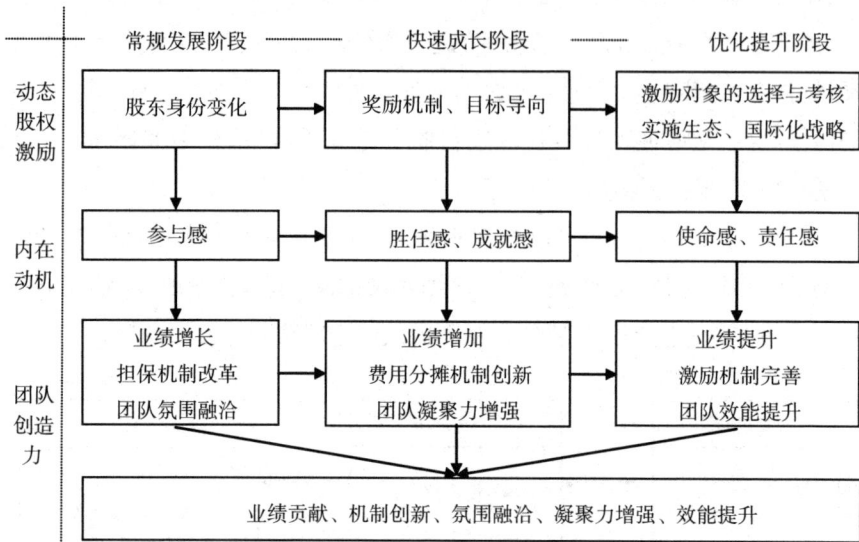

图 11-8　动态股权激励、内在动机与团队创造力的理论模型

励机制实现动态的运转。股东章程在确立之初就应该明确规定股东每年度的分红方式、进入退出机制、股份比例的调整幅度及频率、股份调整与贡献度挂钩等，然后按照既定规则执行下去以达到激励的作用。在现实中很多企业在盈利时股东由于获利自然不会愿意退出，而一旦企业经营出现亏损问题，即使企业可以经过运作而存活下去，一旦出现股东要求退出，则企业必然会由于资金链的断裂而消亡。参照融瑞祥的做法，股东在要求退出时会由其他股东依据公司现有价值对股权体系进行评估，最终决定退款金额以确保公司整体利益不受损害，因股东退出而产生的股份由大股东代持，归整体股东所有。此举便是保护创始人的利益，保护留存在平台上的股东们的利益。而原始股东退出时应综合考虑其历史贡献为其预留小部分股份以确保动态股权体系的稳定。在动态股权体系下，股东所占股份不是一成不变的，不是从公司注册开始便延伸到公司的倒闭、股份的消亡，是结合股东对公司的贡献度来调整其所占股份的比例。通过考核机制与进入退出机制，让贡献度高的股东经过发展后其股份占比得到提升，而贡献度低的股东由于贡献度的降低而使其占股比例不断下调直至消失，这是一个动态的不断变化的过程。其思想基础就是保护有能力且愿意付出的成员的利益,规避组织中的个体惰性,让不愿意付出的成员自动退出。

在内在动机方面,动态股权激励体系可以最大程度地调动激励对象的内在动力,使其更好地增强工作参与及工作投入,强化对于任务完成的胜任感和成就感,促进其对于企业未来发展的使命感和责任感的增强,使其个人目标与组织的整体目标相一致。以寻求新业务和新市场机会,发挥制度创新的优势,从而促进团队整体创造力的增强,主要体现为团队成员对团队整体的贡献,比如业绩表现、机制创新、团队氛围融洽、团队凝聚力增强及团队效能提升等。

综上所述,未来社会中,雇佣关系将会消失,合伙制将会取代雇佣制。从融瑞祥的发展历程来看,动态股权激励机制是合伙人激励的有效实践,对解决自古以来"买卖好做,伙计难搁"的创业难题提供了参考与借鉴。从理论与实践的双重视角来看,动态股权激励模式将为构建创业团队"合伙人"机制,保持创业团队持续创造力提供了理论支撑与制度保障。如果说大牧创客生态圈是实现融瑞祥企业愿景——即"成为亿万家庭幸福生活的缔造者"的有益探索,那么,动态股权激励模式为大牧创客生态圈规划实施提供了制度支撑,是企业融合共创理念的应用实践,更是对国家"双创"政策的践行。

附 录 一

调查问卷

尊敬的先生/女士：

您好！

我们是河南财经政法大学工商管理学院的老师和硕士研究生,正在进行一项学术研究,需要贵企业相关人员的真实反馈进行研究分析。因此,您的参与将给予我们莫大的支持和帮助! 本调查问卷主要用于企业状况相关情况调查,旨在为企业的良好运行提供建议,仅供学术研究使用,我们保证对您个人信息进行严格保密。

请您根据每一部分的提示语,在适合的选项上或选项框内打√,非常感谢您的支持与合作!

敬祝

事业顺利,生活愉快!

河南财经政法大学

2019 年 12 月

第一部分:基本资料

1. 您的性别[单选题] *

○男 ○女

2. 您的年龄[单选题] *

○ 30 岁及以下 ○B. 31—40 岁 ○ 41—50 岁 ○ 51 岁及以上

3. 您是否结婚[单选题] *

○是 ○否

4. 您是否有孩子［单选题］ *

○0个 ○1个 ○2个 ○3个 ○4个及以上

5. 您的教育程度［单选题］ *

○专科及以下 ○本科 ○硕士(含 MBA/EMBA) ○博士及以上

6. 您所在团队的规模［单选题］ *

○5人及以下 ○6—10人 ○11—15人 ○16—20人 ○21人及以上

7. 您所在团队成立时长为［单选题］ *

○1年及以下 ○1—3年(含3年) ○3—5年(含5年) ○5—10年(含10年) ○10年及以上

8. 您加入团队时长为［单选题］ *

○1年及以下 ○1—3年(含3年) ○3—5年(含5年) ○5—10年(含10年) ○10年及以上

9. 请问贵公司的主营业务从属于以下哪个行业［单选题］ *

○农、林、牧、渔业 ○制造业 ○金融业 ○教育、文化、体育和娱乐业 ○科学研究和技术服务 ○租赁和商务服务业 ○住宿和餐饮业 ○房地产业 ○信息传输、计算机服务和软件业 ○卫生、社会保障和社会福利业 ○其他

第二部分:请您根据自己的实际感受和体会,在适合的选项上打 √ 选出最符合您的情况的描述。

(一)在我们公司

1. 您认为依据股东贡献度进行股权比例调整的做法对股东的影响［单选题］ *

○非常小 ○小 ○一般 ○大 ○非常大

2. 您认为公司定期进行股权比例调整的做法对股东的影响［单选题］ *

○非常小 ○小 ○一般 ○大 ○非常大

3. 您认为公司吸纳新股东评估标准的合理性对股东的影响［单选题］ *

○非常小 ○小 ○一般 ○大 ○非常大

4. 您认为个人股份比例增加评估标准的合理性对股东的影响［单选题］*

　　○非常小　　　　○小　　　　○一般　　　　○大　　　　○非常大

5. 您认为个人股份比例减少评估标准的合理性对股东的影响［单选题］*

　　○非常小　　　　○小　　　　○一般　　　　○大　　　　○非常大

6. 您认为公司股权调整的公平性对股东的影响［单选题］*

　　○非常小　　　　○小　　　　○一般　　　　○大　　　　○非常大

7. 您认为公司股权激励政策的持续性对股东的影响［单选题］*

　　○非常小　　　　○小　　　　○一般　　　　○大　　　　○非常大

8. 您认为公司股权激励政策对于您成为股东意愿的影响［单选题］*

　　○非常小　　　　○小　　　　○一般　　　　○大　　　　○非常大

9. 您认为公司股权激励政策对公司凝聚力提升的影响［单选题］*

　　○非常小　　　　○小　　　　○一般　　　　○大　　　　○非常大

10. 您认为公司股权激励政策对公司业绩提升的影响［单选题］*

　　○非常小　　　　○小　　　　○一般　　　　○大　　　　○非常大

11. 您认为公司股权激励政策对其社会影响力提升方面的影响［单选题］*

　　○非常小　　　　○小　　　　○一般　　　　○大　　　　○非常大

(二)在工作中,对我来说

1. 我会把本应由我承担的责任推给同事［单选题］*

　　○完全不符合　　○不太符合　　○说不准　　　○基本符合　　○完全符合

2. 我倾向于比同事在工作上花费更少的精力［单选题］*

　　○完全不符合　　○不太符合　　○说不准　　　○基本符合　　○完全符合

3. 我不会承担同事的工作［单选题］*

　　○完全不符合　　○不太符合　　○说不准　　　○基本符合　　○完全符合

4. 我倾向比同事花费更少时间去帮助客户［单选题］*

　　○完全不符合　　○不太符合　　○说不准　　　○基本符合　　○完全符合

5. 我倾向比同事投入更少的精力［单选题］*

○完全不符合　　○不太符合　　○说不准　　　○基本符合　　○完全符合

6. 我会尽可能避免承担繁琐的任务［单选题］ *

○完全不符合　　○不太符合　　○说不准　　　○基本符合　　○完全符合

7. 我会把应由我完成的工作留给下一班同事［单选题］ *

○完全不符合　　○不太符合　　○说不准　　　○基本符合　　○完全符合

8. 如果有另一位同事在,我不太愿意去接待客户［单选题］ *

○完全不符合　　○不太符合　　○说不准　　　○基本符合　　○完全符合

9. 如果与其他同事一起做事情,我会让自己放松下来［单选题］ *

○完全不符合　　○不太符合　　○说不准　　　○基本符合　　○完全符合

10. 我倾向于将客户服务工作交由其他同事去处理［单选题］ *

○完全不符合　　○不太符合　　○说不准　　　○基本符合　　○完全符合

11. 我倾向于在职位晋升工作中减少精力或时间的投入［单选题］ *

○完全不符合　　○不太符合　　○说不准　　　○基本符合　　○完全符合

12. 我倾向于在提高收入水平方面减少精力或时间的投入［单选题］ *

○完全不符合　　○不太符合　　○说不准　　　○基本符合　　○完全符合

13. 我倾向于在改善人际关系方面减少精力或时间的投入［单选题］ *

○完全不符合　　○不太符合　　○说不准　　　○基本符合　　○完全符合

14. 我倾向于在提升自身能力方面减少精力或时间的投入［单选题］ *

○完全不符合　　○不太符合　　○说不准　　　○基本符合　　○完全符合

15. 即使我再努力工作,领导或同事也不会给我更多认可［单选题］ *

○完全不符合　　○不太符合　　○说不准　　　○基本符合　　○完全符合

16. 即使我再努力工作,公司也不会专门给我太多支持［单选题］ *

○完全不符合　　○不太符合　　○说不准　　　○基本符合　　○完全符合

17. 即使我再努力工作,公司现状也不会有太多改进［单选题］ *

○完全不符合　　○不太符合　　○说不准　　　○基本符合　　○完全符合

18. 即使我再努力工作,对社会发展的贡献也是微不足道［单选题］ *

○完全不符合　　○不太符合　　○说不准　　　○基本符合　　○完全符合

(三)对于我和我们团队的工作,我认为

1. 我们的团队在工作中有很强的创造性［单选题］ *

○非常不同意　　○不同意　　　○一般　　　　○同意　　　　○非常同意

2. 我们的团队在工作中有很强的原创性［单选题］＊

○非常不同意　　○不同意　　　○一般　　　　○同意　　　　○非常同意

3. 我们的团队在工作中能够基于现有的信息和资源进行创新［单选题］＊

○非常不同意　　○不同意　　　○一般　　　　○同意　　　　○非常同意

4. 我常常能够提出一些完成工作任务的新方法［单选题］＊

○非常不同意　　○不同意　　　○一般　　　　○同意　　　　○非常同意

5. 我常常能够想出提高业绩的、切实可行的新点子［单选题］＊

○非常不同意　　○不同意　　　○一般　　　　○同意　　　　○非常同意

6. 我常常能找出新的工艺、流程、技术和/或想出主意［单选题］＊

○非常不同意　　○不同意　　　○一般　　　　○同意　　　　○非常同意

7. 我常常能提出提高产品/服务质量的新方法［单选题］＊

○非常不同意　　○不同意　　　○一般　　　　○同意　　　　○非常同意

8. 我常常能提出富有创造性的想法［单选题］＊

○非常不同意　　○不同意　　　○一般　　　　○同意　　　　○非常同意

9. 我在工作中不害怕冒险［单选题］＊

○非常不同意　　○不同意　　　○一般　　　　○同意　　　　○非常同意

10. 我常常会向别人宣传和捍卫自己的想法［单选题］＊

○非常不同意　　○不同意　　　○一般　　　　○同意　　　　○非常同意

11. 当有机会时,我会展现自己在工作上的创造力［单选题］＊

○非常不同意　　○不同意　　　○一般　　　　○同意　　　　○非常同意

12. 我会有充足的计划和日程安排去将新想法付诸实践［单选题］＊

○非常不同意　　○不同意　　　○一般　　　　○同意　　　　○非常同意

13. 我会经常提出富有创意的新想法［单选题］＊

○非常不同意　　○不同意　　　○一般　　　　○同意　　　　○非常同意

14. 我经常会有解决问题的创造性思路［单选题］＊

○非常不同意　　○不同意　　　○一般　　　　○同意　　　　○非常同意

15. 我经常有解决问题的新思路［单选题］＊

○非常不同意　　○不同意　　　○一般　　　　○同意　　　　○非常同意

16. 我会建议用新的工作方法去完成任务［单选题］ *

○非常不同意　　○不同意　　　○一般　　　　○同意　　　　○非常同意

（四）在日常工作中

1. 我们团队会重视我的意见［单选题］ *

○完全不符合　　○不太符合　○说不准　　　○基本符合　○完全符合

2. 我们团队会关心我的幸福［单选题］ *

○完全不符合　　○不太符合　○说不准　　　○基本符合　○完全符合

3. 我们团队会奖赏我在本职工作之外所付出的劳动［单选题］ *

○完全不符合　　○不太符合　○说不准　　　○基本符合　○完全符合

4. 我们团队非常重视我在工作中的诉求［单选题］ *

○完全不符合　　○不太符合　○说不准　　　○基本符合　○完全符合

5. 我们团队非常关注我的工作表现［单选题］ *

○完全不符合　　○不太符合　○说不准　　　○基本符合　○完全符合

6. 我们团队关心我在工作中的整体满意度［单选题］ *

○完全不符合　　○不太符合　○说不准　　　○基本符合　○完全符合

7. 我们团队非常关心我［单选题］ *

○完全不符合　　○不太符合　○说不准　　　○基本符合　○完全符合

8. 我们团队对我在工作中所做出的成就感到骄傲［单选题］ *

○完全不符合　　○不太符合　○说不准　　　○基本符合　○完全符合

（五）对于我和我们团队的工作，我认为

1. 我对自己运用创意解决问题的能力有信心［单选题］ *

○完全不符合　　○不太符合　○说不准　　　○基本符合　○完全符合

2. 我觉得自己擅长于想出新的点子［单选题］ *

○完全不符合　　○不太符合　○说不准　　　○基本符合　○完全符合

3. 我很容易想出解决问题的方法［单选题］ *

○完全不符合　　○不太符合　○说不准　　　○基本符合　○完全符合

4. 我很擅长从别人的点子中，发现另一套自己的想法［单选题］ *

○完全不符合　　○不太符合　○说不准　　　○基本符合　○完全符合

5. 我们团队可以在一定时间内高效地完成工作任务［单选题］ ＊

○完全不符合　　○不太符合　　○说不准　　　○基本符合　　○完全符合

6. 我们团队可以在财政预算内完成工作任务［单选题］ ＊

○完全不符合　　○不太符合　　○说不准　　　○基本符合　　○完全符合

7. 我们团队能够高效地开展工作［单选题］ ＊

○完全不符合　　○不太符合　　○说不准　　　○基本符合　　○完全符合

8. 我们团队工作成果与预期目标基本一致［单选题］ ＊

○完全不符合　　○不太符合　　○说不准　　　○基本符合　　○完全符合

9. 我们团队在工作中可以愉快地合作［单选题］ ＊

○完全不符合　　○不太符合　　○说不准　　　○基本符合　　○完全符合

10. 我能够在团队工作中得到锻炼和成长［单选题］ ＊

○完全不符合　　○不太符合　　○说不准　　　○基本符合　　○完全符合

11. 我愿意和同事通过更加深入地合作去完成公司任务［单选题］ ＊

○完全不符合　　○不太符合　　○说不准　　　○基本符合　　○完全符合

（六）在工作中

1. 我乐意与他人分享自己的知识与经验［单选题］ ＊

○完全不符合　　○不太符合　　○说不准　　　○基本符合　　○完全符合

2. 参与讨论时，我会尽可能提供自己的意见［单选题］ ＊

○完全不符合　　○不太符合　　○说不准　　　○基本符合　　○完全符合

3. 对于同事提出的问题，我会尽可能地解答［单选题］ ＊

○完全不符合　　○不太符合　　○说不准　　　○基本符合　　○完全符合

4. 同事需要帮助时，我会尽量提供他所需要的资料与文件［单选题］ ＊

○完全不符合　　○不太符合　　○说不准　　　○基本符合　　○完全符合

5. 我认为与他人分享知识经验是一件很有成就感的事情［单选题］ ＊

○完全不符合　　○不太符合　　○说不准　　　○基本符合　　○完全符合

6. 我能快速地找到执行工作所需要的知识［单选题］ ＊

○完全不符合　　○不太符合　　○说不准　　　○基本符合　　○完全符合

7. 我对新观点或新事物会采取接纳的态度［单选题］ ＊

○完全不符合　　○不太符合　　○说不准　　　○基本符合　　○完全符合

8. 我会以他人能理解的方式表达我的意思［单选题］＊

　　○完全不符合　　○不太符合　　○说不准　　　○基本符合　　○完全符合

9. 我有能力分辨对我工作有价值的知识［单选题］＊

　　○完全不符合　　○不太符合　　○说不准　　　○基本符合　　○完全符合

10. 我可以快速地找到执行工作所需要的特殊技巧［单选题］＊

　　○完全不符合　　○不太符合　　○说不准　　　○基本符合　　○完全符合

附 录 二

访谈提纲及其内容摘要

一、访谈目的和意义

此访谈目的在于了解动态股权激励机制如何影响创业团队创造力。访谈内容为本书撰写工作提供基础资料信息。结合河南融瑞祥制药有限公司的发展历程,探析动态股权激励机制、内在动机与团队创造力之间的内在逻辑关系,并以此为基础构建相关的理论模型。

二、访谈对象

1. 品牌运营总监,了解企业品牌运营的规划、设计与发展过程。

2. 营销策划总监,了解企业的营销策略与规划设计。

3. 事业部总经理,了解企业发展历程中重要事件的背景、冲突、想法及其采取的行动。

4. 董事长,了解融瑞祥创立的初心、障碍与挫折、机制构建、发展历程,以及企业发展中的关键事件、经验教训和未来规划。

注:访谈内容出现差异时,需要二次沟通以确认,若仍存在不一致时,实行多方共同沟通确认。

三、访谈形式

第一次访谈为非正式访谈,第二次访谈为正式访谈,两次皆在办公场所以面对面对话的形式进行,在访谈结束后结合录音与重点记录的内容整理成文,得出访谈结果。

四、访谈问题与访谈内容

1.对品牌运营总监王总、营销策划总监张总、事业部总经理李总的访谈:(A1)

问题1:王总,在公司的运营中您是如何进行关于沟通机制的管理呢?

回答1:(1)在整个培训体系中贯彻沟通机制,规定授权管理的内容;(2)通过运用二级反馈的方法去对员工进行表扬或批评,通过一系列工具去正确塑造员工的行为;(3)将具体的做法实行流程化、标准化和规范化,对目标的设定到监督执行甚至是最后的完成进行过程规范,有利于未来品牌的发展。

问题2:张总,请问您是如何进行关于团队氛围方面的管理呢?

回答2:面对"90后"的新兴职场力量,在人才引进方面自然是要注重人才结构的布局,大力引进年轻人。同时要关注他们的需求,在团队氛围方面要注重引导和建设,发展有利于员工工作的良好氛围,这样其实更能促使他们进行更好的融合。当然,在一定时期内完成阶段目标后,我们也会组织一些活动来拉近团队成员间的距离,从而促进整体氛围的融洽和和谐。

问题3:李总,请问您对平台的发展有何看法?

回答3:第一点就是非常具有创造力,体现在机制的合理化规范化程序化以及制度的灵活性上;第二点就是非常具有凝聚力,体现在整体的氛围、想法与执行上;第三点就是非常具有吸引力,体现在品牌对外的影响力、顾客的信赖、业界的口碑等方面。

2.对董事长赵俊强先生的访谈:(A1、A2)

问题1:赵总,请问您为什么要实行动态股权激励机制?

回答1:在大学毕业工作几年后到一家企业合伙创业,被给予一定比例的股份。在那段经历中通过观察使我意识到,中国传统的股份制企业对于股东人员来说的激励作用是很弱的,股东付出的多少与其最后得到的收益并没有必然的联系,可能占股比例低的股东对企业的贡献度是高的,或者对企业有高贡献的人其占股比例是低的。而对于非股东人员来说企业发展的好与坏与其

创业团队动态股权激励机制：理论与实践

也没有太大的关系，因为他们可以有更多的选择。这样就会引起在分配上的不合理，所以就产生了让股权进行动态变化的想法。在动态股权激励机制下，每一个核心成员都是股东，必须参与管理，那么企业的发展自然就与其有很大的关系。就调动了他们的积极性，并且其股份的变化还会与其贡献挂钩，就会促使股东更加关注企业的成长兴衰，相比传统的股份制更具有创造力。

问题2：请问您能具体介绍下动态股权激励机制的内容吗？

回答2：(1)动态股权激励机制的初心是寄希望于每一个人都能规避自己的惰性，促使激励对象可以充分地调动员工的内在原动力。人力资本的隐蔽性表明员工愿意把工作做好是一种状态，而不愿意做又是一种状态。当员工自发的主动去完成工作时，他会充分地利用所有的方法和理由去实现目标。相反，当员工不愿意完成工作时，他所汇报的内容就会是由无数理由堆砌起来的，致使工作任务难以完成。在动态股权激励机制下，激励对象的身份会发生改变，如普通员工会转变为公司的股东，普通股东的占股比例会上升。由于他们对公司的贡献程度与他们的所得挂钩因而会激发其工作动力，促使自身为实现工作目标的完成而更加努力奋斗，即身份转变带来的相对应的态度和行为的转变。因而在激励对象的选择与考核机制的运行下通过培训来加强激励对象使命感的塑造，使得激励对象身份变化以后的个人目标与公司的总体目标相一致，会更加促使员工与组织的价值观相一致。

(2)在动态股权体系下，股东所占股份不是一成不变的，不是从公司注册开始一直延伸到公司倒闭与股份消亡，而是结合股东对公司的贡献度来调整其所占股份比例。通过考核机制、进入退出机制，让贡献高的人经过阶段发展后，即使原来的占比很小也会得到提升，而贡献度差的人由于贡献度的不断下降，他们的股份比例会越来越低甚至消失，这是一个动态的不断变化的过程。而其思想基础就是保护有能力并愿意付出的人的利益，让不愿意付出、浑水摸鱼的人自动退出，一个好的机制可以让偷懒的人不再偷懒。

(3)在动态股权激励机制制定之初，考虑到变化频率通常以年度为单位，比如，1月1日到12月31日为一个变化周期。优势是股东股份上调会带来更多收获，对他产生的内在心理压力就会更大地推动工作的进展，可以更大程度上提升人的优势作用，同时也方便财务部门的核算。劣势是需要等待的时间周期比较长,等待时间长就会带来阶段感差的体验以及现实激励感强度的弱化,反而会使激励作用大打折扣。动态股权就是保证付出可以得到相应的回报,体现了股权激励的公平性。

问题3:您认为动态股权激励机制的创新性体现在哪里?

回答3:(1)在激励对象的选择上,主要有两个标准。一是人品,即个人品行为前提和基础。能力再强的人如果人品不行那自然也是绝对不会被吸纳成为股东的,因为规则制定的受众是面对那些认可并愿意执行规则的人。二是能力,能力体现的便是他的个人价值,可以是业绩、对公司的贡献等。针对不同的激励对象,动态股权激励机制结合特定的岗位明确其具体的责任和收益,使得公司对每一位股东的考核都各有具体的标准。即因岗设人,通过对股东的考核来评定其股权占比的上调或下降。只有通过精细考核每一位股东的贡献,才能够为动态股权激励提供科学的依据。

(2)与其他股东章程不同的是,在于内容上会明确规定退出时的分配方式和条件。现实中很多企业在盈利时股东由于获利自然不会愿意退出,而一旦企业经营出现亏损问题,即使企业可以经过运作而存活下去,如果出现股东要求退出则企业必然会由于资金的抽走而消亡。鉴于这种情况,融瑞祥股东要求退出时,由其他股东对公司价值进行评估后,最终决定退款金额。比如,股东加入时按照每股 A_1 元的价格进行购买,退出时需要根据企业价值的评估值以确定股价,按照每股 A_2 元的价格卖出。依据评估情况, A_2 可能大于 A_1,也可能小于 A_1。此举是为了保护创始人的利益,保护坚守在平台上的股东的利益。这样既考虑到退出股东的历史贡献,也要兼顾到现在股东的利益以及平台的未来发展。只有留下来的股东才能推动企业朝着更高层次的发展,对于所有为公司做出贡献的新老员工、股东,他们永远都会是被引进对象。这就是考虑过去、重视现在以及展望未来,从而保证现有体系的稳定以及新鲜血液的不断涌入。

(3)将股东的企业贡献度作为他们股权比例变化的依据,打破传统股权激励机制实施中股份一经注册定终身的局面。在动态股权激励体系下,业绩贡献度低的股东,其股份比例要下调;反之,业绩贡献度高的股东,其股份比例要上调。具体来说,当股东的贡献度所占百分比在 100 到 120 之间,则股份占比不动;当贡献度占比在 120 到 150 之间,股份可以有上调的比例;当贡献度占比在 150 到 200 之间,股份可以有上调更高的比例。同时要设置,股份的上调是有额度限制的,通常以一年作为变化周期。但是,一旦股东的贡献度低于所持股比例的 50%,则可按照协议进行劝退。这种做法是寄希望于所有股东都可以做好自己的工作,以及规避自身惰性充分发挥内在的原动力。此外,股东协议还规定了一些具体事项,比如由于平台原因使股东权益受损,公司将以上两个年度的平均工资作为补偿。该举措增强了股东的向心力和凝聚力,同时也使得配套的奖励制度发挥了降低难度的作用。即如果某一战队在完成或者超额完成年度业绩任务的情况下,就可以从利润中划出一部分作为其奖励。实际上就是变相地降低了原有投资人以投资为目的所获得的分红。对于企业而言,注重经营弱化投资才是最为重要的。

(4)在中国式关系背景下的企业中,尤其是在发展阶段好的时候,股东们大多会选择保留自己的股份而不愿意降低自己的份额,因而才需要有配套的奖励机制,这样才能让有能力的人可以获得从基层上升的通道,让能力不切合时代需要的人的股份比例下调。在融瑞祥,对于有历史贡献的原始股东而言,由于种种原因使自身能力不再能做出更大的贡献,可以下调其股权占比但不能完全使其退出,应为他们预留和保留一小部分的股份。然后将预留部分的股份换成现金奖励的形式分年限发放,以保证对原始股东的尊重,也有利于人才的引进。

(5)企业经营依靠的是人,融瑞祥要求股东创业、直接参与经营,每个股东的努力付出才能推动企业做大做强。既然是因为人的推动,那么自然就要考虑贡献度测量的公平性。融瑞祥有多个战队,需要共同承担平台运营的费用。按照传统思维是根据经营业绩的占比来分配费用,这种分配方式在盈利情况下是合理的。可在行情不好、营业额急速下降的情况下,企业整体是亏损的,业绩贡献占比大的人反而要承担更多的费用,则是不公平的。因此,在具体执行过程中,需要给各个部门设置一个最低和最高的分担费用,在部门平均分摊的基础上上下浮动一定比例,即最低承担费用占比为设定的最低费用分摊比例,最高承担费用占比为最高费用分摊比例。那么,在整体亏损的情况下,业绩做得越多的人只承担最高比例的运营费用,其余费用由其他部门共同承担。使得做的越多的人所得就会越多,承担的费用就会越来越少,直至部分营业额实现零成本运作。而做得不好的人就会承担越多的费用,甚至自己投钱去贴补亏损。久而久之,看到单靠投资不付出能力,无法获得收益,甚至还会存在亏损的情况,他们就会主动要求退出平台,而不是源于外因的逼迫。由此可见,动态股权的淘汰机制更具有合理性,这也是规则前置的体现。既能与销售业绩挂钩,又兼顾了行情不好时间段出现的问题,是对原有激励体系的创新。

(6)注重进行优化和升级。比如,在担保机制运行出现问题时迅速反应,进行先款后货的改革;在费用分摊机制遇到问题时,在原有基础上设置上下限,以确保分配的合理性和贡献测量的公平性;在股份比例不能贸然进行调整的阶段实行业绩奖励,对贡献度高但股份占比低的股东进行弥补,并用大单品定价机制作为辅助;通过给予员工项目股东的身份,促进专项项目的平稳运行,在最大程度上保障新项目部门的利益;在平台发展期注重吸引股东并扩大对外的影响力,以促进平台的长远发展。

参 考 文 献

张玉利:《创业管理》,机械工业出版社 2017 年版。

汉川:《中国中小企业创新与持续发展》,上海财经大学出版社 2006 年版。

马永斌:《公司治理之道控制权争夺与股权激励》,清华大学出版社 2013 年版。

林东清:《知识管理理论与实践》,电子工业出版社 2005 年版。

胡八一:《股权激励 9D 模型》,企业管理出版社 2010 年版。

傅世侠、罗玲玲:《建构科技团体创造力评估模型》,北京大学出版社 2005 年版。

王文书:《企业股权激励实务操作指引》,中国民主法制出版社 2011 年版。

杨华:《上市公司股权激励理论、法规与实务》,中国金融出版社 2008 年版。

李华晶、张玉利、汤津彤:《基于伦理与制度交互效应的绿色创业机会开发模型探究》,《管理学报》2016 年第 9 期。

林嵩、姜彦福:《创业研究进展综述与分析》,《管理现代化》2005 年第 6 期。

谭楚丹:《历史激荡:中国迎来第四轮创业潮》,《21 世纪经济报道》2015 年第 6 期。

刘明宇、陆晓龙:《合伙人机制:探索国企混改新思路》,《人民周刊》2019 年第 10 期。

陆娟:《高校人力资源的"柔性管理"探讨》,《现代营销(下旬刊)》2019 年第 1 期。

周其仁:《市场里的企业:一个人力资本与非人力资本的特别合约》,《经济研究》1996 年第 6 期。

陈振明、吴新奎:《推进人力资源的协同发展:基于厦门案例的思考》,《上海行政学院学报》2018 年第 6 期。

徐宁:《股权激励对象分布及其影响因素研究——基于中国上市公司股权激励草案的经验证据》,《中国管理现代化研究会》2010 年 8 月。

吕长江、郑慧莲、严明珠:《上市公司股权激励制度设计:是激励还是福利?》,《管理世界》2009 年第 9 期。

吕长江、赵宇恒:《国有企业管理者激励效应研究——基于管理者权力的解释》,《管理世界》2008 年第 11 期。

蒋弘、刘星:《大股东股权制衡与上市公司并购绩效》,《南方经济》2012 年第 9 期。

陈仕华、李维安:《中国上市公司股票期权:大股东的一个合法性"赎买"工具》,《经济管理》2012 年第 3 期。

徐宁、徐向艺:《上市公司股权激励效应研究脉络梳理与不同视角比较》,《外国经济与管理》2010 年第 7 期。

顾斌、周立烨:《我国上市公司股权激励实施效果的研究》,《会计研究》2007 年第 2 期。

吕长江、张海平:《股权激励计划对公司投资行为的影响》,《管理世界》2011 年第 11 期。

唐雨虹、周蓉、杨啸宇:《中国上市公司股权激励实施效果研究》,《财经理论与实践》2017 年第 4 期。

范合君、初梓豪:《股权激励对公司绩效倒 U 型影响》,《经济与管理研究》2013 年第 2 期。

孙菊生、周建波:《会计信息在证券市场中的作用——信息观、计价模型观和计量观》,《当代财经》2003 年第 4 期。

逯东、王运陈、付鹏:《CEO 激励提高了内部控制有效性吗? ——来自国有上市公司的经验证据》,《会计研究》2014 年第 6 期。

苏冬蔚、林大庞:《股权激励、盈余管理与公司治理》,《经济研究》2010 年第 11 期。

陈文强:《长期视角下股权激励的动态效应研究》,《经济理论与经济管理》2016 年第 11 期。

刘宝华、罗宏、周微:《股权激励行权限制与盈余管理优序选择》,《管理世界》2016 年第 11 期。

李星辰、姜英兵:《股权激励与分类转移盈余管理——基于股权激励契约要素角度》,《宏观经济研究》2018 年第 2 期。

辛宇、吕长江:《激励、福利还是奖励:薪酬管制背景下国有企业股权激励的定位困境——基于泸州老窖的案例分析》,《会计研究》2012 年第 6 期。

张晨宇、窦欢:《管理权力视角下我国上市公司股权激励研究框架》,《经济体制改革》2015 年第 5 期。

陈效东、周嘉南、黄登仕:《高管人员股权激励与公司非效率投资:抑制或者加剧?》,《会计研究》2016 年第 7 期。

林朝颖、黄志刚、杨广青:《股权激励与创业板上市公司成长——基于生命周期视角的研究》,《管理现代化》2014 年第 5 期。

介迎疆、扈文秀、周茹:《股权激励条件设置对代理成本影响的实证研究》,《西安工业大学学报》2014 年第 1 期。

陈修德、梁彤缨:《管理层激励约束与企业效率》,《华南理工大学学报(社会科学版)》2012 年第 5 期。

肖星、陈婵:《激励水平、约束机制与上市公司股权激励计划》,《南开管理评论》2013 年第 1 期。

邵帅、周涛、吕长江:《产权性质与股权激励设计动机——上海家化案例分析》,《会计研究》2014 年第 10 期。

袁国良、王怀芳、刘明:《上市公司股权激励的实证分析及其相关问题》,《中国资本市场前沿理论研究文集》2000 年。

张俊瑞、张健光、王丽娜:《中国上市公司股权激励效果考察》,《西安交通大学学报(社会科学版)》2009 年第 1 期。

刘广生、马悦:《中国上市公司实施股权激励的效果》,《中国软科学》2013年第 7 期。

许娟娟、陈艳、陈志阳:《股权激励、盈余管理与公司绩效》,《山西财经大学学报》2016 年第 3 期。

宋玉臣、李连伟:《股权激励对上市公司绩效的作用路径——基于结构方程模型(SEM)的实证研究》,《东北大学学报(社会科学版)》2017 年第 2 期。

李飞、王旭:《股权激励:机会盛宴渐行渐近》,《资本市场》2007 年第 4 期。

姚国烜、吴琼:《股权激励、代理成本与公司绩效关系研究》,《统计与决策》2014 年第 24 期。

冯星、陈少华:《股权激励实施效果研究——来自沪深两市上市公司的经验证据》,《现代管理科学》2014 年第 2 期。

朱未萍、项惠会:《基于研发投入的管理层股权激励与企业绩效关系研究》,《财会通讯》2017 年第 12 期。

严由亮、李烨:《高管薪酬激励、股权制衡与企业绩效》,《财会通讯》2018年第 6 期。

俞鸿琳:《国有上市公司管理者股权激励效应的实证检验》,《经济科学》2006 年第 1 期。

刘浩、孙铮:《西方股权激励契约结构研究综述——兼论对中国上市公司股权激励制度的启示》,《经济管理》2009 年第 4 期。

盛明泉、蒋伟:《我国上市公司股权激励对公司业绩的影响——基于2006—2008 年度的面板数据》,《经济管理》2011 年第 9 期。

周嘉南、雷霆:《股权激励影响上市公司权益资本成本了吗?》,《管理评论》2014 年第 3 期。

胡铭:《上市公司高层经理与经营绩效的实证分析》,《财贸经济》2003 年第 4 期。

潘亚岚、丁淑洪:《上市公司管理层股权激励与公司业绩相关性研究》,《财会通讯(理财版)》2008 年第 5 期。

魏刚:《高级管理层激励与上市公司经营绩效》,《经济研究》2000 年第

12 期。

沈小燕、王跃堂:《股权激励、产权性质与公司绩效》,《东南大学学报(哲学社会科学版)》2015 年第 1 期。

王华、黄之骏:《经营者股权激励、董事会组成与企业价值——基于内生性视角的经验分析》,《管理世界》2006 年第 9 期。

章雁:《上市公司股权激励实施效果实证研究——基于 2009 年沪深股市 A 股经验数据》,《第十二届中国管理科学学术年会论文集》2010 年 11 月。

余志良、张平:《高层管理团队激励与企业自主创新的实证研究》,《科技管理研究》2009 年第 12 期。

张显武、魏纪泳:《高管薪酬结构与技术创新投入关系的实证研究——以中小企业板上市公司为例》,《技术经济》2011 年第 6 期。

吴文华、姚丽华:《战略性新兴产业上市公司核心骨干股权激励对创新绩效的影响研究》,《科技进步与对策》2014 年第 5 期。

尹美群、盛磊、李文博:《高管激励、创新投入与公司绩效——基于内生性视角的分行业实证研究》,《南开管理评论》2018 年第 1 期。

朱国军、吴价宝、董诗笑:《高管团队人口特征、激励与创新绩效的关系研究——来自中国创业板上市公司的实证研究》,《中国科技论坛》2013 年第 6 期。

蔡树堂、吕自圆:《研发人员激励制度对企业技术创新能力影响程度的实证研究——以科技型中小企业为例》,《工业技术经济》2015 年第 5 期。

王辉、臧日宏、李伟:《管理层股权激励对 R&D 与企业创新绩效影响的实证研究——基于制造业上市公司的面板数据》,《科技与经济》2016 年第 1 期。

王安琪:《股权期权激励对公司创新的影响——以 A 股上市公司为例》,《经贸实践》2017 年第 20 期。

罗富碧、冉茂盛、杜家廷:《高管人员股权激励与投资决策关系的实证研究》,《会计研究》2008 年第 8 期。

徐宁:《高科技公司高管股权激励对 R&D 投入的促进效应——一个非线性视角的实证研究》,《科学学与科学技术管理》2013 年第 2 期。

陈修德、梁彤缨、雷鹏:《高管薪酬激励对企业研发效率的影响效应研究》,《科研管理》2015 年第 9 期。

梁彤缨、雷鹏、陈修德:《管理层激励对企业研发效率的影响研究——来自中国工业上市公司的经验证据》,《管理评论》2015 年第 5 期。

熊科、刘耀中:《分红入股:员工激励的特别模式》,《人力资源》2004 年第 9 期。

沈群红:《高技术企业研发人员激励的主要方法与原则》,《中国人力资源开发》1999 年第 8 期。

陈思明:《现代薪酬制度的新特点及其对国企改革的启示》,《华东经济管理》2004 年第 1 期。

方厚政、崔琳:《大学衍生企业科研人员的股权激励——以川大智胜为例》,《中国人力资源开发》2011 年第 9 期。

孙楚寅、罗辉:《动态股权制——襄樊市国有企业改革理论探索》,《中国工业经济》2001 年第 4 期。

金玉秋、闫波:《股份制企业动态股权激励机制探析》,《经济纵横》2009 年第 8 期。

汤健:《我国国有控股上市公司动态股权激励模式研究》,《经济视角》2011 年第 3 期。

李海舰、张小宁、张承耀:《对动态股权制的分析——襄樊市国有企业改革调查研究》,《中国工业经济》2001 年第 7 期。

吴嵋山:《动态股权分配方案设计》,《上海管理科学》2002 年第 3 期。

郑玉刚、汤幼平:《动态股权激励模型论纲》,《企业经济》2007 年第 11 期。

郑玉刚:《动态股权激励动态模型》,《上海经济研究》2007 年第 6 期。

郑玉刚:《动态股权激励静态模型》,《上海经济研究》2008 年第 1 期。

郑玉刚:《基于动态股权激励模型的员工互保管理研究》,《管理世界》2015 年第 9 期。

郑玉刚、谢永建:《国内对动态股权制研究综述及展望》,《新疆社会科学》2007 年第 5 期。

梁凤:《国内外社会惰性研究综述》,《时代经贸》2012 年第 4 期。

刘追、闫舒迪、姜海云:《电子领导力对员工敬业度的影响——组织支持感的中介作用》,《软科学》2018 年第 7 期。

马志英、魏如山:《组织中的社会惰化研究》,《山东社会科学》2005 年第 5 期。

顾远东、彭纪生:《组织创新氛围对员工创新行为的影响:创新自我效能感的中介作用》,《南开管理评论》2010 年第 1 期。

王雁飞、朱瑜:《国外社会惰性的理论与相关研究概述》,《心理科学进展》2006 年第 1 期。

唐健:《社会惰性的概念、测量及其实证研究》,《佳木斯职业学院学报》2018 年第 9 期。

田喜洲、谢晋宇:《组织支持感对员工工作行为的影响:心理资本中介作用的实证研究》,《南开管理评论》2010 年第 1 期。

徐经长、张璋、张东旭:《高管的风险态度与股权激励方式选择》,《经济理论与经济管理》2017 年第 12 期。

赵新杰:《股权激励、投资者调研与私有信息套利空间》,《上海财经大学学报》2019 年第 1 期。

常涛、董丹丹:《地位冲突对团队创造力的影响:共享内在动机视角》,《科技进步与对策》2019 年第 20 期。

陈伟、杨早立、朗益夫:《团队断裂带对团队效能影响的实证研究——关系型领导行为的调节与交互记忆系统的中介》,《管理评论》2015 年第 4 期。

郭一蓉、宋继文、朱丽:《领导对创造力的作用机制与理论基础探讨》,《中国人力资源开发》2018 年第 8 期。

李广培、吴金华:《个体视角的绿色创新行为路径:知识共享的调节效应》,《科学学与科学技术管理》2017 年第 2 期。

芦建英:《对近 30 年来国内创造力研究论文的计量分析》,《自然辩证法研究》2008 年第 6 期。

沙开庆、杨忠:《国外团队创造力研究综述》,《经济管理》2015 年第 7 期。

施建农:《创造性系统模型》,《心理学动态》1995 年第 3 期。

王华锋、李生校、窦军生:《创业失败、失败学习和新创企业绩效》,《科研管理》2017 年第 4 期。

许彦妮、顾琴轩、蒋琬：《德行领导对员工创造力和工作绩效的影响：基于 LMX 理论的实证研究》，《管理评论》2014 年第 2 期。

张振刚、余传鹏、李云健：《主动性人格、知识分享与员工创新行为关系研究》，《管理评论》2016 年第 4 期。

周明建、潘海波、任际范：《团队冲突和团队创造力的关系研究：团队效能的中介效应》，《管理评论》2014 年第 12 期。

蒿坡、龙立荣、贺伟：《领导力共享、垂直领导力与团队创造力：双视角研究》，《管理科学》2014 年第 6 期。

梁冰倩、顾琴轩：《团队成员学习目标导向离散化与团队创造力研究》，《管理学报》2015 年第 1 期。

汤超颖、艾树、龚增良：《积极情绪的社会功能及其对团队创造力的影响：隐性知识共享的中介作用》，《南开管理评论》2011 年第 4 期。

于丽娟：《基于内在动机激励的企业知识员工忠诚度研究》，《商场现代化》2009 年第 10 期。

Berle A. A., Means G. G. C., *the Modern Corporation and Private Property*, Transaction Publishers, 1991.

Davenport T. H., and Prusak, L., *Working Knowledge*, Harvard Business School Press, Boston, 1998.

Dennis A.R, Valacich J.S., Nunamaker J.F., An experimental investigation of the effects of group size in an electronic meeting environment, *IEEE Transactions on Systems, Man, and Cybernetics*, 1990, 20(5):1049-1057.

Kerr N. L., Motivation losses in small groups: a social dilemma analysis, *Journal of Personality and Social Psychology*, 1983, 45(4):819-828.

Jensen M.C, Meckling W.H. Theory of the firm: Managerial behavior, agency costs and ownership structure, *Journal of Financial Economics*, 1976, 3(4): 305-360.

Edward P. Lazear, Personnel Economics: Past Lessons and Future Directions. 1999, 17(2):199-236.

Baker T., Collins D., Reitenga A., Stock option compensation and earnings management incentives, *Journal of Accounting*, *Auditing & Finance*, 2003, 18(4): 557-582.

Anil Arya, Brian Mittendorf, Offering stock options to gauge managerial talent, 2005, 40(1):189-210.

Clifford W.Smith, Incentive and Tax Effects of Executive Compensation Plans. 1982, 7(2):139-157.

Jensen M.C., Murphy K.J., CEO incentives: It's not how much you pay, but how, 1990.

Dechow Patricia M., Sloan Richard G., Executive incentives and the horizon problem: An empirical investigation, 1991, 14(1):51-89.

Murphy K.J., Zimmerman J.L., Financial performance surrounding CEO turnover, *Journal of Accounting and Economics*, 1993, 16(1-3):273-315.

Myers Stewart C., Determinants of corporate borrowing, 1977, 5(2):147-175.

Smith Clifford W., Watts Ross L., The investment opportunity set and corporate financing, dividend, and compensation policies, 1992, 32(3):263-292.

Bizjak John M., Brickley James A., Coles Jeffrey L., Stock-based incentive compensation and investment behavior, 1993, 16(1-3):349-372.

Harold Demsetz, Kenneth Lehn, The Structure of Corporate Ownership: Causes and Consequences, 1985, 93(6):1155-1177.

Lambert R.A., Larcker D.F., An analysis of the use of accounting and market measures of performance in executive compensation contracts, *Journal of Accounting Research*, 1987:85-125.

David Yermack, Do corporations award CEO stock options effectively? 1995, 39(2):237-269.

Richard A., DeFusco, Thomas S.Zorn, Robert R.Johnson., The Association between Executive Stock Option Plan Changes and Managerial Decision Making, 1991, 20(1):36-43.

Tzioumis K., Why do firms adopt CEO stock options? Evidence from the

United States, *Journal of Economic Behavior & Organization*, 2008, 68 (1): 100-111.

Bebchuk L.A., Fried J.M., Stealth compensation via retirement benefits, *National Bureau of Economic Research*, 2004.

Holland D.M., Lewellen W.G., Probing the Record of Stock-Options, *Harvard Business Review*, 1962, 40(2):132-150.

Scholes M.S., Wilson G.P., Wolfson M.A., Firms'responses to anticipated reductions in tax rates:The Tax Reform Act of 1986, *National Bureau of Economic Research*, 1992.

Fazzari S., Hubbard R.G., Petersen B., Investment, financing decisions, and tax policy, *The American Economic Review*, 1988, 78(2):200-205.

Core J., Guay W., The use of equity grants to manage optimal equity incentive levels, *Journal of Accounting and Economics*, 1999, 28(2):151-184.

Yermack D., Flights of fancy: Corporate jets, CEO perquisites, and inferior shareholder returns. AFA 2005 Philadelphia Meetings, *Journal of Financial Economics*, 2005.

Herzberg, F., Mausner, B., & Snyderman, B.B., *The Motivation to Work*(2nd ed.).New York:John Wiley & Sons, 1959.

Hölmstrom B., Moral hazard and observability, *The Bell Journal of Economics*, 1979:74-91.

Fama E.F., Jensen M.C., Separation of ownership and control, *the Journal of Law and Economics*, 1983, 26(2):301-325.

Morck R., Shleifer A., Vishny R.W., Management ownership and market valuation:An empirical analysis, *Journal of Financial Economics*, 1988, 20:293-315.

Hillier D., McColgan P., Insider ownership and corporate value:An empirical test from the United Kingdom corporate sector, Financial Management Association (FMA) Meeting, Paris, 2001.

Kole S.R., Managerial ownership and firm performance:incentives or rewards? Advances in financial economics, 1996, 2.

Agrawal A., Knoeber C. R., Firm performance and mechanisms to control agency problems between managers and shareholders, *Journal of Financial and Quantitative Analysis*, 1996:377−397.

Laux C., Leuz C., Did fair-value accounting contribute to the financial crisis? *Journal of Economic Perspectives*, 2010, 24(1):93−118.

Wu J., Tu R., CEO stock option pay and R&D spending: a behavioral agency explanation, *Journal of Business Research*, 2007, 60(5):482−492.

Himmelberg C.P., Hubbard R.G., Palia D. Understanding the determinants of managerial ownership and the link between ownership and performance, *Journal of Financial Economics*, 1999, 53(3):353−384.

Kaplan S., The effects of management buyouts on operating performance and value, *Journal of Financial Economics*, 1989, 24(2):217−254.

Jensen M.C., Murphy K.J., Performance pay and top-management incentives, *Journal of Political Economy*, 1990, 98(2):225−264.

Frye M.B. Equity - based compensation for employees: firm performance and determinants, *Journal of Financial Research*, 2004, 27(1):31−54.

Zeng M., Tan L., Wang J., et al. Liquid metal: an innovative solution to uniform graphene films, *Chemistry of Materials*, 2014, 26(12):3637−3643.

Shleifer A., Vishny R.W., Large shareholders and corporate control, *Journal of Political Economy*, 1986, 94(3, Part 1):461−488.

Oyer P., Schaefer S., Why do some firms give stock options to all employees? An empirical examination of alternative theories, *Journal of Financial Economics*, 2005, 76(1):99−133.

dos Santos A.B., Perobelli F.F.C., Market Reaction to the Approval of Stock Option Plans: an Event Study of Bovespa Listed Companies, *Brazilian Review of Finance*, 2009, 7(2):163−195.

Demsetz H., Lehn K., The structure of corporate ownership: Causes and consequences, *Journal of Political Economy*, 1985, 93(6):1155−1177.

Loderer C., Martin K., Executive stock ownership and performance tracking faint traces, *Journal of Financial Economics*, 1997, 45(2):223-255.

Himmelberg C.P., Hubbard R.G., Palia D., Understanding the determinants of managerial ownership and the link between ownership and performance, *Journal of Financial Economics*, 1999, 53(3):353-384.

Morck R., Shleifer A., Vishny R.W., Management ownership and market valuation: An empirical analysis, *Journal of Financial Economics*, 1988, 20:293-315.

Hermalin B.E., Weisbach M.S., The effects of board composition and direct incentives on firm performance, *Financial Management*, 1991:101-112.

Holthausen R.W., Larcker D.F., Sloan R.G., Business unit innovation and the structure of executive compensation, *Journal of Accounting and Economics*, 1995, 19 (2-3):279-313.

Balkin D. B., Markman G. D., Gomez-Mejia L R. Is CEO pay in high-technology firms related to innovation? *Academy of Management Journal*, 2000, 43 (6):1118-1129.

Tien C., Chen C.N., Myth or reality? Assessing the moderating role of CEO compensation on the momentum of innovation in R&D, *the International Journal of Human Resource Management*, 2012, 23(13):2763-2784.

Bebchuk L.A., Fried J.M., Executive compensation as an agency problem, *Journal of Economic Perspectives*, 2003, 17(3):71-92.

TENG X., HE Y., Study of Effects of Equity Incentive in Gem Listed Company, *International Business and Management*, 2014, 9(2):80-85.

Ghosh A., Moon D., Tandon K., CEO ownership and discretionary investments, *Journal of Business Finance & Accounting*, 2007, 34(5-6):819-839.

Core J. E., Guay W. R., Stock option plans for non-executive employees, *Journal of Financial Economics*, 2001, 61(2):253-287.

Ding D.K., Sun Q., Causes and effects of employee stock option plans: Evidence from Singapore, *Pacific-Basin Finance Journal*, 2001, 9(5):563-599.

Ittner C.D., Lambert R.A., Larcker D.F., The structure and performance consequences of equity grants to employees of new economy firms, *Journal of*

Accounting and Economics, 2003, 34(1-3):89-127.

Anshel M H. Examining social loafing among elite female rowers as a function of task duration and mood, Journal of Sport Behavior, 1995, 18(1):39.

Edmans A, Gabaix X, Jenter D. Executive compensation: A survey of theory and evidence, *the Handbook of the Economics of Corporate Governance*. North-Holland, 2017, 1:383-539.

Fang H., Nofsinger J.R., Quan J., The effects of employee stock option plans on operating performance in Chinese firms, *Journal of Banking & Finance*, 2015, 54:141-159.

Murphy S.M., Wayne S.J., Liden R.C., et al. Understanding social loafing: The role of justice perceptions and exchange relationships, *Human Relations*, 2003, 56 (1):61-84.

Amabile T.M., Conti R., Con, H., Lazenby, J., Herron, M., Assessing the Work Environment for Creativity, *Academy of Management Journal*, 1996, 39 (5): 1154-1184

Bandura A., Self-efficacy mechanism in human agency, *American Psychologist*, 1982, 37(2):122.

Benmelech E., Kandel E., Veronesi P., Stock-based compensation and CEO (dis)incentives, *the Quarterly Journal of Economics*, 2010, 125(4):1769-1820.

Drazin G., Glynnma, Kazanjian R.K., Multilevel theorizing about creativity in organizations: a sensemaking perspective, *Academy of Management Review*, 1999, 94 (2):286-30.

Gully S. M., Incalcaterra K. A., Joshi A., et al. A meta-analysis of team-efficacy, potency, and performance: interdependence and level of analysis as moderators of observed relationships, *Journal of Applied Psychology*, 2002, 87(5):819.

Gong Y., Huang J. C., Farh J. L., Employee learning orientation, transformational leadership, and employee creativity: The mediating role of employee creative self-efficacy, *Academy of Management Journal*, 2009, 52 (4): 765-778.

Gibbert, M., and Krause, H., "Practice Exchange in a Best Practice Market-place," in *Knowledge Management Case Book: Siemens Best Practices*, T.H.Davenport and G.J.B.Probst(Eds.), Publicis Corporate Publishing, Erlangen, Germany, 2002, pp.89-105.

Hu J., Liden R.C., Antecedents of team potency and team effectiveness: An examination of goal and process clarity and servant leadership, *Journal of Applied Psychology*, 2011, 96(4): 851.

Lindsley D.H., Brass D.J., Thomas J.B., Efficacy-performing spirals: A multi-level perspective, *Academy of Management Review*, 1995, 20(3): 645-678.

Li G., Liu H., Luo Y., Directive versus participative leadership: Dispositional antecedents and team consequences, *Journal of Occupational and Organizational Psychology*, 2018, 91(3): 645-664.

Kuo C.S., Li M.Y.L., Yu S.E., Non-uniform effects of CEO equity-based compensation on firm performance-An application of a panel threshold regression model, *the British Accounting Review*, 2013, 45(3): 203-214.

Tierney P., Farmer S.M., Creative self-efficacy: Its potential antecedents and relationship to creative performance, *Academy of Management Journal*, 2002, 45(6): 1137-1148.

Woodman R.W., Sawyer J.E., Griffin R.W., Toward a theory of organizational creativity, *Academy of Management Review*, 1993, 18(2): 293-321.

Zhang A.Y., Tsui A.S., Wang D.X., Leadership behaviors and group creativity in Chinese organizations: The role of group processes, *The Leadership Quarterly*, 2011, 22(5): 851-862.

Zhou J., George J.M., When job dissatisfaction leads to creativity: Encouraging the expression of voice, *Academy of Management Journal*, 2001, 44(4): 682-696.

Fuller J. B., Marler L. E., Hester K., Promoting felt responsibility for constructive change and proactive behavior: Exploring aspects of an elaborated model of work design, *Journal of Organizational Behavior: The International Journal of Industrial, Occupational and Organizational Psychology and Behavior*, 2006, 27

（8）:1089-1120.

Hennessey B. A., Amabile T. M., Reality, intrinsic motivation, and creativity,1998.

Im S.,Workman Jr J.P., Market orientation, creativity, and new product performance in high-technology firms, *Journal of Marketing*, 2004,68（2）:114-132.

Ryan R. M., Deci E. L., Self-determination theory and the facilitation of intrinsic motivation, social development, and well-being, *American Psychologist*, 2000,55（1）:68.

Shin S.J., Zhou J., When is educational specialization heterogeneity related to creativity in research and development teams? Transformational leadership as a moderator, *Journal of Applied Psychology*, 2007,92（6）:1709.

郑玉刚:《动态股权激励模型及其应用模式研究》,硕士学位论文,华中农业大学,2006年。

葛军:《股权激励与上市公司绩效关系研究》,博士学位论文,南京农业大学,2007年。

李林倩:《股权激励动机选择、过度投资与公司价值》,硕士学位论文,云南财经大学,2018年。

刘凤凤:《"双创"时代背景下的创业企业融资问题研究》,硕士学位论文,对外经济贸易大学,2016年。

房利:《上市公司股权激励影响因素及激励效果研究》,硕士学位论文,重庆理工大学,2010年。

谢文君:《创业板公司实施股权激励对股价及绩效的影响》,硕士学位论文,上海交通大学,2015年。

孟燕:《我国上市公司股权激励绩效研究》,硕士学位论文,江苏大学,2007年。

张百龙:《全面薪酬对高新技术企业研发人员激励效果影响的研究》,硕士学位论文,华东交通大学,2009年。

责任编辑：郭　娜
封面设计：周方亚

图书在版编目（CIP）数据

创业团队动态股权激励机制:理论与实践/陈冲,赵俊强 等著. —北京：
　人民出版社,2020.12
ISBN 978－7－01－022723－8

Ⅰ.①创…　Ⅱ.①陈…②赵…　Ⅲ.①企业管理-股权激励-研究
　Ⅳ.①F272.923

中国版本图书馆 CIP 数据核字（2020）第 241909 号

创业团队动态股权激励机制：理论与实践
CHUANGYE TUANDUI DONGTAI GUQUAN JILI JIZHI LILUN YU SHIJIAN

陈　冲　赵俊强　等　著

人民出版社 出版发行
（100706　北京市东城区隆福寺街 99 号）

北京中科印刷有限公司印刷　新华书店经销

2020 年 12 月第 1 版　2020 年 12 月北京第 1 次印刷
开本:710 毫米×1000 毫米 1/16　印张:19.75
字数:281 千字

ISBN 978－7－01－022723－8　定价:78.00 元

邮购地址 100706　北京市东城区隆福寺街 99 号
人民东方图书销售中心　电话（010）65250042　65289539